权威·前沿·原创

皮书系列为
"十二五""十三五"国家重点图书出版规划项目

BLUE BOOK

智库成果出版与传播平台

品牌蓝皮书
BLUE BOOK OF
BRAND

中国住房租赁品牌发展报告
（2019~2020）

REPORT ON THE BRAND DEVELOPMENT OF CHINESE
RENTAL HOUSING INDUSTRY (2019-2020)

品牌中国战略规划院　迈点研究院／研创
主　编／汪同三
副主编／才大颖　常继生　乔　毅　罗　钦

社会科学文献出版社
SOCIAL SCIENCES ACADEMIC PRESS (CHINA)

图书在版编目（CIP）数据

中国住房租赁品牌发展报告.2019~2020／汪同三
主编. -- 北京：社会科学文献出版社，2020.7
（品牌蓝皮书）
ISBN 978 - 7 - 5201 - 6627 - 0

Ⅰ.①中… Ⅱ.①汪… Ⅲ.①住宅市场 - 租赁业 - 品
牌战略 - 研究报告 - 中国 - 2019 - 2020 Ⅳ.
①F299.233.5

中国版本图书馆 CIP 数据核字（2020）第 076990 号

品牌蓝皮书
中国住房租赁品牌发展报告（2019~2020）

研　　创／品牌中国战略规划院　迈点研究院
主　　编／汪同三
副 主 编／才大颖　常继生　乔　毅　罗　钦

出 版 人／谢寿光
组稿编辑／周　丽　徐崇阳
责任编辑／张丽丽　徐崇阳
文稿编辑／李吉环

出　　版／社会科学文献出版社 · 城市和绿色发展分社 （010）59367143
　　　　　地址：北京市北三环中路甲 29 号院华龙大厦　邮编：100029
　　　　　网址：www.ssap.com.cn
发　　行／市场营销中心（010）59367081　59367083
印　　装／天津千鹤文化传播有限公司

规　　格／开　本：787mm×1092mm　1/16
　　　　　印　张：19.75　字　数：295 千字
版　　次／2020 年 7 月第 1 版　2020 年 7 月第 1 次印刷
书　　号／ISBN 978 - 7 - 5201 - 6627 - 0
定　　价／138.00 元

本书如有印装质量问题，请与读者服务中心（010 - 59367028）联系

研创单位简介

品牌中国战略规划院

品牌中国战略规划院是经中国工程院、中国科学院多位院士和中国社会科学院学部委员向中共中央国务院领导提出"关于推进自主创新、打造品牌大国、保障国家经济安全"的建议后，在李克强、张高丽、王岐山、马凯、汪洋、戴秉国等多位国务院领导，以及国家发改委、商务部、质量技术监督局、国资委、工商总局、专利局、知识产权局等国家相关部门的关心下，由民政部于2014年12月批准注册成立并主管的国家品牌战略规划与研究机构。

品牌中国战略规划院的基本指导思想是，以维护国家核心经济利益为根本，以建设中国高端品牌智库为使命，以习近平总书记、李克强总理有关品牌建设的一系列论述为指导，按照创新、务实、强体、求变、增效的总体要求，坚持"创新建院、数据立院、合作兴院、勤俭办院"的宗旨，从服务国家发展战略出发，做国家品牌战略的助力者、品牌国际化的助推者。

迈点研究院

迈点研究院成立于2009年，是国内领先的商业空间资产战略研究咨询机构。长期致力于大数据商业分析平台建设，用"数据生产力"改变认知、提升企业效能，为寻求开启与扩大商业空间领域业务的企业与公共机构提供基于"情报＋数据＋服务"的多元化大数据解决方案。化"数"为"据"，辅助客户制定重大决策，识别投资风险。

迈点研究院率先深入商业空间品牌资产研究领域，将无形的品牌资产通过有形的数据维度呈现，创新开发了品牌动态数据监测系统——MBI（迈点品牌指数）、MCI（迈点区域酒店舆情指数）。并以此为依据，为需要科学规划项目资源配置的客户，提供战略、运营、组织咨询服务，提高项目空间资产价值，提升项目运营定价权与收益，稳健财务增长；同时，迈点研究院积极参与公共政策咨询和公共事业建设，是国内领先的聚焦商业空间领域战略、运营、组织以及兼并收购等方面的专业咨询机构。

主要编撰者简介

汪同三　中国社会科学院学部委员、数量经济技术经济研究所研究员，品牌中国战略规划院院长，长期从事数量经济学研究。中国社会科学院首批学部委员，被人事部授予"中青年有突出贡献专家"称号，我国著名的经济形势分析与预测专家。

才大颖　中国轻工业联合会副秘书长，中国轻工业出版社社长，《瑞丽》杂志社社长，中国轻工业信息中心主任，品牌中国战略规划院副院长，享受国务院政府特殊津贴的教授级高级工程师，国家发改委产业协调司和工信部消费品工业司轻纺行业受聘专家。长期从事消费品行业品牌战略问题研究。

常继生　毕业于北京大学国家发展研究院，现任品牌中国战略规划院副院长，熟悉公司法律事务，在企业经营管理、企业并购与重组、企业知识产权保护及品牌战略、消费者权益保护、医养大健康、食品安全等专项事务领域有专业的理论研究及工作实践。

乔　毅　中国旅游服务业信息化发展的引领者之一，复旦大学 EMBA，中国旅游住宿业杰出总裁"金领袖五星勋章"获得者、中国旅游住宿业最佳创新人物、中国旅游住宿业杰出总裁、中国旅游住宿业最具影响力企业家、世界酒店 & 旅游业教育培训协会（UNWTO·AMFORHT）中国区总干事。杭州东方网升科技股份有限公司董事长，最佳东方网、先之网、迈点网、乔邦猎头创始人兼首席执行官。发表了《中国旅游服务业人力资源白皮书 2017》《中国旅游服务业人力资源白皮书 2018》等研究成果。

罗　钦　自 2005 年开始从事旅游住宿业人力资源研究和品牌策划、行业大数据应用研究工作，首次把互联网"长尾"理论引入中国旅游住宿行业人力资源招聘领域，使"长尾"理论在旅游住宿业人力资源管理工作中得到广泛应用。创建迈点品牌指数（MBI），开创了中国旅游住宿业大数据应用的先河，促进了行业品牌发展。

摘　要

《中国住房租赁品牌发展报告（2019～2020）》是由品牌中国战略规划院和迈点研究院联合编写、社会科学文献出版社出版的继《中国住房租赁品牌发展报告（2018）》后第二本中国住房租赁行业品牌蓝皮书。

伴随着我国经济的快速发展和城镇化建设进程的加速，我国流动人口规模日渐扩大，同时房屋置业的年龄不断增大，我国住房租赁市场将在长时间内保持旺盛需求。为妥善处理我国流动人口居住问题，改变房地产市场的金融属性，近年来我国房地产政策逐渐转向"租购并举"，将大力发展租赁住房，尤其是保障性租赁住房，完善我国住房租赁体系成为政府重要工作之一。2019年政策支持再次加码，相关政策在土地房源供应、财政税收、金融配套等多方面对住房租赁市场发展予以支持，同时面对"租金贷""高收低租""长收短租"等行业乱象，及时、精准的监管策略也在逐步实施。各品类长租公寓品牌加速发展，在品牌建设、市场营销、质量及服务提升、商业模式探索、行业规范建立等多方面建树不断。伴随我国住房租赁体系建设的不断完善，租赁住房正成为我国城市困难群众、城市新市民居住的重要方式，成为我国城市更新、城镇化建设的重要组成部分。2020年在全球经济降温风险加大，系统性风险突出的大环境下，仍处于初期发展阶段的住房租赁产业或将面临更大的挑战，但行业经营环境将进一步改善，企业内部抗风险能力和产品运营效率也将进一步提高。

报告分为七个部分。总报告对2019年中国住房租赁品牌行业发展状况进行综述，对报告中所涉及的结构和研究方法进行介绍，分析住房租赁指数品牌榜单并对2020年住房租赁发展趋势进行预判。宏观环境篇采取国际视角，关注全球住房租赁市场中德国、美国、日本等发达国家成熟的住房租赁发展状况，归纳市场特点，总结发展经验；之后对我国住房租赁市场环境进行分析，聚焦市场需求和行业发展相关支持；对近年来我国住房租赁政策概况进行深度剖析；最后通过对比国外成熟的住房租赁市场，就我国建立健康完善的住房租赁体系提出建议。产业篇运用产业环境分析法对我国住房租赁行业当前所处阶段，面临的内部竞争对手及潜在竞争对手、替代品、供给方、消费者等全产业竞争环境进行分析，最终总结我国住房租赁行业面临的机遇与挑战。区域篇选取我国重要经济区域如长江三角洲城市群、粤港澳大湾区、京津冀城市群、成渝城市群、中部经济区等，对区域住房租赁环境尤其是区域住房租赁热点城市进行发展状况阐述和经验总结。品类竞争篇以中国住房租赁品牌指数体系为数据基础，对分散式长租公寓、集中式长租公寓等细分品类从搜索指数、媒体指数、舆情指数（仅限服务式公寓）以及运营指数四个维度，结合品牌实际运作和业绩表现，对品牌指数表现、发展概况予以客观性评价。最后，根据 2019 年住房租赁品牌表现，选取服务式公寓、集中式长租公寓、分散式长租公寓各品类中的优秀代表，对所选案例品牌进行多方面介绍和阐述，为行业建立标准化体系、树立行业标杆，提供实践依据和参考。报告对住房租赁从业者进行战略制定、产品升级营销策略制定、品牌形象提升给予意见，同时也有助于投资者、业主、消费者加强对我国住房租赁品牌的认知和了解。

关键词：住房租赁产业　租赁品牌发展　评价体系

目 录

Ⅴ 品类竞争篇

Ⅵ 案例篇

Ⅶ 附录

皮书数据库阅读**使用指南**

总 报 告

General Report

B.1

中国住房租赁品牌发展分析及趋势预测

罗钦　任开荟*

摘　要： 我国经济的快速发展和城镇化建设进程的加速，使流动人口规模日渐扩大，占我国人口总量的17%以上。同时，房屋置业人口的年龄不断增大，使我国住房租赁市场将在长时间内保持旺盛需求。为妥善处理我国流动人口居住问题，改变房地产市场的金融属性，近年来我国房地产政策逐渐转向"租购并举"，大力发展租赁住房、完善我国住房租赁体系已成为政府重要工作之一。2019年，政府对住房租赁行业支持与监管力度同时加大，各品类长租公寓品牌在品牌建设、市场营销、质量及服务提升、商业模式探索、行业规范建立等多方面建树

---

* 罗钦，香港大学-复旦大学EMBA，杭州东方网升科技股份有限公司首席运营官，研究方向为智慧文旅、商业空间、品牌管理；任开荟，英国阿斯顿大学会计金融学硕士，迈点研究院高级研究员，研究方向为长租公寓、康养品牌等。

不断，加速了我国住房租赁行业发展由市场导入期进入成长期。伴随着产品服务质量提升、市场环境净化，市场对行业的接受度也将不断加强，未来住房租赁产品将成为城市更新、大型社区建设的重要组成部分，配套将更加趋于完善。

关键词： 住房租赁　长租公寓　成长期

一　行业发展概况

伴随我国经济的快速发展和城镇化建设进程的加速，我国流动人口规模日渐扩大，占我国人口总量的 17% 以上。国家统计局数据显示，2019 年我国流动人口规模达到 2.36 亿人，预计 2030 年我国流动人口将超过 3.3 亿人。① 此外，我国房屋置业人口的年龄不断增大，使得住房租赁消费者的生命周期拉长，我国住房租赁市场将在长时间内保持旺盛需求。对比德国、美国、日本等国成熟的住房租赁市场，我国住房租赁市场仍存在供给不足、机构渗透化率低、金融支持薄弱、监管不完善、盈利模式不清晰等问题。

为妥善处理我国流动人口居住问题，改变房地产市场的金融属性，确保人民住房水平随城镇化建设逐步提高，近年来我国房地产政策逐渐转向"租购并举"，发展住房租赁成为调控房地产市场的一种长效机制，在财政奖补、土地及房源供给、融资渠道等多方面对住房租赁市场发展予以支持。2019 年政策支持力度再次加大，住建部公示确立 4 个一线城市、11 个省会级城市及东南沿海重要中心城市厦门为中央财政支持住房租赁市场发展试点城市，增加 5 个集体建设用地建设租赁住房试点，对住房租赁热点城市予以财政和建设用地支持。中央政策的引导和支持对地方政府因地制宜进行住房

---

① 《2019 年中国人口总量及人口结构分析，城镇化率和老龄化程度实现"双增长"》，华经情报网，https://www.huaon.com/story/505161。

租赁体系建设起到了有力的指引作用，促使各地住房租赁体系建设加速落地。尽管我国住房租赁市场近年来发展迅速，开始由导入期进入成长期，但整体来看市场发展仍处于初期阶段，快速发展过程中诸如产品质量参差不齐、"租金贷"、"高收低租"等乱象频发，再加上行业遭受系统性"资本寒冬"，2019年长租公寓行业出现大规模动荡，房东和租客利益无法得到保障。为促进行业健康可持续发展，政府监管升级，从房源登记管控、质量标准建立以及资金监管等多方面加强行业监管。

2019年，我国住房租赁土地筹集量稍有下降，但供给方式趋于多元化，头部品牌房源量获得稳步增长。相较往年，金融市场对于住房租赁板块的关注开始回归理性，风险投资偏好头部分散式长租公寓品牌和酒店系公寓品牌；专项债券的发行更加倾向于为央企、国企人才保障住房项目和实体突出的大型地产集团提供资金支持，中小企业通过该种方式获得融资的难度较大。为防范开发商挪用资金，相关部门对住房租赁专项债券和资产证券化产品融资审批更加严格、融资规模出现缩水。2019年11月，青客成功登陆纳斯达克，完成挂牌上市，成为我国长租公寓品牌上市第一股；2020年1月17日，蛋壳公寓成功登陆纽交所，募资1.49亿美元，让处于"资本寒冬"的长租公寓品牌看到了希望，但上市后的股市表现又让人担忧。此外家装、家具供应标准建立，租房平台规范化管理，房源备案系统化完善等系列举措也对提高行业整体发展水平、提升租户消费体验起着不可忽视的作用。整体来看，我国住房租赁市场具有市场需求旺盛、政策支持力度大、融资渠道丰富的发展机遇，但同时也面临着公租房供给不足、机构渗透率低、商业模式不成熟、市场秩序紊乱的多重挑战。

关注住房租赁区域热点城市，在中央政策引导下相继开展住房租赁相关探索，政策支持与监管协同并进，为各地住房租赁市场的发展提供了良好的发展基础。受各地客观环境、政策导向和市场波动影响，各地住房租赁市场开始呈现不同特色。我国主要城市群中，2019年长江三角洲城市群、粤港澳大湾区经济总量分别达到23.73万亿元和11.59万亿元，快速发展的经济和良好的人才政策，使得两地极具人才吸引力。2018年长江三角洲城市群常住人口数量达到 15389.23 万人，人口净流入 2240.99 万人，平均城镇化率为 67.39%；2018 年粤港澳大湾区常住人口数量达到 6830.79 万人，预计 2050 年将达到 1.2 亿~1.4 亿人。庞大的净流入人口规模，使得长江三角洲城市群和粤港澳大湾区成为我国住房租赁需求最为旺盛的区域，上海、深圳、广州、杭州、南京、苏州、合肥、佛山等地成为区域住房租赁热点城市。较高的居民收入水平，使得区域内住房租赁品牌可以借助科技、服务、社群运营等手段进行产品多样化升级，寻求品牌溢价空间。粤港澳大湾区中深圳利用城中村改造进行住房租赁房源建设成为一大特色，对于当地住房租赁市场提高运作效率、发挥区域开发商社区集中运营优势具有深远意义，目前该政策方案正处于不断完善中。京津冀城市群中以北京和天津两地为主要住房租赁热点城市。近年来北京外来人口占常住人口比例维持在 30% 以上，随着北京政策性租赁住房和政策性产权房的房源供给量逐年加大，未来住房供给矛盾将得到有效缓解，但同时也将加剧长租公寓品牌间的竞争。相比之下，天津置业压力相对较低，区域租赁具有较强的品质升级需求。成渝城市群中，成都住房租赁市场更为活跃，但在快速发展的同时诸多问题也暴露出来，区域市场稍有波动；重庆市场尚未形成充分的市场竞争力，具有较大的市场潜力。中部经济群，以郑州、武汉为核心热点城市，租赁客群以流动人口为主，以城市更新临时租赁的本地户籍人口为辅，呈现阶段性、过渡性，品牌区域运营应更多考虑城市居民收入，提高产品性价比。此外，各地住房租赁体系的加速建设促使行业发展呈现多元化特点，各地人才公寓、蓝领公寓、租赁社区建设日趋普遍，地方性住房租赁制度体系建设的加速也推动着城市化建设的创新与融合。

二 报告结构及方法论

报告首先关注住房租赁全球市场，回顾德国、美国、日本等发达国家成熟的住房租赁市场发展历程、归纳市场特点、总结发展经验。对我国住房租赁市场进行宏观环境分析，重点聚焦我国住房租赁市场的市场需求和相关行业支持政策；对比国外发展成熟的住房租赁市场，就我国建立健康完善的住房租赁体系提出建议。然后关注我国住房租赁产业发展，运用多种产业环境分析法如产品生命周期、产业五种竞争力等，对我国住房租赁行业当前所处阶段，企业所面临的来自业内竞争对手、潜在进入者、替代品、供给方、消费者的竞争压力进行分析，最终总结我国住房租赁行业所面临的机遇和挑战。剖析我国住房租赁区域发展，选取我国重点经济区域长江三角洲城市群、粤港澳大湾区、京津冀城市群、成渝城市群、中部经济区，对各经济区域住房租赁热点城市进行住房租赁环境分析，内容涉及各区域经济社会环境、政策概要、行业发展现状以及对未来的趋势预测。解析长租公寓各品类发展及竞争状况，以住房租赁品牌指数（迈点品牌指数 MBI）为基础，关注住房租赁细分品类（服务式公寓、集中式长租公寓和分散式长租公寓）品牌的发展状况和指数表现，从搜索指数、媒体指数、舆情指数（仅限服务式公寓）、运营指数四个维度进行数据分析，并结合品牌实际运作和业绩表现，对 2019 年住房租赁品牌动态及发展状况进行客观评价，为各品类品牌进行战略调整、产品服务升级、营销策略制定、品牌形象提升提供建议，同时帮助投资者、业主、消费者加强对我国住房租赁品牌的认知和了解。最后选取 2019 年表现突出的服务式公寓品类、集中式长租公寓品类、分散式长租公寓品类中的优秀案例，对品牌发展历程、产品与核心竞争力、住房租赁品牌指数表现、未来发展规划等多方面进行介绍和阐述，为行业建立标准化体系、树立行业标杆，提供实践依据和参考。

三　品牌榜单分析

以住房租赁品牌指数表现为基础，解析 2019 年长租公寓各品类品牌发展状况。我国服务式公寓近年发展稳健，品牌指数整体处于上涨趋势。服务式公寓作为长租公寓品牌升级的重要方向，在附加值和资产盘活率上具有一定优势，2019 年开发商集团、酒店集团频繁进行产品升级探索，其中以融创集团、华住酒店集团、锦江国际集团、新鸿基地产加速服务式公寓品类的布局最为亮眼。当前服务式公寓品牌中住房租赁品牌指数表现依旧以盛捷服务公寓、雅诗阁服务公寓、万豪行政公寓等国际服务式公寓品牌表现尤为突出,中国国内公寓品牌因在产品质量、服务品质、OTA运营机制和会员体系等方面与其存在差距而暂时落后。但值得注意的是,国内服务式公寓品牌已经开始具备一定的会员管理意识,2019年表现突出的国内服务式公寓品牌有碧桂园凤祺公寓、途家盛捷服务公寓、铂顿国际公寓等。服务式公寓队伍的壮大,一定程度上预示着酒店、地产租赁和生活服务正逐渐走向融合。

2019年集中式长租公寓品牌的住房租赁品牌指数同比下降至27.17,表现突出的品牌有冠寓、YOU+国际青年社区、泊寓、窝趣、魔方公寓、自如寓、旭辉领寓、朗诗寓等。近年来房企系加大对长租公寓领域的布局,但新兴品牌多集中于住房租赁品牌指数尾部,导致集中式长租公寓品牌指数一再出现下滑,但也给行业注入源源不断的生机。当前TOP 100房企中,布局长租公寓的品牌占比达到25%,尽管从管理规模上看房企系品牌扩张速度有所放缓,但从门店开业规模来看,房企系品牌的运作节奏并未放缓,而是呈现较强的区域性市场深耕特点。尽管房企系集中式长租公寓品牌凭借集团在融资方面的优势使得品牌发展在资金方面的压力相对较小,但房地产企业普遍的资金紧张并不允许旗下长租公寓板块持续性盈利低迷。因此集中式长租公寓品牌除进行区域性市场深耕和门店运营外,发挥品牌知名度优势和集中化运营优势,积极与大型企业和地方政府开展合作,进行蓝领公寓、人才公寓等产品运营的探索,才是未来重点发展方向。

2016~2019年分散式长租公寓品牌的年度住房租赁品牌指数整体处于下滑趋势,2019年分散式长租公寓品牌指数同比下降幅度达到12%,年度平均品牌指数仅为35.70。与集中式长租公寓品牌不同,分散式长租公寓的品牌指数下滑主要原因在于频繁的行业洗牌。全球经济增速放缓的大环境下,2019年分散式长租公寓品牌遭遇资本寒冬,使得盈利模式本就不清晰的分散式长租公寓资金链更加紧张。与此同时,不规范的"租金贷"和"高收低租"等行业乱象,成为分散式长租公寓状况不断的导火索。据统计，2019 年全国范围内破产的长租公寓品牌超过 50 家，其中多为分散式长租公寓品牌。[①] 但不可忽视的是，行业优化更新伴随洗牌也在同步进行，中小运营商的状况不断为头部品牌进行兼并收购提供机会，品牌扩张效率得到明显提升。此外，分散式长租公寓头部品牌凭借规模优势和市场占有率在资本市场仍有一定的号召力，如自如租房、蛋壳公寓相继于 2019 年 3 月和 6 月获得巨额融资，青客更是于 2019 年 11 月成功登陆纳斯达克，成为中国长租公寓第一股，彰显了资本对于分散式长租公寓品类的肯定。2019 年无论是行业洗牌、巨额收购还是上市融资，都使得分散式长租公寓多次受到各方关注。事实上，行业的频繁动荡已让分散式长租公寓品牌开始意识到回归初心，提高产品和服务质量，完善商业模式，增强自身盈利能力为生存之本，在营销推广、行业质量标准制定、人才公寓运营等多方面的探索与深耕成为各品牌工作的重点。

四　趋势预测

第一，在政策上，主张通过城市更新和存量住房改造，大力发展租赁住房，尤其是保障性租赁住房，完善城市住房租赁体系建设，保障城市困难群众和城市新市民住房供给；面对行业乱象，采取更为精准、及时的监管手段。

坚持房子是用来住的、不是用来炒的定位，加强城市更新和存量住房改造，大力发展租赁住房，尤其是保障性租赁住房，完善城乡住房租赁保障体系，依旧为中央和地方政府、住建部门重要工作之一。切实贯彻落实中央财政支持住房租赁 16 城的试点奖补计划、利用集体建设用地建设租赁住房试点实施方案，保障住房租赁试点城市、区域租赁热点城市住房租赁工作的顺利进行，有效增加试点城市租赁房源供给，缓解住房供给矛盾，进行住房租赁工作经验积累，以便下一步全国性住房租赁体系建设的全国推行。此外，

---

① 《年内 45 家长租公寓爆仓》，同花顺财经网，http：//stock. 10jqka. com. cn/20191226/c616268225. shtml。

郑州、武汉、广州等地的只租不售、商改租、工改租政策，杭州、广州、南京等城市通过政策租赁补贴、人才公寓、公租房建设等进行的人才引进政策，2020年将在更多城市得到进一步推广。面对行业乱象、违法违规现象，监管政策的出台将会更加精准和及时。2019年中央及地方政府针对"虚假房源"、"租金贷"、"高收低租"、"长收短租"和"房价异常"等行业乱象，相继出台系列政策，并展开专项整治工作，收效明显，彰显出政府进行行业整治的决心。预计2020年，政府出台的监管政策将会更加精准、及时，除严打行业乱象外，"稳租金"也将成为工作重点。

第二，在土地供给方面，2020年租赁相关土地供应将继续保持多元化，拿地成本保持在较低水平；但由于当前租赁相关土地工程开工进程缓慢，预计相关土地供给成交频次将有所放缓，国有企业拿地优势将进一步凸显。

租赁相关土地供应方式呈现多元化，以纯租赁用地、集体建设用地、人才租赁住房用地为主，北京、上海、深圳、杭州等租赁热点城市因地制宜，已形成各自独具特色的土地筹集方式。2019年租赁相关土地供应交易量相比2018年略有下降，纯租赁土地供给、自持住宅用地成交规模均有所下降，但交易成本保持在较低水平。①受租赁产品回报周期长、资金回流慢的影响，企业开工积极性相对较低，纯租赁土地及自持住宅用地中租赁型产品的开工速度相对缓慢，预计2020年租赁相关土地的供应量或将有所缩减。此外，为推动城市住房租赁建设，区域人才公寓、公租房、租赁社区等供给加速，国有企业拿地优势将进一步凸显。

第三，融资渠道保持多元化。受经济增速整体放缓、行业风波不断的影响，2020年资本市场对长租公寓的关注将回归理性，融资产品的发行将趋于严格；行业融资集中于头部品牌，资本的稀缺推动行业发展加速，更多头部品牌或将开始加速IPO进程。

2020年长租公寓融资渠道将持续呈现多元化的特点。但相较往年，行

---

① 《回顾2017-2019 | 中国长租公寓年终盘点-土地篇》，克而瑞租售微信公众号，https：//mp. weixin. qq. com/s/Brhviyb6asuoUZO7ljJxTQ。

业热度下降，资本方回归理性，更加关注项目的资产状况、盈利能力和杠杆率，头部品牌更受青睐。2019 年资产证券化产品缩水，ABS 获批频次减少，且单笔融资金额呈现缩水态势；住房租赁专项债券受到房企集团青睐，但企业资金挪用现象频繁发生，引起监管部门警惕。① 因此，尽管政策上对长租公寓行业融资支持力度不断加码，但在实践中，预计 2020 年无论是资产证券化产品还是住房租赁专项债券，项目发行难度都将有所加大，审批更为严格，央企、国企人才保障住房产品优势凸显，且融资金额普遍出现缩水。此外，"租金贷""高收低租"等行业乱象频发，监管部门对于租金分期、应收租金保理等现金流产品的监管将进一步加强。在险资方面，因行业洗牌频繁、前期投资回报难以兑现，风险资本对于长租公寓的入资将进一步回归理性，投资方对长租公寓领域的投资更加聚焦于头部品牌，但投资金额伴随项目估值呈现上涨趋势。房源量和市场占有率的攀升使得头部品牌筹码加大，面对资本市场的降温，更多的长租公寓品牌将开始考虑公开发行上市融资，将 IPO 计划提上日程。但商业模式的不成熟，使公司业绩缺乏有力支持，市值的难以保障也成为企业不可回避的问题。

第四，受到资本降温、监管加强的影响，预计 2020 年长租公寓行业洗牌将进一步加剧，行业环境将因此得到优化；房源扩张放缓、资金相对充裕的头部品牌为提高版图扩张效率或将有选择地进行收购。

2020 年长租公寓行业洗牌将因资本降温和行业监管的加强而越发频繁，以地方小型中介背景品牌为主要洗牌对象。一方面品牌融资受限，另一方面品牌盈利能力有限，监管加强使得品牌丧失不规范获利途径，资金来源被切断的情况下更多的品牌将面临破产，但行业环境也将因此得到优化。资金相对充裕的头部品牌为加速规模扩张，或将有选择地对房源优质品牌进行收购，鉴于行业整体扩张放缓，此类收购事件频次将有所减少。

---

① 《回顾 2019｜长租公寓年度盘点－金融篇》，克而瑞租售微信公众号，https：//mp. weixin. qq. com/s/i1oDrCCVYhMhTEvEjDdgUg。

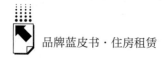

第五，"轻重并举""优化配置"成为行业主要运营模式，经营模式的分化促使 2020 年长租公寓品牌进一步摆脱盲目扩张；而品牌竞争力的衡量也将因此更多取决于资源把控和公寓产品解决方案输出能力，产品多样性被进一步激发。

近年来，长租公寓品牌对于运营模式的探索从未停止，轻资产运营通过委托管理获得房源，利润来源为委托管理费和租金差价；重资产运营通过自建或购置获得房源，利润来源为经营收益、后期退出。考虑政策导向、项目成本和回报周期，城市存量房源、新开政府租赁社区、公司员工宿舍开始成为城市住房租赁的主要房源。下一步品牌将摆脱盲目扩张，对于社区零散房源、政府人才公寓、企业员工公寓采取轻资产运营，以管理运营输出为主；对于升值能力强、盘活空间大的资产，品牌方则采取重资产运营模式，进行如服务式公寓的运营。通过资源对接、合作拓展对品牌房源进行优化配置，同时进行公寓产品定制化解决方案输出，产品多样性如人才公寓、蓝领公寓、养老公寓也将因此得到进一步激发。

第六，避免盲目规模扩张，聚焦核心城市重点区域项目精细化运营，降低公寓产品空置率，利用科技手段、生活服务、跨界合作提高产品溢价，打破单一利润来源。

长租公寓长期的资金链紧张主要原因有两个：首先，品牌过于追求规模效益，追求规模经济，空置率的居高使得公寓品牌出现亏损；其次，品牌盈利模式不清晰，租金、管理费的获取无法覆盖品牌进行规模扩张和日常运营的费用。全球经济增长放缓、资本寒冬到来之际，品牌将放缓扩张步伐，在现有房源基础上进行模式探索，通过产品质量升级、服务升级、科技手段、跨界合作等方式提高用户体验，提高单个产品溢价，同时降低公寓空置率，探索多种盈利模式。

第七，随着长租公寓产品供给量的加大，品牌产品和服务的升级、配套的完善，客群对于行业认可度加强，市场渗透率提高。未来，长租公寓品牌将进一步融入城市生活，成为城市社区重要组成部分。

在政策引导下，我国住房租赁行业在土地资源、房源供给、金融渠道等多方面具有优势，近年来取得较为长足的发展。政策性租赁住房、人才公寓、蓝领公寓、白领公寓等多种租赁住房产品相继进入市场，住房租赁市场供给不断加大。伴随行业规范的建立、产品和服务质量的提高，长租公寓的市场认可度正在逐步提高，将成为解决城市困难群众、城市新市民居住问题的重要力量，未来长租公寓将成为城市更新、大型社区建设的重要组成部分，配套也将更加趋于完善。

参考文献

《回顾2019 | 长租公寓年度盘点 - 金融篇》，克而瑞租售微信公众号，https：//mp. weixin. qq. com/s/i1oDrCCVYhMhTEvEjDdgUg。

《回顾2017 - 2019 | 中国长租公寓年终盘点 - 土地篇》，克而瑞租售微信公众号，https：//mp. weixin. qq. com/s/Brhviyb6asuoUZO7ljJxTQ。

宏观环境篇

Macro-environment Analysis

B.2
全球住房租赁市场环境分析

任开荟　郭德荣*

摘　要： 伴随我国经济的快速发展和城镇化建设进程的加速，近年来，我国流动人口不断激增。为妥善处理流动人口住宿问题，我国住房租赁体系建设不断推进，住房租赁市场加速发展。在全球住房租赁市场中，城镇化建设进入成熟阶段的发达国家如德国、美国、日本等，已具备较为完善的住房租赁体系，在政策制度、供给体系、金融支持、市场管理、商业模式等多方面积累了丰富的行业经验。当前我国住房租赁市场仍处于初期阶段，关注全球住房租赁成熟市场，归纳总结发展历程和经验对我国建立完善的住房保障体系具有一定的借鉴作用。

---

* 任开荟，英国阿斯顿大学会计金融学硕士，迈点研究院高级研究员，研究方向为长租公寓、康养品牌等；郭德荣，迈点研究院研究总监，研究方向为文商旅综合体品牌及运营。

关键词： 全球住房租赁市场　发达国家　政策扶持　商业模式

一　德国住房租赁市场：高度机构化与严格管制

发达国家中，德国居民偏好租房、租金低廉，并且建立了井然有序的租赁秩序。2017 年德国住房自有率仅为 45%（见图 1），租赁住房占比高达 55%，高于欧盟平均水平，① 州级市柏林、汉堡近八成居民租赁住房。②

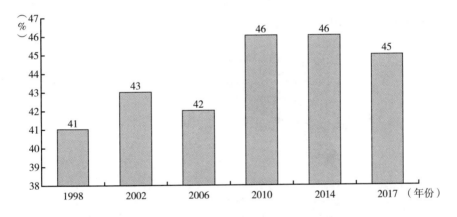

图 1　1998～2017 年德国住房自有率

资料来源：德国联邦统计局。

整体来看，德国住房租赁市场具有以下特点。第一，德国在住房供给上重视租赁，租赁房源充足。据《加快中国住房制度创新步伐——德国住房制度考察启示》记载，二战以来，德国一共建设了 1000 多万套社会住房，

---

① 李宇嘉：《借鉴国际经验促进住房租赁市场发展》，《中国房地产估价与经纪》2017 年第 5 期，第 60～67 页。

② 郑宇劼、张欢欢：《发达国家居民住房租赁市场的经验及借鉴——以德国、日本、美国为例》，《开放导报》2012 年第 2 期，第 31～34 页。

可供 3000 万人居住，而截至 2018 年末德国人口数量仅为 8293 万人。① 此外，企业须将新建房和经营的租赁住房在一定时期内过渡给政府进行出租，或接受补贴按照低租金进行出租，期限过后才能按照市场租金进行出租，这就保证了住房租赁市场的房源供给充足。

第二，住房租赁机构化渗透率高，为住房租赁供给主体。据《德国住房租赁市场发展的主要经验及启示》记载，在德国 2014 年住房租赁所有权结构中，居民家庭占比为 60.6%，私营公司占比为 17.8%，住房合作社占比为 11.4%，公共住房租赁公司占比为 8.9%（见图 2），住房租赁机构化渗透率远高于我国的 2%。这促使德国住房租赁产品具有较高的公共产品属性，且产品定位针对中低收入人群。据悉，德国科隆市每年新建 3800 套房，其中必须有近 30% 用于廉价出租。②

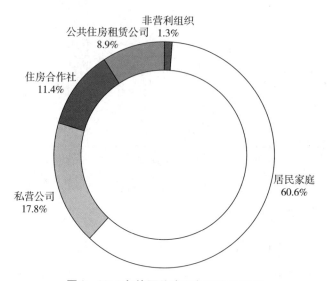

图 2　2014 年德国住房租赁所有权结构

资料来源：恒大研究院。

① 纪尽善：《加快中国住房制度创新步伐——德国住房制度考察启示》，《经济界》2007 年第 6 期，第 42~47 页。
② 李讯：《德国住房租赁市场发展的主要经验及启示》，《金融发展研究》2011 年第 10 期，第 46~49 页。

第三，为租户提供住房补贴。德国政府根据居民需要给予一般性住房补贴或特殊性住房补贴（其中特殊性住房补贴针对战争受害者和社会救助者，并于 2015 年后取消），补贴力度不断提升，2017 年户均补贴金额为 2022 欧元，是 1991 年的 3 倍。[①] 住房补贴降低了物价上涨、租金上涨对家庭住宿的影响。1991～2017 年德国住房补贴情况见图 3。

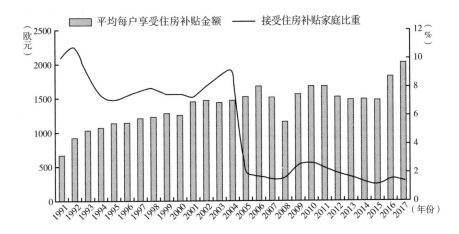

图 3　1991～2017 年德国住房补贴情况

资料来源：德国联邦统计局。

第四，德国实施房租指导制度，严格控制房租调整。各城市设有住房管理机构、租房协会以及住房中介协商会等机构，针对住房情况每年至少进行一次综合评审，并根据评审制定房屋租金水平表，为租金价格调整提供依据。该制度具有法律效力，如房东制定的房租达到指导价 1.2 倍，则被视为租金过高，有触犯经济法之嫌。同时《租房法》规定，3 年内房租涨幅不得超过 20%，否则以违法处置。[②]

第五，注重通过法律规章制度保障租赁双方，尤其是承租方的权益。自1971 年起，德国政府不断修改完善《住房租赁法》，对房租上涨以及租户和

---

① 《美国 EQR 经营现状及商业模式分析》，迈点网，https：//www.meadin.com/158721.html。
② 杨瑛：《借鉴德国经验加快建设以公租房为主的住房保障体系》，《城市发展研究》2014 年第 2 期，第 77～82 页。

租约修改制定不断细化的规定。例如 2015 年修改出台的《住房租赁法修正案》规定，在市政府宣判的住房供应严峻的特殊区，新签订租赁合同的租金不得超过租金标准的 1.1 倍，很好地实现了对租赁房源房租的限制。此外，德国相关立法也制定了严格的房源安全健康评定标准，对房源面积、生活设施、生理需求等多个方面设置评审标准；规定中介费、房屋修缮费由房东承担；为租房和买房业主提供同等的公共权益，只要居民合法纳税，就可享有本地公共服务。①

第六，在金融支持方面，德国政府直接或间接参与住房建设金融机构的运作，为住房租赁项目建设提供优惠贷款、资金援助。同时高度发达的金融银行机构，为住房租赁行业发展提供了多样化的金融服务。独具特色的住房合同储蓄制度推动"先存后贷，互助低息，封闭运行，政府奖励"的住房金融模式，也对德国住房租赁行业发展起着推动作用。该制度要求居民存款达到 40%～50% 时才可获得贷款，贷款只能用于建设、维修和租赁住房，合同利率远低于市场利率，很少受到市场波动影响。此制度同样应用于国民贷款买房，也就是说贷款人必须存款达到 40%～50% 才可获得贷款，且首付比例较高，因而买房需要背负更高的贷款压力，相比之下，国民更愿意租房。② 依靠合同储蓄制度，贷款方可获得国家等量贷款资金资助，并享受政府贴息和税收利息所得税优惠，融资成本也因此大大降低。

第七，德国政府对住房租赁机构提供税收优惠。相比于建设用于出售的住房，建设用于出租的住房可以获得更多的税收优惠。同时，出租房的投资者也可以获得比商品房的投资者和购房者更大程度的税收优惠。

高机构渗透率配合严格的管控和健全的法律支持，促进了德国住房租赁市场的健康发展，也保证了德国住房租赁市场具有稳定的投资回报率，长期

---

① 郑宇劼、张欢欢：《发达国家居民住房租赁市场的经验及借鉴——以德国、日本、美国为例》，《开放导报》2012 年第 2 期，第 31～34 页。

② 闵晓鸣：《住房租赁市场发展的国际经验及启示》，《金融纵横》2018 年第 4 期，第 77～82 页。

稳定在 4% ~ 5% ，高于金融市场长期国债收益率 2% ~ 3% ，因而住房租赁市场对投资者具有较高的吸引力。[①]

二　美国住房租赁市场：秩序稳健、融资支持

2015 年美国自有房拥有率接近 63% ，有接近 40% 的居民选用租赁住房，住房租赁市场发展成熟，尤其在经济发达、人口密集的大都市如纽约、华盛顿、旧金山等，住房租赁已经十分便捷。[②] 哈佛大学住房联合研究中心预测表明，未来十年，千禧一代步入中年，老龄化现象进一步凸显，整个美国社会的家庭住房需求更为强劲，预计到 2025 年，家庭住房新增量将达到1360 万户。

美国住房租赁市场的发展得益于"工业化"和"城镇化"，19 世纪 70年代到 20 世纪初，美国第二次工业革命完成，大量人口涌入城市，而二战结束后更是涌现大批退伍军人，在推动城镇化建设加速的同时，城市流动人口数量攀升，住房租赁需求也应运而生。20 世纪美国长租公寓市场形成，初期阶段以存量房产的"二房东"模式为主。美国联邦一直注重住房租赁行业发展，且以多种方式对行业发展予以支持，如政府直接建设廉租房，鼓励私人机构开发公寓以及发放租赁券等。行业专业机构渗透率高，2015 年，美国有 120 万户家庭入住廉租公寓，其中 71% 的房源来自专业租赁机构，20% 源于公司或非政府组织。[③]

美国住房租赁市场自发展初期就注重权益保障，20 世纪 30 年代，美国就出台了《国民住宅法》，强调租赁发展的公平性和可负担原则，为美国住房租赁行业发展奠定了良好的基础。美国《住房法》明确规定，房主为租

---

① 郑宇劼、张欢欢：《发达国家居民住房租赁市场的经验及借鉴——以德国、日本、美国为例》，《开放导报》2012 年第 2 期，第 31 ~ 34 页。
② 《美国 EQR 经营现状及商业模式分析》，迈点网，https：//www.meadin.com/158721.html。
③ 李宇嘉：《借鉴国际经验促进住房租赁市场发展》，《中国房地产估价与经纪》2017 年第 5期，第 60 ~ 67 页。

户提供住宿条件和设备，接受政府监督，且不得带有种族、性别、年龄、国籍、婚姻状况、宗教信仰、身体残疾歧视；租房公民在入学、社会福利等方面与买房公民享有同样的权利。[①] 此外，美国租金管制法、公寓法也对私房出租、公寓出租做出了严格规定，限制房东行为，保障房客的权益。[②]

发展至今，美国成熟的住房租赁市场已经实现了完备的规范化管理。首先，住房租赁信息备案全面且可公开查询，出租机构以及私人房主须将租金金额、租赁房源以及联系方式等信息在"公平租房市场"网站进行统一登记，供租房者查询。针对房价，每年联邦住房管理局、城市发展部进行统一评估并发布租金参考价，同时全国房地产经济委员会也设有租赁网站，保证房源、房价可查询。

其次，全国房地产经济协会提供规范化的租赁合同，住房租赁合同的制定需基本满足合同规范中的基本保障条件，且不得低于规范合同，对于违约行为，违约双方将纳入信用记录。[③]

为支持住房租赁市场发展，美国联邦政府设计了多种补贴项目，如直接投资健康租房，购买建成的公寓及私人住房，为私营开发商提供低息贷款及税收优惠，或直接为承租人提供资金补贴、税收减免。据统计，2015年美国联邦政府发放的住房租赁补贴项目投入高达439亿美元。[④]

截至2017年，全美住房租赁（长租公寓）存量4710万套，占全国住房总供应量的35%，出租率达到93.42%。美国长租公寓主要集中于东部地区，其次为西海岸和美国南部地区。人口数量多、通勤时间长的地区以及"18小时城市"都为长租公寓的高存量地区。由于美国私家车为租户的主要

---

① 李宇嘉：《借鉴国际经验促进住房租赁市场发展》，《中国房地产估价与经纪》2017年第5期，第60~67页。

② 郑宇劼、张欢欢：《发达国家居民住房租赁市场的经验及借鉴——以德国、日本、美国为例》，《开放导报》2012年第2期，第31~34页。

③ 石海峰、郭雁：《我国金融支持住房租赁市场现状及国际经验》，《债券》2018年第8期，第79~85页。

④ 李宇嘉：《借鉴国际经验，建立"购租并举"的住房制度》，《中国房地产》2017年第19期，第9~13页。

通勤方式，一半以上的租户可能居住在郊区社区或者卫星城。当前美国住房租赁主要客群为单身群体、年轻夫妇以及老年家庭，租房者虽以低收入群体为主，但高收入家庭是行业租金上升的最大驱动力。美国长租公寓档次定位及分类见表1。

表1　美国长租公寓档次定位及分类

市场定位	客群定位	档次
豪华型	财务自由租户。主要为高端市场客源，这类客源的主要特征为：有购房住房的能力但选择租房，或者有稳定且持续的丰厚现金流收入但不拥有丰富资产。顶级城市豪华公寓或高端度假型公寓、别墅是代表性物业	A + /A
中高端型	生活方式型租户。这类客群的主要特征为：中高收入的单身人士或没有小孩儿的家庭，没有能力购房或暂时购房计划；对高质量的居住业务有强烈的需求，同时注重良好的社区环境和社交氛围	A - /B +
中低端型	"灰领"劳动者租户。这类客源的主要特征为：中低收入者,没有能力购房,租房是刚需行为	B/B -
低端型	"蓝领"劳动者租户。这类客源的主要特征为：租房是刚需行为,但仅能支付较低的房租	C + /C/C - /D
补贴型	补贴型租户。这类客源的主要特征为：低收入水平的家庭,享受政府直接补贴或租金限制的廉租型公寓	无级别
	学生公寓、军人公寓、老人公寓、过渡型公寓	无级别

资料来源：优尼华寓，Yardi Matrix。

美国长期住房租赁市场发展过程中，形成了众多成熟的住房租赁品牌如EQR（Equity Residential Corporate）、AVB（AvalonBay Communities）、ESS（ESS Property）等。截至2017年，EQR拥有物业303个，公寓房间数量共计7.83万间，出租率高达95%，年租金收益达到24.7亿美元，租金毛利率为34.29%，近10年的平均股东收益年复合增长率达到8%。[①] 2019年9月EQR市值305.73亿美元，其次为AVB达到288.45亿美元（见图4）。

当前，EQR已经剥离核心区域资产，进一步聚焦于波士顿、纽约、华盛顿、加利福尼亚南部、旧金山湾区和西雅图等经济发达、人口密集区域。

---

① 樊其国：《税收优惠助力发展住房租赁市场——培育和发展住房租赁市场税收优惠政策归集》，《上海房地》2017年第9期，第39~40页。

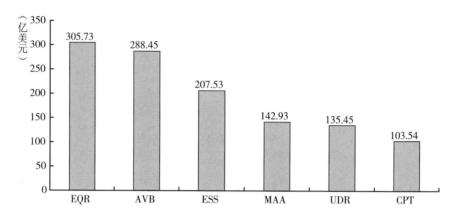

图4　2019年美国TOP6公寓运营商市值

资料来源：迈点研究院公开资料整理。

产品定位面向中高端收入群体，在区位选择、产品设计、建筑风格等方面围绕中高端收入群体的需求定制。

　　与日本公寓运营商模式不同，EQR商业模式更偏向于重资产。1993～2000年，美国整个住房租赁市场资产回报率较高，EQR凭借自身多元化的融资渠道积累了大量的资金，借助资金支持，EQR频繁进行大规模收购以扩张规模。但到了2000年以后，EQR开始意识到，高市场占有率并不是住房租赁企业的唯一核心竞争力，尽管收购促进了集团市场占有率快速上升，但是集团利润率并没有相应快速攀升，因而EQR开始进行战略调整，放缓扩张节奏，集中对市场需求大、利润空间大的区域进行突破，采取收购与出售并举的措施。2000～2007年，EQR累计卖出位于二线城市资产超过100亿美元，出售公寓数量达到15万套；购进90亿美元的一线城市资产，公寓数量达6.2万套。之后，EQR逐渐形成了出售非核心物业同步针对核心区域物业进行收购并行的商业模式。[①] 整体来看，EQR偏向于以重资产进行房源开拓，大规模收购房源，后期采取自建方式。[②] 2019年年报数据显示，EQR

---

① 《EQR：美国最大公寓REIT》，搜狐网，https：//www.sohu.com/a/126037049_463907。

② 《美国长租公寓行业深度分析报告（概要）》，迈点网，https：//www.meadin.com/196649.html。

共拥有或租用资产 309 宗，其中 291 宗为完全自由地块，运营公寓房间数量达到 79962 间。2019 财年第四财季归属于母公司普通股股东净利润为 2.89 亿美元，同比增长 148.24%；营业收入为 6.84 亿美元，同比增长 4.78%。

关注资金支持，成熟稳健且极具创新性的金融市场为美国住房租赁行业发展提供了有力的资金支持。一方面，起源于美国 20 世纪 60 年代的房地产信托投资基金（REITs），为 EQR 和 AVB 提供了强大的资金支持，作为美国最大的长租公寓运营商，两家公司分别于 1993 年和 1994 年完成上市，市值均已超过 200 亿美元。美国房地产信托投资基金制度对机构组织形式、资产收入来源和分配方式都做出了明确要求。其穿透性税收避免了投资人双重征税，进而鼓励美国投资者对大型综合地产项目进行投资。另一方面，租赁住房质押贷款证券化（CMBS）为住房租赁机构提供了融资途径。美国政策性住房租赁金融机构购买质押贷款，CMBS 为金融机构提供房地产抵押贷款，保障一级市场的流动性，之后一级市场的金融机构为开发商发放低息公共租赁住房建设提供贷款支持，从而为住房租赁建设提供了新的融资途径。[1]

目前美国全国住房租赁回报率长期稳定在 6%～7%，其中 2005 年房地产泡沫期间下降到 4%，后回升至 6% 左右。[2]

三 日本住房租赁市场：公租房"三支箭"引导支撑

与中国一样，日本也具有较强的置业理念，1958 年日本住房自有率为 71%，之后伴随重工业发展、城市发展进程加快，城市住房开始出现短缺，房价上涨，1960～1980 年，日本住房自有率迅速下降至 59%。20 世纪 80 年代出现严重的楼市泡沫，租房开始越来越受到日本居民欢迎。21 世纪初，日本家庭平均租房率超过 30%，三大都市圈租房率则超过 40%（见图 5）。

---

① 郑宇劼、张欢欢：《发达国家居民住房租赁市场的经验及借鉴——以德国、日本、美国为例》，《开放导报》2012 年第 2 期，第 31～34 页。

② 郑宇劼、张欢欢：《发达国家居民住房租赁市场的经验及借鉴——以德国、日本、美国为例》，《开放导报》2012 年第 2 期，第 31～34 页。

2018 年日本共有 4960 万套住房，其中住房自有率为 61%，租房率为 39%。许多年轻人不仅结婚前选择租房，婚后相当长的一段时间也选择租房。日本利库路特公司调查显示，2008 年日本租房结婚比例高达 67.1%，买房结婚所占比例仅为 14.3%。[①]

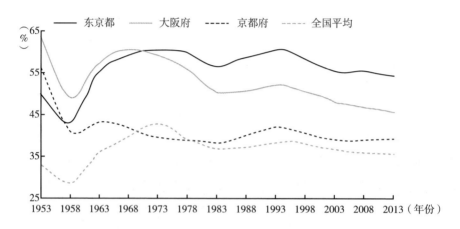

图 5　1953～2013 年日本及三大都市圈平均租房率

资料来源：日本统计局。

尽管对比历史发展，日本住房自有率有所下降，但事实上日本住房问题并不突出，其原因在于日本住房租赁机构"三支箭"——公营住宅、住宅公团以及包括会员、企业公寓在内的非营利机构租赁住房，切实推进着日本住房租赁供给量的扩大，满足城市化建设加速过程中的住房租赁需求。[②]

二战后日本政府开始大规模进行主导型住房建设，20 世纪 50 年代，日本相继颁布了《公营住宅法》和《住宅公团法》，在住房供给不足的流动人口密集地区兴建公营住房，针对低收入人群提供补助，并将租金定价为周边地区商品房租金的 1/4～1/3。60 年代，城市化建设加速，日本实施两个

---

① 李宇嘉：《借鉴国际经验促进住房租赁市场发展》，《中国房地产估价与经纪》2017 年第 5 期，第 60～67 页。

② 石海峰、郭雁：《我国金融支持住房租赁市场现状及国际经验》，《债券》2018 年第 8 期，第 79～85 页。

"五年计划"兴建廉租房，住宅公团共建设 63 万套住房，其中 70% 的房屋用于出租。截至 2003 年，公营住宅共建设 218 万套，占全国住宅总量的 4.66%，人口密集的地区如神户市达到 9.59%。而 2004 年住宅工团所建设住房也达到 154 万套，约占全国住房总量的 5%。

除公营住宅和住宅公团外，为稳定雇佣关系，日本建立了强大的社会福利制度。自 20 世纪 60 年代开始，就开始有企业为员工提供住宅和宿舍。据调查，2007 年，为员工提供住宅和宿舍的企业所占比例达到 35%。

日本租赁住房供给呈现多元化特点，除政府和非营利机构外，公营、公社、公团等公共资金支持提供的租赁住房和企业为员工提供的福利住宅也成为日本租赁住房的重要房源（见图 6）。

图 6　1958 ～ 2013 年日本住房租赁市场供给结构变化

资料来源：日本统计局。

日本租赁市场机构化渗透率高，民营租赁住房主要由住宅资产公司进行部分或完全委托管理。20 世纪 90 年代开始，日本开始对住房租赁市场实行规范化管理，相继成立日本租赁住宅管理协会、不动产租赁管理业协会、不动产租赁管理业务推进联络会议、不动产租赁经营管理士协会，创设定期住房租赁制度、租赁住宅管理公司制度。日本由此形成以机构集中管理为主的住房租赁市场。2010 年日本民营租赁住房管理模式见图 7。

住宅资产管理公司为民营租赁住房提供全产业链专业化服务（见图 8），运

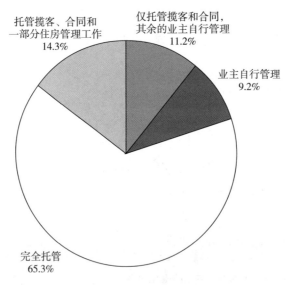

图7　2010 年日本民营租赁住房管理模式

资料来源：日本国土交通省。

营模式"轻资产"特色突出，主要分为代管和包租两种方式。特色化服务包括土地尽调、施工资金规划、融资服务、产品设计施工、运营管理等。此外，包租合同的签订通常长达 25~35 年，房源稳定，房屋最终上市出租的租金由机构根据市场状况进行定夺，代理费和租金的 2%~3% 为住宅资产管理公司的主要收入来源。此种运营模式，避免了房屋空置，使闲置房屋资产得到有效利用，也保障了资产管理公司可观的收入来源，商业模式较为成熟。①

在住房租赁合同上，日本实施比德国更为严格的监管控制。日本租赁合同受到日本民法的特别法律保护。房东进行租赁合同修改需要向法院提交申请，而法院则更加注重保障租户的权益。对于土地租约，政府规定 30 年租期，拒绝短期租赁，以此保证租赁房源供给稳定。

日本住房租赁行业多年的稳健发展，离不开金融机构提供的多元化融资支持。第一，为住房租赁市场提供比商业银行低 1%~3% 的贷款，且采用

---

① 《发达国家如何监管住房租赁市场》，夏磊地产观察微信公众号，https://mp.weixin.qq.com/s/UR8lAC - gI2a28j_ 5upTrDA。

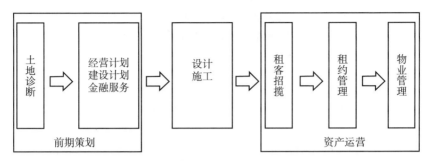

图8　日本租赁住宅资产管理公司全产业链服务流程

资料来源：恒大研究院。

固定利率法；第二，为住房租赁市场提供丰富的信贷产品支持；第三，大力发展住房租赁投资基金。2008 年以来，日本实行零利率政策，银行存款、10 年国债收益率几乎为零，但日本公寓收益率平均在 5% 以上。[①] 截至 2019 年中，日本上市交易的 REITs 超过 60 只，总市值接近 15 万亿日元。大量的资本投入，为投资者增加稳定收益的同时，也增加了住房租赁市场的供给。[②] 政府的支持引导、机构化集中化管理、完善的法律监管以及金融支持促使日本住房租赁市场在全球范围内拥有较高的租金回报率，村野不动产数据显示，日本大阪租金回报率高达 6.66%，而东京租金回报率也达到 4.4%。[③]

参考文献

李宇嘉：《借鉴国际经验促进住房租赁市场发展》，《中国房地产估价与经纪》2017 年第 5 期，第 60~67 页。

郑宇劼、张欢欢：《发达国家居民住房租赁市场的经验及借鉴——以德国、日本、

---

① 何爱华、徐龙双：《住房租赁市场发展的制约因素、国际经验与改进方向》，《西南金融》2018 年第 8 期，第 37~42 页。
② 石海峰、郭雁：《我国金融支持住房租赁市场现状及国际经验》，《债券》2018 年第 8 期，第 79~85 页。
③ 郑宇劼、张欢欢：《发达国家居民住房租赁市场的经验及借鉴——以德国、日本、美国为例》，《开放导报》2012 年第 2 期，第 31~34 页。

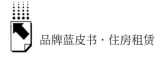

美国为例》,《开放导报》2012年第2期,第31~34页。

纪尽善:《加快中国住房制度创新步伐——德国住房制度考察启示》,《经济界》2007年第6期,第42~47页。

李讯:《德国住房租赁市场发展的主要经验及启示》,《金融发展研究》2011年第10期,第46~49页。

《美国EQR经营现状及商业模式分析》,迈点网,https://www.meadin.com/158721.html。

杨瑛:《借鉴德国经验加快建设以公租房为主的住房保障体系》,《城市发展研究》2014年第2期,第77~82页。

石海峰、郭雁:《我国金融支持住房租赁市场现状及国际经验》,《债券》2018年第8期,第79~85页。

闵晓鸣:《住房租赁市场发展的国际经验及启示》,《金融纵横》2018年第4期,第77~82页。

李宇嘉:《借鉴国际经验,建立"购租并举"的住房制度》,《中国房地产》2017年第19期,第9~13页。

樊其国:《税收优惠助力发展住房租赁市场——培育和发展住房租赁市场税收优惠政策归集》,《上海房地》2017年第9期,第39~40页。

《美国长租公寓行业深度分析报告(概要)》,迈点网,https://www.meadin.com/196649.html。

《发达国家如何监管住房租赁市场》,夏磊地产观察微信公众号,https://mp.weixin.qq.com/s/UR8lAC - gI2a28j_ 5upTrDA。

何爱华、徐龙双:《住房租赁市场发展的制约因素、国际经验与改进方向》,《西南金融》2018年第8期,第37~42页。

B.3
中国住房租赁市场环境分析

任开荟　郭德荣*

摘　要： 改革开放40多年来，中国房地产市场以商品住房购买为主导。1998年中国住房制度改革以来，政府导向多为鼓励居民购买商品房，到2010年，我国住房自有率常年维持在70%以上。居民商品住房自有率较高造就了中国商品住房市场的空前繁荣与发展，也成为国家经济增长的重要原动力之一。但随着城镇化建设加速，近年一线、二线城市房价快速飙升，城市中低收入群体以及新进流动人口支付能力较弱，无力进入商品房市场，基本居住需求出现矛盾。为保证城市中低收入居民的基本居住条件，化解城市中低收入居民的居住需求矛盾，发展中国住房租赁市场势在必行。

关键词： 市场需求　政策引导　房地产市场　结构改革

一　中国住房租赁市场需求

国家统计局和流动人口数据平台数据显示，2019年我国城镇化率达到60.60%，流动人口2.36亿人（见图1），近五年高校毕业生规模接近

---

* 任开荟，英国阿斯顿大学会计金融学硕士，迈点研究院高级研究员，研究方向为长租公寓、康养品牌等；郭德荣，迈点研究院研究总监，研究方向为文商旅综合体品牌及运营。

0.4 亿人，根据《2017 年中国租赁住宅行业白皮书》住房租赁人口规模测算方法，[①] 测算 2019 年中国住房租赁人口规模超过 1.83 亿人。当前我国处于城镇化建设加速阶段，2019 年城镇新增就业规模整体保持平稳态势，达到 1352 万人（见图 2）。预计到 2030 年我国流动人口将超过 3.3 亿人，住房租赁人口达到 2.65 亿人，市场空间达到 4.2 万亿元。

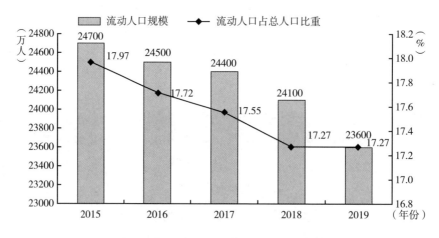

图 1　2015～2019 年流动人口总量变动趋势

资料来源：国家统计局，流动人口数据平台。

近年来我国房价飞涨，与人均可支配收入出现明显背离，经济发达、人口密集的一线城市尤为突出（见图 3），经济压力下，人们开始延迟买房置业时间，或将租赁作为居住的暂行办法同时延长居住时间。[②] 除置业成本上升外，生活方式、居住观念的改变也促使消费者放弃对于置业的执念，租房成为一线城市年轻人生活方式的新常态。贝壳研究院数据显示，我国房屋置业年龄不断推迟，一线城市以北京为例，租客平均年龄从 2015 年的 33.08 岁推迟至 2018 年的 35.56 岁；新一线城市以成都为例，租客平均年龄也从 31.28 岁推迟至 31.96 岁。

---

① 丁祖昱、张燕、黄甜：《2017 年中国租赁住宅行业白皮书》，中国：易居企业集团·克尔瑞｜东方证券，2017。

② 丁祖昱、张燕、黄甜：《2017 年中国租赁住宅行业白皮书》，中国：易居企业集团·克尔瑞｜东方证券，2017。

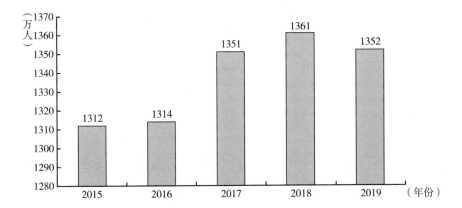

图2　2015～2019年城镇新增就业人数

资料来源：国家统计局。

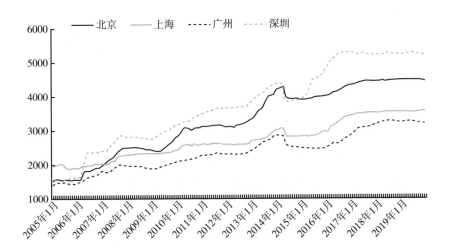

图3　2005～2019年1月一线城市住宅指数走势

资料来源：中国指数研究院、CREIS中指数据。

　　相比发达国家，我国住房行业仍有较大的发展空间，潜力巨大。一方面，我国人口基数大，住房租赁市场规模庞大。当前我国住房租赁人口规模为1.83亿人，占全国人口比重约为14%，相比城镇化建设完善的美国、日本，我国住房租赁人口规模上涨空间较大（2016年美国、日本租赁人口数量分别为1.08亿人和0.34亿人，占各自全国人口比重的33.6%和36.7%）。

另一方面，受我国当前租房市场供给不平衡等因素的影响，住房租金整体处于上涨趋势。以北京为例，2018年北京租赁人口大约为800万人，租赁房源仅为350万间，租赁缺口在400万间以上，可租赁住房供应严重不足。[①]

此外，受房价持续上涨影响，我国房价收入比处于高估阶段，当前租金水平不再锚定二手房价格，转而锚定人均可支配收入。我国经济处于稳定常态，近年来GDP保持6%左右的增长率，2019年我国城镇居民人均可支配收入达到42359元（见图4），2014～2019年我国城镇居民人均可支配收入保持每年7.8%～8.9%的增幅，在我国城镇居民人均可支配收入保持稳定的增长趋势下，预计我国住房租金整体处于上升趋势。[②]

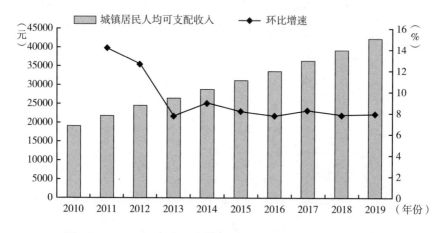

图4　2010～2019年我国城镇居民人均可支配收入及环比增速

资料来源：国家统计局。

《2019年6月中国城市租赁价格指数报告》显示，一线城市北京、上海、广州三个城市的城市租赁价格指数保持30个月的连续上涨（同比、环

---

① 易宪容、郑丽雅：《中国住房租赁市场持续发展的重大理论问题》，《探索与争鸣》2019年第2期，第117～130页。
② 丁祖昱、张燕、黄甜：《2017年中国租赁住宅行业白皮书》，中国：易居企业集团·克尔瑞｜东方证券，2017。

比），新一线城市中杭州、成都租金价格指数涨幅位居前列，分别达到0.39%和0.38%。

二　行业发展相关支持

我国住房租赁需求日益旺盛，加快住房租赁行业发展对解决我国城镇化进程中流动人口居住问题，起着重要作用。2015 年住建部发布《关于加快培育和发展住房租赁市场的指导意见》，2016 年国务院办公厅发布《关于加快培育和发展住房租赁市场的若干意见》，2017 年党的十九大提出坚持房子是用来住的、不是用来炒的定位，加快建立多主体供给、多渠道保障、租赁并举的制度。之后有关政策相继推出，我国逐渐开始推行并落实"租售并举""租售同权"，中国房地产市场迎来一次重大的战略转折。

2018 年 9 月，中共中央和国务院《关于完善促进消费体制机制 进一步激发居民消费潜力的若干意见》，要求大力发展住房租赁市场，并推广住房租赁试点经验。住房租赁试点城市如广州、深圳、南京、杭州等也相继出台相关政策，积极推进住房租赁市场发展。至今相关政策支持已经覆盖供给主体、供应渠道、金融供应链，并逐步落地。2019 年我国针对"多渠道增加租赁住房供给"、"住房租赁企业税收支持"、"鼓励住房租赁消费"以及"规范市场秩序"等相继出台系列政策。伴随行业发展，政策导向已经由初期的鼓励引导，转向规范发展，政策细则也更加趋于具象化。[①]

我国住房租赁市场供给以"二房东散租"为主，存在较为严重的信息不对称、监管不到位问题，"劣币驱逐良币"现象严重。但近年来由于住房租赁市场需求旺盛配合政策的大力引导支持，我国住房租赁行业被迅速激活。省市属国企、房地产企业、专业化租赁机构、酒店集团、互联网企业等多元化背景机构纷纷入局住房租赁行业，目前住房租赁已经成为我国住宿行

---

① 丁祖昱、张燕、黄甜：《2017 年中国租赁住宅行业白皮书》，中国：易居企业集团·克尔瑞｜东方证券，2017。

业的重要组成部分，至今已有 2000 多家相关机构。头部品牌诸如蛋壳公寓、自如、魔方公寓、泊寓、冠寓、世联红璞、城方、盛捷服务公寓、辉盛国际、雅诗阁服务公寓等，近年来在一线、新一线城市大举扩张，针对高端消费群体、白领群体以及蓝领群体提供多样化产品。当前分散式公寓如自如、蛋壳公寓体量已分别突破 85 万间、40 万间，集中式公寓如魔方公寓、泊寓、旭辉领寓体量也纷纷突破 10 万间、7 万间、6 万间，而服务式公寓如盛捷服务公寓、辉盛国际、雅诗阁服务公寓等也凭借其较强的运营能力近年稳健扩张。[1] 多方入局为我国住房租赁行业注入体系管理、智能运营、网络营销等新活力。

尽管住房租赁行业近年发展迅速，但由于我国住房租赁行业发展处于初期阶段，在政策方面、法律法规方面、市场供给以及行业认知理念方面还处于准备不足阶段，因而当前我国住房租赁市场仍然面临诸多挑战。

三　经验总结

对比我国住房租赁发展当前所处阶段，总结德国、美国、日本等发达国家住房租赁市场发展经验，可以从以下几个方面入手对我国住房租赁市场发展进行引导。

（一）政策支持及引导

1. 恢复住房公共产品属性，加大政府公租房供给

地方政府将租赁住房作为公共服务、公共产品的一部分。改变 GDP 导向房地产发展模式，还原房屋住房和公共产品的基本属性。为城市流动人口如务工人员、毕业大学生提供租赁住房保障。

德国、美国、日本等国住房租赁发展的经验表明，在城市化进程加快、

---

① 任开荟：《2019 年上半年长租公寓品牌发展报告》，迈点网，https：//www.meadin.com/report/206272.html。

住房短缺时期，政府和非营利目的的公租房对促进住房租赁发展起着重要作用。当前我国公租房比例较低，2018 年我国流动人口为 2.41 亿人，而我国公租房有 1000 多万套，覆盖人口仅为 3000 万人，占全国人口的 2.2%，相比于发达国家的 30% 相差甚远。

2. 鼓励发展机构租赁

2017 年，美国专业化租赁机构占市场的 60%，日本高达 87%，而我国不到 10%。第六次人口普查数据显示，我国 25.8% 的城市居民租房居住，其中 89.5% 的可租房来源于私人住宅，且"二房东散租"为当前住房租赁的主要模式。但私人"二房东"存在诸如信息不对称、管理混乱等现象。长期以来，我国住房租赁行业机构化率低，主要原因在于：我国政府公租房供应量少；行业利润低；住房租赁定价低、财务成本高；相比开发和销售，租赁行业吸引力不足。

为鼓励我国住房租赁行业的机构化建设，我国政府要求住房租赁相关企业进行工商登记，并纳入政府管理，提高行业透明度，改变"二房东"行业劣币驱逐良币的"灰色产业"定位。此外，我国政府也在积极出台系列税收政策优惠，提高行业供给，以此提高住房租赁行业吸引力和行业机构渗透率。

3. 引导金融机构参与，鼓励创新

引导商业银行支持住房租赁金融业务发展，我国住房租赁为刚性需求，但发展需要大量的资金支持，且回报周期较长，引导商业银行、保险机构等资金量充足的金融机构参与住房租赁行业发展可对我国住房租赁行业发展起到很好的支持作用。目前已有诸如建设银行、工商银行、农业银行、中信银行等多家银行进军住房租赁行业，其中建设银行作为首家进入住房租赁行业的商业银行，已经与多地政府、相关企业达成合作，共同搭建住房租赁服务体系架构，并建立住房租赁平台，上线房源多达 12 万套。

此外，借鉴国外经验，商业银行住房租赁信贷产品可为行业发展提供较为灵活的贷款支持，如鼓励商业银行针对个人客户、法人客户开发个人租赁贷款以及开发住房租赁信贷，科学设计贷款利息等。[①] 当前住房租赁行业资金紧张问题凸显，针对租赁运营经验丰富、拥有低成本优质房源、盈利能力较强的优质住房租赁企业，在符合监管要求的前提下，研发提供租赁住房开发贷款，以此支持政府重点扶持、租金回报稳定、现金流覆盖的住房租赁开发项目。

提高社会资本投入比重，鼓励 REITs 等产品的金融创新，也是提升我国住房租赁社会资本所占比例的重要方式，是实现以市场化供应为主体的重要途径。

（二）加强法律建设

从发达国家住房租赁行业发展经验来看，加快相关立法建设，对规范住房租赁行业秩序，促进行业健康快速发展起着重要作用。

1. 改进税收制度

我国住房租赁行业处于发展的初期阶段，行业利润率低是行业发展的首要问题，从发达国家住房租赁市场多年的发展经验来看，在税收制度上对住房租赁企业予以适当的税收优惠可以有效降低企业运营成本，提高收益率。为鼓励房地产公司开发用于住房租赁的住房，德国税收体制对出租房的投资者和承租者予以比商品房的投资者和购房者更大的税收优惠；税收政策规定出租房企业折旧率高于普通住房，以此刺激租赁市场投资。而美国也早在1981 年，就出台《经济复苏税法》，将 30～40 年的出租住宅折旧期缩短为15 年，实行折旧抵扣、"折旧冲回"政策，允许通过诸如房屋维修费用、维修支出进行、房屋折旧等方式进行抵税。此外，美国政府鼓励政府与社会资本通过 PPP 模式进行合作开发住房租赁项目，基于项目，房地产开发商有机会低价获取土地。[②]

反观我国，自 2016 年推行"租售并举""租售同权"，全面实行"营改

---

① 罗忆宁：《住房租赁市场税制改革探索》，《城乡建设》2016 年第 4 期，第 76～78 页。
② 罗忆宁：《住房租赁市场税制改革探索》，《城乡建设》2016 年第 4 期，第 76～78 页。

增"以来，针对住房租赁行业出台了多项税收优惠政策，开始为从事住房租赁的企业、机构以及个人提供优惠政策和支持，但整体来看我国住房租赁立法、税收、土地供给等方面的政策依旧相对碎片化，正向激励不足、交易成本仍然居高不下。①

从发达国家住房租赁市场发展经验来看，REITs 对推进住房租赁行业发展起着至关重要的作用。美国 REITs 业务享受穿透性税收政策优惠，企业的收入与损失可以冲抵企业持有人的个人所得税应税收入，避免了双重征税的问题。② 目前我国住房租赁市场的租金回报利在 1%～3%，REITs 依旧处于发展初期融资成本，在 5% 左右，交易和运作过程中，会涉及土地增值税、营业税等一系列税收，其中土地增值税对 REITs 业务影响较大。③ 当前税法制度下，缺乏对 REITs 业务明细的税收优惠政策，导致 REITs 面临双重征税问题（一方面，信托设立和终止环节，需要征收 REITs 信托财产契税、印花税，不动产转让营业税；另一方面，REITs 信托存续阶段重复征税，仍然需要缴纳企业所得税等，投资者对 REITs 分配所得信托收益还要缴纳所得税等税收）。④

2. 加强制度保障

当前我国全国统一的住房租赁立法以及相关细则依旧缺乏。尽管近年来我国相继出台了许多鼓励住房租赁市场发展的政策法规，整体来看我国依旧缺乏全国性房屋租赁法和相关租赁法规，租赁房屋的详细标准、租赁登记、租赁合同、租金涨幅等方面缺乏细则。

此外，我国租房无法享受与买房同样的公共资源和公共服务，2017 年 5

---

① 李宇嘉：《借鉴国际经验，建立"购租并举"的住房制度》，《中国房地产》2017 年第 19 期，第 9～13 页。

② 闵晓鸣：《住房租赁市场发展的国际经验及启示》，《金融纵横》2018 年第 4 期，第 77～82 页。

③ 樊其国：《税收优惠助力发展住房租赁市场——培育和发展住房租赁市场税收优惠政策归集》，《上海房地》2017 年第 9 期，第 39～40 页。

④ 石海峰、郭雁：《我国金融支持住房租赁市场现状及国际经验》，《债券》2018 年第 8 期，第 79～85 页。

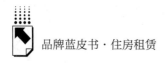

月住建部发布的《住房租赁和销售管理条例（征求意见稿）》对维护我国租房者合法权益起到了一定的支持作用，但并未有效解决租房者面临的落户、社会保障、教育等公共资源和公共服务问题。

（三）商业模式

关注国际成功案例，日本的轻资产运营模式特点突出，运营商不持有物业，有效降低了运营商的成本，运营商利润来源于租户支付的租金和支付给业主的租金差，专业化的运营流程、高效的盈利能力使得运营商和租户之间建立了较为稳定的委托关系；而美国以 EQR 为代表的运营商则重资产属性凸显，所运营的物业多为自持，出售与扩张并行，资产高周转，利润来源于租金收益和资产盘活周转收益。经过多年的发展，两种商业模式都已高度专业化，准确的项目定位、严格的成本把控、出租率长期高置以及资产的高效盘活是其核心竞争力。

我国当前住房租赁行业依旧处于初期探索阶段，轻资产模式和重资产模式都多有尝试，但行业发展依旧面临诸如房源获取成本高、盈利能力有限、存量投资盘活效率低等问题。近年来无论是房企背景品牌还是互联网背景品牌，品牌发展初期多采用扩张战略，追求规模经济，但在成本居高、缺乏持续融资持续支持的条件下，盈利能力问题凸显。参考国外成功案例，高效的运营能力和资产盘活能力是品牌盈利能力的保障，也是维持运营商与业主稳定关系的保障，盲目的规模扩张只会加重企业资金压力，难以从根本上提高品牌盈利能力。因而形成专业化团队进行项目定位，集中市场空间较大的城市区域稳健扩张，切实提高运营能力，进行战略调整和商业模式探索是下一步行业发展的方向。

参考文献

丁祖昱、张燕、黄甜：《2017 年中国租赁住宅行业白皮书》，中国：易居企业集团·克尔瑞丨东方证券，2017。

黄卉：《2018 年中国住房租赁白皮书》，贝壳研究院、21 世纪产业研究院，2018。

易宪容、郑丽雅：《中国住房租赁市场持续发展的重大理论问题》，《探索与争鸣》2019 年第 2 期，第 117～130 页。

任开荟：《2019 年上半年长租公寓品牌发展报告》，迈点网，https：//www. meadin. com/report/206272. html。

罗忆宁：《住房租赁市场税制改革探索》，《城乡建设》2016 年第 4 期，第 76～78 页。

李宇嘉：《借鉴国际经验，建立"购租并举"的住房制度》，《中国房地产》2017 年第 19 期，第 9～13 页。

闵晓鸣：《住房租赁市场发展的国际经验及启示》，《金融纵横》2018 年第 4 期，第 77～82 页。

樊其国：《税收优惠助力发展住房租赁市场——培育和发展住房租赁市场税收优惠政策归集》，《上海房地》2017 年第 9 期，第 39～40 页。

石海峰、郭雁：《我国金融支持住房租赁市场现状及国际经验》，《债券》2018 年第 8 期，第 79～85 页。

B.4
中国住房租赁相关政策分析

郭德荣　任开荟[*]

摘　要： 为促进房地产行业健康发展，改变我国房地产金融属性，确保人民住房水平随城镇化建设逐步提高，近年我国房地产政策逐渐转向"租购并举"，发展住房租赁市场成为调控房地产市场的一种长效机制。2015年至今，国家相继出台系列政策，引导住房租赁市场发展。然而，住房租赁行业在我国仍为新兴行业，处于发展初期阶段，行业发展快速推进的同时诸多问题也暴露出来。因而国家政策加码的同时，相应的监管体系也逐步建立起来。在中央层面政策导向指引下，省级、市级地方政府因地制宜，积极出台系列政策，2019年相关政策条例不断细化明确并进入落地阶段。

关键词： 租购并举　政策扶持　行业监管

当前，我国住房租赁政策体系建设主要围绕供给、金融、财政以及法律等四个方面展开（见表1）。

---

* 郭德荣，迈点研究院研究总监，研究方向为文商旅综合体品牌及运营；任开荟，英国阿斯顿大学会计金融学硕士，迈点研究院高级研究员，研究方向为长租公寓、康养品牌等。

表 1　中国住房租赁政策支持体系

供给	土地供给:加大租赁土地供给,利用集体用地
	房源供给:建设人才公寓,鼓励房企转型、培育专业企业
金融	对租赁企业予以融资支持,推进 REITs 试点
财政	允许通过住房公积金支付房租、税收优惠、公租房货币化(市场提供租赁房源、政府发放租赁补贴)
法律	针对行业乱象推进立法监管,切实推进租购同权

资料来源:官方文件,迈点研究院整理。

2015 年,住建部发布《关于加快培育和发展住房租赁市场的指导意见》,确定发挥市场在资源配置中的决定性作用和更好地发挥政府作用,建立住房租赁服务平台、培育住房租赁机构、鼓励房地产企业利用存量房源发展租赁业务,推动 REITs 试点建设,支持从租赁市场筹集公共租赁房源。

2016 年中央经济工作会议公报中明确了住房制度改革方向,鼓励发展以住房租赁为主营业务的专业化企业。同年,国务院办公厅出台《关于加快培育和发展住房租赁市场的若干意见》,鼓励房地产开发企业发展租赁地产,将新建租赁住房纳入住房发展计划,允许将现有住房按照国家和地方的住宅设计规范改造后出租,对从事住房租赁的企业和个人予以税收优惠,鼓励金融机构向住房租赁机构予以金融支持。

2017 年中央经济工作会议公报中明确提出,加快住房租赁市场立法,加快机构化、规模化租赁企业发展为年度重要政策导向。住建部等九部门联合印发《关于在人口净流入的大中城市加快发展住房租赁市场的通知》(以下简称《通知》),选取广州、深圳、南京、杭州等 12 个城市作为首批住房租赁试点城市。《通知》明确要形成一批可复制、可推广的试点成果,向全国进行推广。此外,《通知》还强调多部门将从房源供给、融资渠道等多方面对住房租赁市场发展加大支持力度,支持公司信用类证券及资产证券化产品发展。2017 年 10 月 24 日,中国共产党第十九次全国代表大会上,习近平主席对住房租赁市场发展的重要性予以重申,提出"坚持房子是用来住、不是用来炒的定位,加快建立主体供给、多渠道保障、租购并举的住房制

度，让全体人民住有所居"。

2018 年，住房租赁相关政策持续加码，多部门相继出台《关于推进住房租赁资产证券化相关工作的通知》、《关于开展治理违规提取住房公积金工作的通知》、《关于保险资金参与长租市场有关事项的通知》、《关于印发推行政府购买公租房运营管理服务试点方案的通知》、《关于印发完善促进消费体制机制实施方案（2018～2020 年）的通知》以及《个人所得税专项附加扣除暂行办法（征求意见稿）》等政策。进一步扩大租赁试点城市范围的同时，从渠道规范、金融税收等多方面对住房租赁市场进行机制建设。

一　2019年国家住房租赁政策

2019 年，住房租赁相关政策支持与监管同步加强，并开始进入落实阶段。中央层面为鼓励住房租赁市场发展出台的系列政策，主要导向以下几个方面。

（一）多渠道增加住房租赁供给量，设立集体建设租赁住房试点城市

1 月 11 日，自然资源部、住建部同意福州、南昌、青岛、海口、贵阳等五个城市建设用地建设租赁住房试点实施方案，将集体建设用地建设租赁住房试点城市扩展至 18 个。

1 月 29 日，国家发改委等十部门印发《进一步优化供给推动消费平稳增长 促进形成强大国内市场的实施方案（2019 年）》，支持国有租赁企业对市场的引领、规范、计划和调控作用，支持住房租赁市场专业化、机构化发展，将集体租赁住房建设作为住房租赁需求旺盛的大中型城市的重点工作内容。

5 月 17 日，住建部等四部门联合发布《关于进一步规范发展公租房的意见》，要求各地因地制宜，多渠道筹集租赁房源，明确商品房项目中配建公租房比例，利用集体建设用地建设租赁住房的试点城市，可利用集体建设

用地进行公租房建设。

7月18日，住建部网站公布2019年中央财政支持住房租赁市场发展试点入围16市名单，对直辖市、省会城市和计划单列城市予以不同程度的奖补，对住房租赁企业发展予以鼓励，加大房源建设的同时，完善信息服务监管体系，优化住房租赁市场环境。

（二）提供税收优惠，拓宽住房租赁融资渠道，加大财政支持

2月，北京、上海、广州、深圳相继发布减税政策，以此减轻长租公寓及房东的纳税负担，鼓励专业化住房租赁企业及私人住房租赁房源供给。

4月26日，海南省住建、自然资源和规划、财政、公安、税务、金融等部门联合印发《关于支持和规范住房租赁市场发展的通知》，从金融方面鼓励银行业金融机构向住房租赁企业提供符合企业经营特点的中长期贷款和金融解决方案。

5月9日，财政部、国家税务总局提出对公租房免征房产税等7项优惠政策。

7月18日，住建部公示住房租赁市场发展16个试点城市名单，中央财政奖补资金标准按城市规模分档（试点为期3年），给予最高每年10亿元的奖补。该政策是截至目前涉及城市最多、奖补力度最大的政策，为住房租赁行业发展提供了直接的资金支持。

（三）建立平稳健康发展长效机制，加强行业整治

3月，"两会"定调，住房租赁市场作为发展重点，将继续获得资金支持，未来热点城市租赁住房供给将稳步增加，服务配套将不断完善。与此同时，监管也将逐步加强，以稳定租金，促进行业持续优化。具体做到五个"坚持"：坚持住房定位；坚持完善住房市场体系和住房保障体系；坚持落实城市主要责任，落实稳地价、稳房价、稳预期；坚持调结构、转方式；坚持政策的持续性、稳定性。

保障租房常住人口权益。4月8日，国家发改委印发《2019年新型城镇

化建设重点任务》，提出加大户籍制度改革力度，允许租赁住房的常住人口在城市公共户口落户。

5月11日，国务院印发《国务院2019年立法工作计划》，将《城镇住房保障条例》《住房租赁条例》列入立法计划。

6月5日，财政部公开发布《2018年全国财政支持保障性安居工程建设情况》，表示将积极协同住房租赁市场和保障体系建设，对保障性安居工程予以资金筹集并加强资金管理，促进住房租赁市场发展。

6月17日，国家发改委就宏观经济运营情况举行新闻发布会，强调进一步深化户籍制度改革，打通符合城镇稳定就业和居家迁移的农业人口落户通道，允许租赁住房的常住人口落户为城市公共户口。

9月19日，住建部召开住房租赁中介机构乱象专项整治工作推进会，在全国范围内开展住房租赁中介机构乱象专项整治，严厉打击侵害住房租赁当事人合法权益的行为。

12月15日，住建部等6部门出台《关于整顿规范住房租赁市场秩序的意见》，规范住房租赁市场主体经营行为。该意见提出，同一机构的同一房源在同一平台仅可发布一次，严格登记备案管理并实时更新；房地产经纪机构不得赚取住房出租差价，住房租赁合同期满承租人和出租人续约的，不得再次收取佣金；加强对采取"高进低出、长收短付"经营模式的住房租赁企业的监控。

（四）鼓励住房租赁相关消费

6月6日，中央国家机关住房资金管理中心发布《关于深化"放管服"改革做好中央国家机关住房公积金归集工作有关问题的通知》（以下简称《通知》），针对北京多类租房群体，如在京无自有住房的职工家庭、中央国家机关派驻贫困地区参加脱贫攻坚工作的人员、在京无自有住房的新就业大学生以及在京内无自有住房且生育了二孩的职工家庭，允许不同形式的公积金提取支付房租。《通知》的发布，显著降低了租房人群的生活成本，从需求端促进了住房租赁市场的发展。

二 2019年地方住房租赁政策

地方政策方面，2019年，北京、上海、深圳、广州、成都、合肥、海南、南京、杭州、郑州、石家庄、南昌、东莞、武汉等城市相继出台系列政策促进住房租赁市场稳健发展，相关政策导向主要集中在以下几点。

第一，多渠道增加住房租赁房源供给。通过新建长租公寓、人才公寓，鼓励房地产企业发展住房租赁业务；通过旧城、城中村改造等方式，增加住房租赁市场供给量。

北京：分别于1月和8月多次重申完善住房市场体系和住房保障体系，促进房地产市场的平稳发展，通过多渠道建设租赁住房（12万间）、建设政策性产权房（6万套）、棚户区改造（1.15万户）等多种方式缓解城市住房供需矛盾。

上海：4月12日，方隅中骏正式被纳入虹桥商务区人才公寓范畴，差异化产品定位中高层管理人员，弥补高品质租赁居住需求。10月1日起，上海"N+1"合法化试行政策延期，有效期至2024年9月30日。

广州：1月22日，黄埔区明确表明增加城市租赁住房供应量，探索将商用住房改造为租赁住房，鼓励试点商用住房与租赁经营一体化的运营模式，鼓励扶持房地产租赁企业参与老旧社区、"城中村"改造，鼓励符合条件的"城中村"进行集体物业住房经营。

深圳：2月22日，引导城中村微改造并开展规模化租赁业务。8月3日，计划到2035年新增住房170万套，要求人才住房、安居型商品房和公共租赁住房总量接近60%，并对人才住房和安居商品房租金和面积提出要求。10月14日，推出全国首个稳租金商品房租赁试点项目，该项目为南山区塘朗城广场的248套装修商务公寓。

郑州：2月18日，中原区、金水区租赁公寓项目开工，预计建成后将提供人才公寓近3000套。3月5日，郑州市房管局表示，将继续坚持房住不炒定位，积极培育住房租赁市场，计划新增租赁住房3万套（间）。

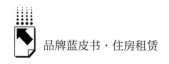

武汉：7月12日，洪山区房管局与武汉自如公寓、武汉蛋壳公寓、龙湖冠寓达成战略合作，将公寓企业规范运营的房源作为大学毕业生租赁房使用，提高人才租住环境和配套服务。

南昌：2月，启动租赁住房建设试点。江西省住房和城乡建设厅表示，南昌将在集体用地上建设一批租赁住房，以90平方米以下的中小户型为主，未来市民可廉价租赁住房。

海南：4月26日，允许存量商品住宅用地转型建设租赁住房，可按市场评估价差额补缴或退还出让价款。

第二，加大资金支持力度，拓宽住房租赁行业融资渠道，鼓励银行等金融机构参与住房租赁行业建设，支持规模化住房租赁企业发展资产证券化。

南京：1月，第一批拍卖的租赁住房土地启动建设，其中江宁科学园租赁住房项目银行贷款由建设银行、交通银行、农业银行3家金融机构共同提供，贷款金额达到12亿元，期限25年。

石家庄：2月11日，高新区加大住房租赁企业信贷投入，对符合条件的从事租赁住房建设的房地产开发企业，提供长期贷款支持，支持规模化住房租赁企业利用融资工具拓宽融资渠道。同时，鼓励开发商将存量房源发展住房租赁业务，开展租售并举。

海南：3月25日，发行全国首单省级人才租赁住房REITs产品，发行规模8.7亿元，优先级证券发行利率为4.5%。

长春：9月10日，明确2019~2021年长春市将通过增加租赁住房用地供给、支持规模企业建设租赁住房等一系列政策措施，计划新增租赁住房315万平方米，进行基本住房租赁市场体系和监管体系建设。

第三，鼓励住房租赁相关消费，通过公积金提取降低消费者租金成本，加大人才公寓配租补贴，提升城市人才吸引力。

成都：3月6~15日，拟对《成都住房公积金提取管理办法》《关于调整职工提取住房公积金支付房屋租赁费用提取限额的通知》进行修正并公开征求意见，增加每月公积金提取额度。

东莞：4月19日，调整部分住房公积金提取政策，租金额度上调至

1800 元，以此降低租户生活成本。

北京：5 月 21 日，通州区对符合申请标准的人才公寓配租在租金优惠、补贴范围、配租房源等多方面给予优惠补贴。

珠海：8 月 21 日，横琴新区优化引才聚才政策，提高租房和生活补贴标准，优化人才申请资格、补贴发放标准、发放模式，其中对澳门入驻企业提供更多利好，以此增强珠海人才吸引力，助力粤港澳大湾区融合发展。

山东：9 月 18 日，明确住房保障范围，通过配租公共租赁住房和发放住房租赁补贴两种方式，为全省新市民提供住房保障。

第四，加强市场监管，建设住房租赁房屋改造、房屋安全标准，整治租赁市场乱象；完善公共服务平台，提高租房备案率，建立住房租赁体系。

北京：7 月 8 日，发布三个合同示范文本通知，对可能存在的虚假房源、随意涨房租、抵押不返还、打隔断、群租等行业乱象做出规定，禁止违法群租，细化出租房屋登记信息，保障租赁双方权益，维护市场秩序。9 月 30 日，出台《关于规范互联网发布本市住房租赁信息的通知》，2019 年 11 月 1 日起执行。

上海：3 月 15 日，浦东新区住房租赁公共服务平台正式上线运行，首创上海租房网签服务，方便租客线上租房。12 月，对集中建设的公共租赁住房项目、"非转租"长租公寓项目、利用物业开设规模化租赁住宿场所或项目等各类租赁住房项目进行集中安全检查。

广州：7 月 1 日，对广州市新增租赁住房提出了新的要求，对住房租赁合同期限、租金收取及押金额度、宣传推广等进行规范。

深圳：3 月 27 日，要求政府相关部门加强城中村租赁管理，要求企业控制改造成本，并参照租赁指导租金合理定价。4 月 17 日，为加强房屋安全管理，维护公共安全和社会秩序，对装修设计、材料、采购、施工、验收进行全阶段污染管控，推动长租公寓品质提升，2019 年 5 月 1 日起施行。7 月 4 日，从增加供给、规范市场、规范城中村规模化改造、发挥平台作用、加大政策支持、加强秩序整顿六大方面提出相关意见。

杭州：7 月 11 日，向公众公开征求住房租赁市场相关意见，同时加强注册管理和开业申报、实行租赁合同网签备案、严格规范"租金贷"业务、健全住房租赁市场管理体系，要求住房租赁企业在本市任意银行网点设立唯一的租赁资金专用存款账户，接受监管并纳入开业申报内容。11月26日，规定从事住房租赁业务的住房租赁企业，要在本市范围内的银行设立唯一的租赁资金专用存款账户，并向市房产行政主管部门备案，加强对"租金贷"等金融产品的风险监管，明确细则。

合肥：5月5日，规定房源出租后都须办理网签备案；强化技术职称，确保租赁当事人身份信息真实、确保出租住房权属信息真实、确保住房租赁合同真实有效；将租住人员登记备案与租赁合同登记备案相整合，加强线上、线下房源备案，并规定处罚措施。

西安：8月16日，进一步整顿规范住房租赁市场秩序，重点整顿"租金贷"、"高收低租"经营模式、虚假房源等。10月12日，通知7部门联合出击，整顿中介乱象。

河南：8月14日，针对黑中介、虚假房源等中介乱象进行整治。

南京：9月9日，对市场化租赁做出明确规定，对租赁住房分割转让、分割抵押等做出明确规定；鼓励集体经济组织通过入股、联营等方式与其他经济组织进行合作，并要求集体经济占据主导地位。9月12日，明确13条具体举措和要求，包括建立住房租赁租金托管制度、实行租金银行托管、不得哄抬租金价格等。

东莞：自2019年9月1日起，全面推行使用《广东省住房租赁合同示范合同示范文本》，规范租赁住房交易，保障租赁双方权益，采取措施提高租赁住房备案率，预防黑中介、虚假房源等问题。

成都：12月4日，对住房租赁企业进行住房租赁企业信用信息管理，并依据评价结果实施差异化管理。

武汉：12月，规定江岸、江汉等中心城区，以及东西湖区金银湖、黄陂区盘龙城、江夏区纸坊等划定区域内，已建成闲置低效的商业、办公、厂房等非住宅存量房屋，可改造为租赁住房，而城市重点功能区、重要景观节点和主干道沿线的商业、办公用房不得改造为租赁住房。

预计 2020 年政府相关部门会把完善城镇住房保障体系、着力发展和培育租赁住房、促进解决新市民等群体的住房问题作为工作重点。切实贯彻落实中央财政支持住房租赁 16 城的试点奖补计划、利用集体建设用地建设租赁住房试点实施方案，保障住房租赁试点城市、区域租赁热点城市住房租赁工作的顺利进行，有效利用存量住房增加试点城市租赁房源供给，尤其是保障性住房的供给，以缓解住房供给矛盾，进行住房租赁工作经验积累，以便下一步全国性住房租赁体系建设在全国推行。[①] 此外面对各地频发的行业乱象，监管力度将会同步加强，诸如北京、上海、杭州、成都、郑州等多地针对"虚假房源"、"租金贷"、"高收低租"、"长收短租"和"房价异常"等行业乱象所进行的专项整治工作将会得到进一步推广，更多针对性强、时效性强的监管政策将得到推广，住房租赁行业环境将得到进一步净化。[②]

参考文献

《住建部部长：坚持"稳"字当头，大力发展政策性租赁住房》，百度，https：//baijiahao. baidu. com/s？id = 1660474056422262682&wfr = spider&for = pc。

《年度盘点｜2019 年度长租公寓十大事件》，地新引力微信公众号，https：//mp. weixin. qq. com/s/gOedk3uY – gze57rLes6bSQ。

---

① 《住建部部长：坚持"稳"字当头，大力发展政策性租赁住房》，百度，https：//baijiahao. baidu. com/s？id = 1660474056422262682&wfr = spider&for = pc。
② 《年度盘点｜2019 年度长租公寓十大事件》，地新引力微信公众号，https：//mp. weixin. qq. com/s/gOedk3uY – gze57rLes6bSQ。

产 业 篇

Overview of Industry Development

B.5

中国住房租赁市场发展概况

任开荟　郭德荣*

摘　要：　当前我国住房租赁市场已逐步由"导入期"进入"成长期"。主要表现为"导入期"品牌的规模扩张和密集的市场推广促使市场逐渐被打开，消费者对长租公寓产品的接受度逐步提高，产品需求快速增长；公寓产品质量参差不齐，各品牌所提供的公寓产品质量，如装修以及配件质量开始在技术和性能方面出现差异；伴随产品需求的快速增长，产业更具吸引力，竞争对手不断涌入；与此同时，产业内部对于人才和资源的争夺激烈，兼并频发，市场出现动荡。头部品牌地位逐渐确立，竞争最大的市场份额，注重市场营销和推广，力图建立较好的品牌形象。相较于"导入期"，品牌经营风险有

---

* 任开荟，英国阿斯顿大学会计金融学硕士，迈点研究院高级研究员，研究方向为长租公寓、康养品牌等；郭德荣，迈点研究院研究总监，研究方向为文商旅综合体品牌及运营。

所下降，但仍维持在较高水平。

关键词： 成长期　多元化　市场竞争　马太效应

一　多元化主体竞争

我国房地产行业进入存量阶段，住房租赁需求旺盛，加之一系列"租售并举"政策的出台对于住房租赁市场的引导，以及金融领域的资金支持，我国住房租赁市场被迅速激活，诸如房地产、中介服务、互联网、酒店管理等多股势力相继进入长租公寓领域。目前长租公寓品牌已经多达2000多个，品牌运营商背景呈现多元化，主要分为"品牌系"（创业系）、"房企系"、"中介系"、"酒店系"、"国家队"等，各背景品牌优劣势不尽相同，竞争激烈。

"品牌系"又称"创业系"，由于较早进入长租公寓领域，此类品牌已在产品定位、运营模式等多方面积累了丰富的经验。此外，各类品牌具有较强的互联网属性，通过线上线下相结合的方式进行品牌营销、提高运营效率和提升客户体验。当前头部品牌有蛋壳公寓、魔方公寓、YOU+国际青年社区、乐乎公寓、新派公寓、优客逸家、青客。然而此类品牌在资金和资源上优势并不突出，且以分散式长租公寓为主要产品的小型公寓品牌居多。近年由于"租金贷""高收低租"等问题出现爆雷的杭州鼎家公寓、乐伽公寓均属于"品牌系"长租公寓。

"房企系"长租公寓其运营商主体为房地产开发商，作为房地产存量市场的重要组成部分，长租公寓前景广阔，目前 TOP 100 的房地产开发商已有超过1/4的品牌涉足长租公寓领域。"房企系"以集中式长租公寓为主要产品，凭借在资金、房源获取、供应链管理和品牌等多方面的优势，近年来公寓板块业务快速发展。当前头部品牌有冠寓（龙湖集团）、泊寓（万科集团）、旭辉领寓（旭辉集团）、BIG+碧家国际社区（碧桂园）

等。尽管前期切入迅速，但长租公寓资金量大、盈利模式不清晰，长租公寓板块业绩并不突出。进入 2019 年，"房企系"发展放缓，主要表现为 2018 年末，万科"万村计划"暂停签约新房源；2019 年 5 月，朗诗寓由于连续两年亏损被迫剥离公司主体业务，独立运营；2019 年 6 月，远洋集团拟剥离长租公寓业务等。但关注 2019 年中期财报数据，龙湖集团旗下冠寓已凭借较强的运营能力实现 1056.2 亿元的合约销售金额，同比增长 8.88%，实现收入 4.3 亿元，超过 2018 年全年收入。迈点研究院认为，总结国外长租公寓发展经验，长租公寓发展盈利一方面源于资产增值，另一方面源于运营利润，因而对于重资产属性凸显的"房企系"长租公寓品牌，放缓扩张速度，针对一、二线城市核心区域进行精细化经营，并非无益。

作为具有一定资金储备，且了解租客需求的品牌类别，"中介系"长租公寓品牌优势突出。凭借丰富的开发商合作资源和线下销售团队，"中介系"长租公寓品牌扩张迅速，产品、服务更为丰富，运营管理更加高效。头部品牌如链家旗下自如、我爱我家旗下相寓以及世联行旗下世联红璞，近年均已获得长足发展。截至 2019 上半年，自如房源已经突破 85 万间，房源规模位居行业第一。2019 年中财报数据显示，我爱我家旗下相寓平均出租率为 94.7%，已实现基本盈利。[①] 而世联行旗下世联红璞 2019 中期财报也显示，集团公寓板块业务已逐渐趋于成熟，实现营业收入 2.65 亿元，同比增长 58.65%，公寓运营规模近 3.2 万间，覆盖核心一线城市，运营 6 个月以上的项目出租率超过 90%。[②]

"酒店系"长租公寓品牌具备丰富的存量物业管理经验和租客管理经验，近两年在探索长租公寓商业模式上动作频繁。该系别中，拥有丰富运营经验的国际品牌雅诗阁集团、辉盛国际、万豪集团等优势明显。这些品

---

① 《我爱我家：2019 年年度报告》，东方财富网，http://data.eastmoney.com/notices/detail/000560/AN202004301379074043，JUU2JTg4JTkxJUU3JTg4JUIxJUU2JTg8JTkxUU3JTg4JTkxJUFFJUI2. html。

② 《世联行：2019 中报净利润 0.63 亿 同比下降 78.86%》，同花顺财经网，http://stock.10jqka.com.cn/20190829/c613645759.shtml。

牌将国外先进服务理念与中国本土文化、用户需求相结合，将国际专业化公寓运营理念带入中国，其中雅诗阁集团旗下雅诗阁服务式公寓、馨乐庭服务式公寓、盛捷服务式公寓、lyf、途家盛捷等发展逐渐成熟，目前已超过1000套公寓投入运营。与国际品牌相比，我国本土服务式公寓起步较晚，其中以华住酒店集团和铂涛集团表现最为突出。华住酒店集团旗下城家公寓，凭借华住酒店集团的资产号召力和广泛的资源优势，于2019年5月，联合歌斐布局重资产，聚焦核心一线城市性价比资产标的。此外，2019年8月华住集团、城家公寓、雅诗阁强强联合，三方共同成立的合作公司运营管理项目——北京馨乐庭日坛公寓开业。但不可否认，盈利能力弱仍然是"酒店系"长租公寓一大痛点。2019年5月，首旅如家旗下逗号公寓被安歆公寓收购，首旅如家暂时告别长租公寓。迈点研究院认为，聚焦国际成功服务式公寓案例，利用自身优秀的运营管理能力和获客能力，结合重资产运营模式，进行资产增值，是"酒店系"品牌增强自身竞争力的核心。

"国家队"长租公寓品牌是指由国家指定被动参与或主动参与长租公寓行业的央企、国企开发商。以上海城方、杭州宁巢、广州人才安居集团为代表。该类品牌具有丰富的土地储备，发展政策性、专业化租赁住房的同时，将租赁业务与人才补助等系列政策相结合，具有较强的客户获取能力，特色突出。

二 竞争激烈，马太效应加剧

头部品牌的竞争激烈主要表现为对市场份额的抢占，一方面表现为通过市场扩张抢占一线、二线城市核心区域房源，尽管2019年多数品牌放缓了市场扩张速度，但头部品牌诸如自如、相寓、蛋壳公寓房源规模相继突破85万间、70万间、40万间，而魔方公寓、安歆公寓、冠寓房源规模也在不断上涨。另一方面表现为开始采用季节性价格营销策略，抢占市场份额。如自如、蛋壳公寓、世联红璞、乐乎公寓，相继发起"海燕计划""椋鸟计

划""毕业季大优惠""乐巢计划"等，针对大学毕业生进行千元房租补贴，或予以折扣。

尽管长租公寓发展整体呈现百家争鸣的态势，但鉴于长租公寓回报周期长、盈利模式仍处于探索阶段，品牌发展对于资金链和品牌运营能力具有较高要求，行业发展马太效应凸显。2019年中国长租公寓品牌房源量已经接近500万间，头部品牌占比达到70%。资金链紧张环境下，行业洗牌不断，实力相对薄弱的小型品牌相继退出市场。2019年，爱上租、星窝公寓、寓见公寓、乐栈公寓、青柠公寓、乐伽公寓相继出现资金链断裂问题，或被头部品牌蛋壳公寓、湾流国际青年社区、麦家公寓等收购。

除资金链紧张问题外，产品同质化严重、盈利模式不清晰是长租公寓另一个突出的痛点。由于长租公寓客群主要集中于20~35岁单身青年，其中能够支撑高租金的群体集中于TMT行业、金融行业和高端服务业，客群单一导致长租公寓产品定位趋同，产品设计同质化严重。[1] 当前长租公寓盈利点主要源于资产增值收益、租金收益、服务费、增值服务费，在客群定位单一、租金承受能力有限的前提下，长租公寓溢价空间相对有限。

三 行业热度不减，多方入局不断

我国城镇化建设进程加速，城市流动人口激增，住房租赁人口规模逐年扩大，预计到2020年我国住房租赁市场规模将突破2万亿元，至2030年将达到4.2万亿元。巨大的市场规模吸引多背景企业不断入局，其中不乏房地产企业、金融机构、互联网巨头等。当前房地产企业入驻住房租赁行业的已超过2/3，金融机构中中国建设银行、平安银行以及地方城商行如南京银行、温州银行等也均与政府机构或房企针对住房租赁项目展开合作；互联网巨头如阿里巴巴、腾讯、京东相继通过投资或自营项目入局长租公寓；此外

---

① 《中国长租公寓行业运营情况分析报告》，迈点网，https://www.meadin.com/yj/198977.html。

2019年小米、格力也相继入局长租公寓住房租赁行业。全国住宅租赁市场规模测算见表1。

表1　全国住宅租赁市场规模测算

	2020年	2025年	2030年
住房租赁人口（亿人）	2.0	2.3	2.7
人均可支配收入（元）	40860.5	52149.4	66557.4
租房开支占比（%）	25	30	30
租金（亿元）	20430.2	35983.1	53911.5

资料来源：国家统计局、睿信地产研究院。

早期为快速抢占市场份额，长租公寓头部品牌多实行快速扩张策略，当前分散式长租公寓的自如、相寓、蛋壳公寓，规模分布突破85万间、70万间、40万间；集中式长租公寓品牌魔方公寓、泊寓、冠寓，规模分布突破10万间、8万间、6万间；服务式公寓盛捷服务公寓、辉盛国际、雅诗阁管理规模也均超过6000间。尽管由于快速扩张所需资金量较大、运营成本高等原因，头部品牌规模经济效果并不明显，但不可否认的是头部品牌仍旧凭借规模优势相比新兴品牌在品牌认知度、学习曲线、产品差异性、销售渠道、政府资源等方面形成了一定的结构性障碍。

四　传统替代品威胁

针对租赁人群，长租公寓两大主要替代品：间接替代品"房屋置业"，直接替代品传统"二房东"散租。

关注间接替代品"房屋置业"。近年来我国住房租赁需求旺盛的大中型城市，房价依旧处于上涨趋势，置业成本居高。我国住房租赁人群主要为流动人口，调查显示，2014年我国人口流入规模在100万以上的城市有22个，平均商品住宅价格为12205元/米^2，22个城市中86.9%的流动人口通过租房解决住房问题，拥有租房的比例仅为13.1%。

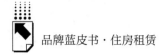

其次，收入水平也是决定人口住房租购的重要决定因素。22 个城市中流动人口家庭平均收入水平为 6282 元，其中月收入在平均水平以上的样本仅占 30%，而在这 30% 的人群中有 75.6% 的人选择租房解决住房问题，有长期居留意愿的占比达到 91%。[①] 受上述因素影响，近年来我国房屋置业年龄不断延迟，一线城市以北京为例，2018 年租客平均年龄已经延迟至 35.56 岁，住房租赁消费周期正在不断延长。

而相对于传统"二房东"租赁模式，长租公寓实质为传统"二房东"租赁模式的标准化产品，优势明显。长租公寓标准化产业发展，弥补了传统"二房东"散租缺乏标准、运作效率低、信息不对称、不利监管等问题，改变住房租赁长期以来劣币驱逐良币的"灰色产业"定位。除提供标准化公寓改善租客居住环境外，长租公寓品牌还提供类似保洁、消费、理财、社群交流等多样化增值服务。伴随国家相关部门租金监管的逐步完善以及行业的逐渐成熟，房租价格将逐渐趋于稳定，对比传统"二房东"模式"性能—价格"比更具优势。

参考文献

《中国长租公寓行业运营情况分析报告》，迈点网，https：//www. meadin. com/yj/198977. html。

杨巧、杨扬长：《租房还是买房——什么影响了流动人口住房选择?》，《城市化与人口流迁》2018 年第 6 期，第 101 ~ 111 页。

[①] 杨巧、杨扬长：《租房还是买房——什么影响了流动人口住房选择?》，《城市化与人口流迁》2018 年第 6 期，第 101 ~ 111 页。

B.6
中国住房租赁市场产业链分析

任开荟　郭德荣*

摘　要：　2019 年住房租赁土地供给更加多元化，尽管土地筹集供应量
有所下降，但全年共成交租赁相关用地交易 148 宗/417 万
米^2。与此同时，长租公寓头部品牌的房源量也在稳步增长。
住房租赁土地供给和房源的稳步增长，为我国发展住房租赁
市场提供了较为良好的基础。相较往年，2019 年金融市场对
住房租赁板块的关注开始回归理性，马太效应较为凸显，分
散式长租公寓头部品牌和地产系头部品牌受到资本青睐；
2019 年 11 月青客登陆纳斯达克挂牌上市，成为我国长租公寓
品牌上市第一股，随后，2020 年 1 月 17 日，蛋壳公寓完成纽
交所上市，受到多方关注。为规范行业发展，行业质量规范
开始建立，地方住房租赁公共服务平台、租房平台，开始完
善备案信息系统，在加强行业监管的同时，提升租户消费
体验。

关键词：　市场供给　金融支持　供应链　消费体验

一　土地及房源供给

整体来看，2019 年住房租赁房源供给量呈现以下特点：受"返工潮"

---

* 任开荟，英国阿斯顿大学会计金融学硕士，迈点研究院高级研究员，研究方向为长租公寓、
康养品牌等；郭德荣，迈点研究院研究总监，研究方向为文商旅综合体品牌及运营。

和毕业季等需求旺盛季节影响，上半年的 4 月、5 月和下半年的 9 月、10 月为租赁房源供给高峰，年初则为供应低谷；各城市中，北京、上海、深圳位居前三。

2016 年以来，中央及地方纷纷出台各项文件，培育我国住房租赁市场。其中，土地新政的出台，有效增加了住房租赁土地供给。创新租赁住房土地供给主要包括：第一，扩大中心城区商业办公密集区、工业园区、产业园区配建租赁住房比例；第二，调整土地出让规定，增加租赁住房供给；第三，鼓励企业利用自有住宅用地建设租赁住房，按照一定的标准改建商业用房用于租赁；第四，试点利用集体建设用地建设租赁住房。这些措施改变了传统供地方式和用地比例，在有效降低租赁住房建设土地成本的同时，增加了租赁住房房源，一定程度上也缓解了租户的居住成本压力。①

自"十三五"期间我国确立"租售并举"的长效机制后，全国租赁热点城市如北京、上海、广州、南京、杭州、厦门、武汉、合肥、郑州、成都等相继加大住宅供应、租赁住宅公寓建设，进行租赁用地投放，为建立健全长效租赁住房供地集资，提高租赁住房用地占比打下基础（见表 1）。2017年，北京、上海、沈阳等 13 个城市成为我国首批利用集体建设用地建设租赁住房的试点城市。

表 1　部分城市"十三五"租赁住宅供应计划

城市	住宅供应	租赁住宅公寓	年均计划 住宅供应 （公顷）	租赁供应 面积占比 （%）
北京	2017 ~ 2021 年计划供应住宅用地 6000 公顷	租赁住房计划供应 1300 公顷，约 50 万套	1200	22
上海	"十三五"期间预计供应住宅用地 5500 公顷，约 170 万套	租赁住房计划供地 1700 公顷，约 70 万套	1100	31

---

① 王艳飞、谢海生、金浩然：《国内住房租赁市场供给侧结构性改革研究》，《经济研究参考》2018 年第 7 期，第 54 ~ 60 页。

城市	住宅供应	租赁住宅公寓	年均计划住宅供应（公顷）	租赁供应面积占比（%）
广州	2017~2021年计划供应住宅用地3200公顷，约75万套	租赁住房供地825公顷，约15万套	640	26
南京	2018年计划住宅用地600公顷	2018年租赁住房计划供地不低于180公顷	700	30
杭州	2017~2021年计划供应商住宅用地537宗，合2755公顷	未来5年公租房保有总量不少于8万套	551	30
厦门	2017~2021年计划供应商住用地年均约125公顷，建筑面积约300公顷	—	125	—
武汉	2017~2019年武汉市计划供应住宅用地4765公顷，可建住房建筑面积约1.26亿平方米	—	953	—
合肥	2018年计划供应住宅用地473公顷	2018年租赁住房计划供地71公顷	689	15
郑州	2017~2019年计划供应商品住宅用地2400公顷	—	475	—
成都	2017~2021年计划供应住宅用地4583公顷，拟供应乡镇住宅用地3916公顷	到2021年租赁住房保有量为151万套，13627万平方米	917	—

资料来源：迈点研究院。

　　在土地性质上，纯租赁用地、集体建设用地、人才租赁住房用地等是住房租赁用地供给的主流方式。2016年11月至2019年12月，全国22个城市共成交租赁相关用地476宗，可提供租赁住房面积约1660万平方米，其中以上海、杭州、北京成交规模领先，三城成交面积约占22城成交总面积的65%（见图1）。2019年，租赁相关土地供给更加多元化，但土地筹集供应量有所下降，全年共成交租赁相关用地交易148宗/417万米^2。①

---

① 《回顾2017-2019丨中国长租公寓年终盘点 - 土地篇》，克而瑞租售微信公众号，https://mp.weixin.qq.com/s/Brhviyb6asuoUZO7ljJxTQ。

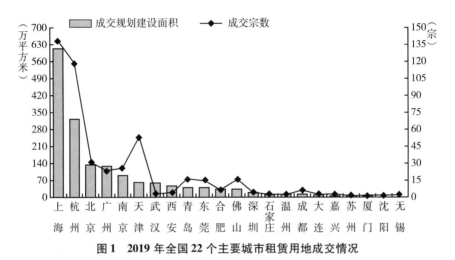

图1 2019年全国22个主要城市租赁用地成交情况

注：不含集体建设用地，仅包含公开市场招拍挂成交的自持用地。

资料来源：CREIS中指数据，fdc.fang.com。

各热点城市租赁土地供给呈现不同特点。

第一，北京主推集体建设用地，2019年土地供应力度不减，大型租赁项目——北京鲁能领寓、朝阳集体租赁住房项目相继进入规划阶段，预计2020年6月入市，成为北京租赁市场主要供应者。

第二，上海主推纯租赁用地，截至2019年底，上海纯租赁用地供给面积占上海成交总自持面积的86%。当前上海纯租赁用地主要位于城市产业园区、校区、商务密集区和交通枢纽周边区域，住房租赁需求旺盛，且价格相对低廉（2018年上海成交的租赁用地楼面价格在5569~12762元/米^2），为住房租赁项目实现盈利以及后期退出REITs收益率的提高创造了条件，纯租赁用地供给对上海市发展住房租赁市场起到较好的支持作用。

第三，深圳主推城中村租赁住房规模化运营，将城中村作为租赁房源供给基础，使深圳市发展住房租赁市场在价格和房源集中化管理方面具备了一定的优势。2019年，深圳对城中村规模化改造提出规范化意见，对企业进行规模化、标准化城中村租赁改造提出要求。

第四，杭州主推人才租赁住房用地，截至2019年底，杭州共成交22宗/99.8万米^{2}人才专项租赁住房用地，占杭州总自持面积的30%。地块推出逐渐趋于密集化，未来将成为杭州租赁市场主要供应方式，有效提高杭州人才吸引力。

各地方租赁土地供给量的上升，为政府进行人才租赁住房建设和企业进入长租公寓领域创造了条件。[①]

克而瑞租售数据显示，2017～2019 年租赁热点城市共成交 185 块纯租赁地块，总建筑面积约为 1603 万平方米，平均楼板价约为 12549 元/米^2（见图 2），平均溢价率约为 6.86%。2017 年、2018 年、2019 年分别纯租赁地块 49 宗、85 宗、51 宗，总建筑面积分别为 487 万平方米、670 万平方米和 446 万平方米，平均溢价率分别为 21.96%、2.27% 和 0。此外，从租赁相关用地开工状况来看，2017 年至今，已开工纯租赁土地仅 73 幅，占比不到 40%；已开工的自持住宅用地 193 幅，占比超过 70%，其中 2017 年、2018 年、2019 年分别开工 77 幅、63 幅和 53 幅。[②] 整体来看，尽管为支持住房租赁体系建设，租赁相关土地供应量有所加大，受租赁产品回报周

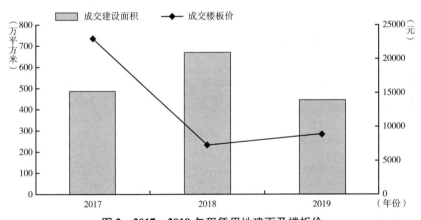

图 2　2017～2019 年租赁用地建面及楼板价

资料来源：克而瑞租售。

---

① 《贝壳研究院：2019～2020 年住房租赁报告》，互联网数据咨询网，http：//www. 199it. com/archives/996413. html。

② 《回顾 2017-2019｜中国长租公寓年终盘点－土地篇》，克尔瑞租售微信公众号，https：// mp. weixin. qq. com/s/Brhviyb6asuoUZO7ljJxTQ。

期长、资金回流慢的影响，企业开工积极性相对较低，纯租赁土地及自持住宅用地中租赁型产品的开工速度相对缓慢。预计2020年租赁相关土地供应量或将有所缩减。此外，为推动城市住房租赁建设，保障区域人才公寓、公租房、租赁社区供给加速，国有企业拿地优势将进一步凸显。2019年住房租赁热点城市租赁土地部分交易统计见表2。

表2　2019年住房租赁热点城市租赁土地部分交易统计

日期	城市	地块	出让面积（公顷）	地块用途	竞得房企
2019年1月	上海	浦东新区孙桥社区单元08－01地块	2.2	租赁用地	上海张江（集团）有限公司
		浦东新区康桥工业区东区PDPO－1402单元	5.4	租赁用地	上海城投资产管理（集团）有限公司
	南京	浦口区江浦街道浦云路以东、紫创路以南01地块	4.8	租赁住房用地	南京国立资产管理有限责任公司
		江宁区禄口街道空港新城越秀路以南、乾清路以西地块	9.3	租赁住房用地	南京港通建设发展有限公司
	杭州	良渚新城古墩路西、金汇南路南住宅地块（人才公寓）	2.3	人才专项租赁住房	杭州农副物流管理有限公司
		三塘单元XC0508－R21－28地块	0.9	人才专项租赁住房	杭州通济置业发展有限公司
2019年2月	上海	宝山区顾村大型居住社区BSPO－0104单元0423－01地块	3.2	租赁用地	上海实业发展股份有限公司
		杨浦区平凉社区01B4－03地块（平凉街道19街坊）	1.0	租赁用地	光明食品集团上海置地有限公司
	杭州	仁和先进制造业基地配建人才房地块	2.0	人才专项租赁住房	杭州仁和先进制造业投资有限公司
		余杭经济技术开发区兴国路与土山坝路交会西南处地块	2.52	人才专项租赁住房	杭州市开发投资有限公司
		临平新城南区块LP3104－13拟招排挂地块	3.0	租赁用地	杭州余杭区保障房建设有限公司

续表

日期	城市	地块	出让面积（公顷）	地块用途	竞得房企
2019年3月	上海	松花区永丰街道新城主城单元 H42 – 02 号地块	1.9	租赁用地	上海志世企业管理咨询有限公司
		青浦区徐泾镇诸陆西路北侧 A5 – 13 地块	4.2	办公楼、租赁住房	上海吉利极创汽车设计有限公司、上海中谏建设发展有限公司
	杭州	三里亭单元 JG0905 – R21 地块	1.2	人才专项租赁住房	杭州中宸城镇建设有限公司
2019年4月	上海	虹口区凉城新街道 074 – 05、074 – 16 地块	4.4	租赁用地	上海宝地宝郦汇企业发展有限公司
2019年5月	上海	静安区市北高新技术服务业园区 N070501 单元 02 – 16 – B 地块	0.56	租赁用地	上海名新投资管理有限公司
		松江区泗泾镇 SJSB0001 单元 07 – 09 号	2.1	租赁用地	有巢科技投资（深圳）有限公司
		松江区永丰街道 H 单元 H40 – 07 号地块	2.5	租赁用地	上海志世企业管理咨询有限公司
		青浦区赵巷镇佳采路南侧 D1 – 01 地块	2.6	租赁用地	上海漕河泾开发区赵巷新兴产业经济发展有限公司
	杭州	之江度假区单元 XH1705 – 13 地块	2.0	住宅（人才专项租赁用房）用地	杭州之江城市建设投资集团有限公司
2019年6月	广州	白云空港 AB0611052、AB0611053、AB0611054、AB0611055、AB0611056 地块	10.4	租赁用地	广州市嘉恒房地产有限公司
2019年7月	上海	徐汇区华泾镇 A2B – 2、A2C – 2 地块	3.7	租赁用地	上海漕河泾北杨人工智能小镇发展有限公司
		宝山区祁连社区 W121601 单元 E2A – 01 地块	4.06	租赁用地	上海锦秋房地产有限公司
	南京	栖霞区经济开发区兴智科技城地块二	1.2	租赁用地	南京新希望置业有限公司

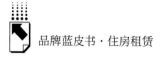

续表

日期	城市	地块	出让面积（公顷）	地块用途	竞得房企
2019年8月	上海	闵行区华漕镇 MHPO – 1403 单元 30 – 01 地块	2.0	租赁用地	上海前湾置业有限公司、上海实宁置业有限公司
		浦东新区张江中区 56 – 01、57 – 01、73 – 02、74 – 01、75 – 02 地块及 57 – 02 公共绿地、学林路、卓慧路、百科路地下空间	9.0	商办、其他商服用地、租赁住房	上海东翌置业有限公司
	南京	江宁区秣陵街道创新大道以南、发展路以东地块	7.8	租赁用地	联发集团有限公司
2019年9月	上海	金山区金山新城 JSC10201 单元 20 – 07 地块	1.5	租赁住房	上海金山房屋建设集团有限公司
		闵行区梅陇镇 MHPO – 0306 单元 02 – 03A – 01a 地块	4.8	租赁住房	上海明师房地产开发有限公司
		闵行区 MHPO – 1003 单元紫竹科学园区研发二期 14 – 02 地块	1.2	租赁住房	上海紫竹半岛地产有限公司
		闵行区七宝镇七宝社区 MHPO – 0105 单元 01 – 02 地块	2.8	租赁住房	上海城投置地（集团）有限公司、上海新九星企业发展股份有限公司
	杭州	良渚新城储运路南、博园路东人才房地块	1.4	人才专项租赁用房	杭州农副物流管理有限公司
		良渚新城古墩路东、陆家门港南人才房地块	1.8	住宅（人才专项租赁用房）用地	杭州农副物流管理有限公司
		九乔商贸城 JG1808 – 04 地块	3.1	住宅（人才专项租赁用房）用地	杭州余杭区保障房建设有限公司
		东至规划铺一路，南至规划纬三路，西至宁东河，北至解放河，规划居住用地	2.0	住宅（人才专项租赁用房）用地	杭州萧山经济技术开发区国有资产经营有限公司

续表

日期	城市	地块	出让面积（公顷）	地块用途	竞得房企
2019年10月	南京	六合区龙池街道茉湖畔东南侧地块	11.0	住宅（城镇住宅用地自持）（租赁面积不得小于0.77万平方米）	南京国资投资置业有限公司、南京银城房地产开发有限公司
	杭州	中心区单元JS0412-30地块	1.1	人才专项租赁用房	杭州东部城镇化建设有限公司
		临安经济开发区中部地区B5-04-01地块	3.7	人才专项租赁用房	浙江青山湖科研创新基地投资有限公司
	上海	青浦区西虹桥光涞路北侧04-33地块	3.3	租赁住房	上海青悦房地产开发有限公司
		浦东新区张江中区59-01、76-02、76-03公共绿地、卓慧路（南段）地下空间地块	5.8	商办、文体用地、租赁住房	上海灏集建设发展有限公司
2019年11月	上海	浦东新区杨思社区Z000602编制单元03B-09地块	6.7	租房租赁	上海光良置业发展有限公司
		普陀区桃浦镇564坊地块（W121301单元50-07、51-09地块）	3.2	租赁住房	上海普悦置业有限公司
		浦东新区周浦镇西社区PDP0-1001单元09-01地块	4.7		上海浦发租赁住房建设发展有限公司
	杭州	崇贤新城A-6-1地块	3.2	人才专项租赁住房	杭州市余杭新农村建设有限公司
		九堡中心单元JG1701-R21-08地块	1.3	人才专项租赁住房	杭州市地铁置业有限公司
	常熟	支塘镇迎阳大道南侧、中兴路东侧	0.8	住宅（公共租赁集宿用房）用地	常熟市支塘农村经济发展有限公司

日期	城市	地块	出让面积（公顷）	地块用途	竞得房企
2019年12月	上海	青浦区赵巷镇佳凯路西侧C4（a）-07地块	1.7	租赁住房	网易（上海）网络有限公司
		浦东新区康桥工业区E08C-03地块	3.8	租赁住房	上海城投资产管理（集团）有限公司
		浦东新区康桥工业区东区PDP0-1402单元E09C-03地块	1.9	租赁住房	上海浦发租赁住房建设发展有限公司
		闵行区马桥镇MHP0-0902单元02-04地块	4.2	租赁住房	有巢住房租赁（深圳）有限公司
		闵行区虹桥镇虹桥社区S110103单元25d-02地块	7.7	租赁住房	上海熙美置业有限公司
	杭州	临平新城星桥片区XD-33-01地块	4.3	人才专项租赁住房	杭州余杭区保障房建设有限公司
		上塘单元FG04-R21-01（B）地块	0.9	人才专项租赁住房	杭州城遇投资管理有限公司
	南京	江宁区滨江开发区飞鹰路以南、弘利路以东地块	6.7	租赁住房	江苏富鑫达企业发展有限公司

资料来源：土拍网。

　　一般来说，通过住房租赁土地进行房源建设的运营模式资金占用量较大且回报周期长，采用该模式的项目多为政府廉租房、人才住房项目和国资房地产企业长租公寓项目，此类项目主体多具有较强的重资产偏好。而轻资产运营商则偏好于通过城市空置房源进行房源建设。《北京社会发展报告（2016~2017）》指出，城市空置房源是特大、超大城市流动人口居住的重要房源。在被调查的北京流动人口中，61.8%选择租住私人提供的住宅，10.7%住在单位或者雇主提供的免费宿舍，8.2%租住单位或者雇主住房。[1]采用轻资产运营模式的长租公寓品牌将闲散个人租赁房源整合，统一管理运

---

[1] 李伟东、李洋：《北京社会发展报告（2016~2017）》，社会科学文献出版社，2017，第50页。

作，极大提高了空置房源的利用率，显著提高了城市住房租赁运作效率。头部分散式长租公寓品牌自如租房、相寓、蛋壳公寓、青客等多采用此种模式进行房源建设，2019年房源规模分别突破85万间、70万间、40万间和10万间，在市场占有率上具备一定优势的当前长租公寓品牌多采取扩张战略，争夺市场占有率。为延长房源租期，长租公寓品牌不惜重金抢占房源，每年租金涨幅为8%～10%。在这种模式下，空置房源供给量及拿房成本成为长租公寓品牌需要考虑的重要一环。在实际运营过程中，品牌运营商由于缺乏产品定位、地段选择、成本控制、租客租金承受力等方面的经验，存在租金收入无法覆盖拿房成本的现象。[①] 据统计，轻资产模式运营的长租公寓拿房成本接近70%，在溢价服务不清晰、盈利模式尚未成熟的早期阶段，长租公寓发展备受考验。重压之下，"高收低租"等行业乱象频发（所谓"高收低租"是以高价与房东签订拿房合同，采取分期付款方式兑付拿房成本，同时以较低价格向租客租售公寓，当收取租金无法覆盖拿房成本时，企业资金链最终会出现断裂），2019年乐伽公寓、悦如公寓等品牌先后因"高收低租"导致资金链断裂，类似事件的发生给行业和社会造成了不良影响。

二 金融资金支持

为推动我国住房租赁市场发展，2015年起国家便开始出台系列政策，支持住房租赁企业融资。2015年，《住房城乡建设部关于加倍培育和发展住房租赁市场的指导意见》提出积极推进房地产投资信托基金（REITs）试点。2016年，国务院办公厅发布的《关于加快培育和发展住房租赁市场的若干意见》明确提出要鼓励金融机构向住房租赁企业提供金融支持，同时也支持符合条件的住房租赁企业发行债券、不动产证券化产品，稳步推进房地产投资信托基金（REITs）试点。2017年，国家发改委办公厅发布的《关于在企业债券领

---

① 《2019年长租公寓市场年报》，中指研究院微信公众号，https：//mp. weixin. qq. com/s/ byqS1JUjr_ dgWZYtBFM_ NA。

域进一步防范风险加强监管和服务实体经济有关工作的通知》中，明确表明相关部门可以积极组织符合条件的企业发行证券专门用于发展住房租赁业务。除全国性政策外，2017 年共有 28 个省级地方政府先后发布关于培育和发展住房租赁市场的指导性文件，均涵盖金融支持。2018 年，中国证监会联合住房城乡建设部出台《关于推进住房租赁资产证券化相关工作的通知》；同年 6 月，中国银保监会发布《关于保险资金参与长租市场有关事项的通知》，允许险资进入长租市场，为市场引入更多优质资本。

2019 年，上海证交所在新年致辞中表示，进一步发挥证券市场直接融资功能，深入证券产品创新，推动公募 REITs 试点，加快发展住房租赁 REITs；中共中央办公厅、国务院办公厅印发《关于促进中小企业健康发展的指导意见》，高度重视中小企业面临的生产资本上升、融资难融资贵、创新发展能力不足等问题，从营造良好的环境、破解融资难融资贵问题等 7 个方面，促进中小企业健康发展。尽管政策支持力度一再加强，但不可否认的是，受到经济下行和行业乱象趋势监管加强的影响，行业红利有所减少，2019 年资本市场对于住房租赁行业整体呈现收紧态势。

我国住房租赁机构渗透化率低，行业整体处于初期阶段，庞大的市场规模使得行业一度成为资本市场风口。当前住房租赁行业企业主要融资渠道包括：股权融资、债权融资、现金流融资、上市发行（见表3）。

表3　当前住房租赁企业主要融资渠道

方式	内容
股权融资	公司股权融资、保险资金融资、项目合作融资、并购基金
债权融资	银行贷款、融资租赁与供应链金融、住房租赁专项债券
现金流融资	租金分期、应收租金保理、资产证券化（REITs、ABS、ABN、CMBS）
上市发行	发行股票筹集资金

资料整理：迈点研究院。

（一）股权融资

国家政策红利释放加之租赁持续性需求旺盛，使得资本市场对于住房租赁行业的关注度日益升温，多方主体参与持续发力长租公寓市场，推动市场发展。早期长租公寓处于新兴行业成长期，资本结构以权益融资为主，资金主要来自风险资本和私募基金，创业系品牌融资多依赖于股权投资。

2019年，长租公寓市场由于商业模式不成熟、盈利模式不清晰，行业固有的经营风险和财务风险开始暴露，负面事件如"租金贷""高收低租"问题频发，资本市场对长租公寓市场的投资开始回归理性，以股权投资表现最为明显。资本市场对于长租公寓的股权投资多集中于头部品牌，且受估值攀升影响，单笔融资相比往年规模更大，中小品牌融资规模大幅缩减。据不完全统计，2019年资本对长租公寓行业的大额股权融资共有10起，相比2017年的14起和2018年的12起略有下降，但融资规模却超过100亿元，为历年最高，其中不乏针对长租公寓投资基金的创建等。关注具体融资事件，2019年获得融资的品牌主要为自如租房、蛋壳公寓、魔方公寓、窝趣等头部品牌（见表4）。[①]2012～2019年长租公寓品牌股权融资数量和金额变化趋势见图3。

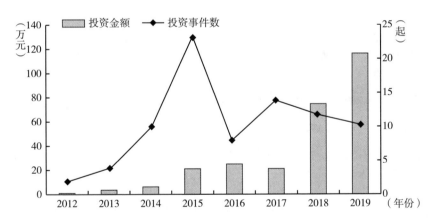

图3　2012～2019年长租公寓市场公开股权融资数量和金额变化趋势

资料来源：易居克而瑞、迈点研究院。

---

① 《长租公寓花样融资大解析》，中房网，http://www.fangchan.com/data/13/2019 - 02 - 19/6503518096354251568.html。

表4   2019年长租公寓品牌股权融资事件统计

时间	品牌/集团	融资金额	事件
2月19日	睿星资本	4.5亿美元	完成首轮4.5亿美元资金募集
2月21日	窝趣	2亿元	融资2亿元人民币,领投企业为魔方(中国)投资
3月1日	蛋壳公寓	5亿美元	完成C轮融资,老虎环球基金、蚂蚁金服(阿里巴巴)联合领投,春华资本Primavera、华人文化产业投资基金、高榕资本、愉悦资本跟投
3月11日	魔方公寓	1.5亿元	获得加拿大领先的机构基金管理公司CDPQ的D轮融资
3月5日	小蘑菇公寓	2亿元	获天使轮融资,资金将用于平台改善、业务扩张
3月	青沐公寓	未透露	获资星瀚资本的A轮融资
4月8日	寓小二	5000万元	获贝壳找房的A轮融资
6月17日	自如租房	5亿美元	由General Atlantic泛大西洋资本领投,腾讯、红杉资本中国、天图资本等跟投
9月9日	城家公寓	3亿美元	完成A轮融资,由博裕资本领投,云峰基金、华住酒店集团、雅诗阁、建银国际等机构跟投,华兴资本担任本轮融资的独家财务顾问
12月19日	安歆集团	数亿元	安歆集团完成C轮融资,投资方为凯雷投资集团,融资规模达数亿元,据悉此次融资资金将用于规模扩张、中台搭建以及团队建设

资料来源:迈点研究院公开资料整理。

资本的头部集聚,也加速着行业洗牌。资金相对充裕的头部品牌开始频繁发起并购,以此获取协同效应,加速品牌规模扩张,克服企业外部竞争,增强对市场的控制能力。2019年,长租公寓大型收并购事件主要发生于上半年。

1月,湾流国际青年社区并购星窝创享青年公寓,为湾流国际青年社区开拓华南区业务揭开序幕,加速湾流国际青年社区业务拓展。

1月,蛋壳公寓2亿美元(现金和债务)全资战略收购长租公寓运营商爱上租。完成收购后,蛋壳公寓管理房源遍布北上广深等10个一、二线城市,房源量接近10万间。

2月,麦家公寓收购寓见公寓部分资产,完成重组后,麦家公寓管理规模增加至 2 万间。

5 月，安歆公寓战略并购首旅如家酒店集团旗下逗号公寓，将安歆集团床位数从 6 万张增长到近 10 万张，业务布局从 9 个城市增长至 17 个城市。安歆集团进一步与高校、政府园区的蓝领人才服务商机构合作，为打造人力资源、培训就业、员工公寓、商业物业改造一站式蓝领生态带来更多可能性。

（二）债权融资

关注地产系长租公寓品牌，集团盈余资金和债务融资成为其主要资金来源。2019 年，地产系集团凭借资产和产权方面的优势频繁进行债权融资，具体方式包括银行贷款、融资租赁以及住房租赁专项债券。2019 年，住房租赁专项债券最受房企集团欢迎，葛洲坝集团、上海地产、绿城房地产、金地集团、万科集团、佳兆业集团、朗诗集团、宝龙地产、越秀地产、宋都股份、龙湖集团、中骏集团、华侨城集团等相继发布住房租赁专项债券用于发展住房租赁业务，累计发行金额近 200 亿元人民币（不完全统计）。2019 年，住房租赁债券利率多集中于 3.5%~4.2%，融资成本远低于其他融资方式（见表 5）。

表 5　2019 年长租公寓品牌债权融资事件统计

时间	发行主体	融资金额	事件
1 月 7 日	葛洲坝集团	≤10 亿元人民币	2019 年住房租赁专项公司债券
1 月 23 日	绿城房地产	5 亿元人民币	住房租赁专项债完成发行,票面利率为 3.98%
2 月 25 日	万科集团	20 亿元人民币	公开发行住房租赁专项公司债券公告,票面利率未定,询价区间为 3%~4.5%
3 月 12 日	佳兆业集团	30 亿元人民币	首笔长租公寓资金支持专项计划获深交所发出无异议函
4 月 2 日	宝龙地产	3 亿元人民币	住房租赁专项公司债券(第一期)已完成发行,最终票面利率为 7.20%

续表

时间	发行主体	融资金额	事件
5月21日	越秀地产	15亿元人民币	成功发行2019年第一期住房租赁专项公司债券,票面利率确定为3.83%
5月29日	融侨集团	20亿元人民币	发行集团公司债券,用于天津住房租赁项目
5月30日	宋都股份	8亿元人民币	发行住房租赁专项公司债券,利率为8.5%
7月16日	龙湖集团	20亿元人民币	获准发行50亿元住房租赁专项公司债券(第一期),票面利率询价区间为3.5%~4.5%
8月2日	中骏集团	5.4亿元人民币	成功发行首单长租公寓专项债券(首期),债券票面利率为6.95%,债券期限为4年期
9月18日	华侨城集团	21.5亿元人民币	"中联前海中源—华侨城租赁住房一号第一期资产专项计划"票面利率为4.24%
9月25日	万科集团	25亿元人民币	拟发行2019年住房租赁专项公司债券(第二期),最终确定票面利率为3.55%
12月6日	绿城房地产集团	总发行规模不超过5亿元人民币	票面利率询价区间为3.5%~4.2%,债券期限为2年期

资料来源:迈点研究院公开资料整理。

2017年8月,国家发展改革委办公厅发布《关于在企业债券领域进一步防范风险加强监管和服务实体经济有关工作的通知》,鼓励符合条件的企业通过发行债券推动住房租赁业务发展,住房专项债券开始步入房企融资的舞台。专项债券发行方式分为面向合格投资者公开发行与非公开发行两种,而监管层关注点集中在募集资金的用途、融资是否存在重复以及租赁住房性质。[①]

值得注意的是,尽管2019年房企集团发行住房租赁专项债券的事件频繁发生,但部分房企将住房租赁专项债券挪用对开发业务进行输血的行为引起了监管部门的警惕,专项债券的发行因此遭受阻力,存在即使发行成功但到位资金也会被压缩的现象;成功完成发行的多为央企、国企人才保障住房项

---

① 丁祖昱、张燕、刘文超等:《2019年租赁住房行业白皮书》,中国:易居企业集团·克尔瑞丨地新引力,2018。

目和实力突出的大型房地产集团，中小企业难以通过此种方式获得融资。[1]

银行方面主要通过为企业提供专项贷款来支持住房租赁行业发展，如提供租赁住房开发贷款、租赁住房建设贷款、租赁住房运营贷款等服务。2017年下半年起，中信银行、建设银行、工商银行等国有银行开始通过与政府和企业合作，强势进军住房租赁市场，打造长租住宅全链条金融服务。目前，银行为房地产企业发展住房租赁板块已累计提供融资达千亿元。

除了贷款支持，银行还积极进行住房租赁平台搭建，支持长租公寓品牌业务发展；为承租人提供一定贷款金额，鼓励住房租赁消费；建立租金托管账户，保障租赁当事人租金收付安全，其中以中国建设银行贡献最为突出。

（三）现金流融资

住房租赁行业当前现金流融资主要方式有租金分期、应收租金保理和资产证券化等，该融资方式利用资产的现金流，以租客的信用或租金收益为基础进行融资。

租金分期就是租客申请个人租金贷款按月分期支付租金，公寓方获得全年租金，其本质是消费金融在租赁领域的创新性使用。但在实际运用过程中，网贷机构借金融创新的名义进行监管套利，导致"租金贷"在客户端、资金端和运营端暴露诸多问题；公寓运营商也存在"在未充分释明下，承租人即被签约""租房分期贷款合同违约率较高""服务式资金流动性风险较大"等问题。2019年，"租金贷"违规问题成为长租公寓频繁"爆雷"的主要原因之一。

现金流融资中，资产证券化近年发展迅速，具体方式包括 REITs、类REITs、ABS、CMBS 等。2019年，金地集团、朗诗集团、万达集团、上海世博土、佳兆业科创集团等相继通过发行 REITs、ABS、ABN 等资产证券化产品，为发展旗下住房租赁业务进行融资。

---

[1] 《回顾 2019 | 长租公寓年度盘点－金融篇》，克而瑞租售微信公众号，https：// mp. weixin. qq. com/s/i1oDrCCVYhMhTEvEjDdgUg。

　　ABS/ABN 类产品适用范围最广,体现为债权或收益率属性,以公寓未来预期租金或租金贷款现金流折现作为底层资产,是当前市场上公开募集的一种融资方式,除通过物业基础资产抵押外,还可以实现租金收入或租赁分期的收益权。2017 年,魔方公寓首次发行 3.5 亿元"魔方公寓信托收益权资产支持专项计划",这是中国长租公寓领域首单 ABS。之后,自如租房2017 年 8 月和 2018 年 3 月分别发布链家自如 1 号和链家自如 2 号 ABS,发行总规模达到 25 亿元人民币,底层资产分别为房租消费分期信托贷款和房租分期。ABS 的出现,解决了长租公寓长期以来融资渠道单一的问题,也成为房地产集团为发展长租公寓板块筹集资金的重要融资渠道。2019 年,受国家对房地产企业管控力度进一步加强的影响,ABS 融资渠道处于收紧态势,但利率有所下降。2019 年长租公寓品牌 ABS/ABN 融资事件统计见表 6。

表 6　2019 年长租公寓品牌 ABS/ABN 融资事件统计

时间	发行主体	融资金额	事件
1 月 21 日	上海地产	17.1 亿元人民币	国开—上海地产第一期公开租赁住房资产支持专项计划
1 月 25 日	远洋集团	3.08 亿元人民币	中信建设—远洋地产长租公寓 1 号第一期资产支持专项计划
2 月 20 日	金地集团	20 亿元人民币	华夏资本—金地火花长租公寓 1~8 期资产支持专项计划,融资品种为 ABS
5 月 27 日	万达集团	13 亿元人民币	ABS 更新为"已回复意见"
7 月 20 日	上海世博土地控股有限公司	第一期发行规模 3.7 亿元人民币	全国首单租赁住房公寓 ABN 成功发行,票面利率为 3.9%
8 月 27 日	佳兆业科创集团	首期发行规模 2.34 亿元人民币	30 亿储架长租公寓 ABS 首期——中山证券—佳兆业中佳画住房租赁 1 期资产支持专项计划发行落地
11 月 26 日	时代地产	融资规模 60 亿元人民币	平安中山—粤湾 1~10 号资产支持专项计划

　　资料来源:迈点研究院公开资料整理。

　　REITs 和 CMBS 则受到自持型运营商的欢迎。一般而言,CMBS 更加适合重资产运营的企业,企业将商业地产作为抵押,获取融资,并以未来被抵押资产的收入，如租金、物业费、管理费等作为偿还本息的来源。CMBS 通过质押获得贷款的债款，其实质是债权融资。而 REITs 则是以发行收益凭证的方式汇集特定多数投资者的资金，由专门投资机构进行房地产投资经营管理，并将投资综合收入按比例分配给投资者的信托基金。

从本质上看，REITs 是将筹集的资金购买运营房地产，原开发商并不保留所有权，实质上是一种权益融资。2014 年 5 月，我国首只权益型场内 REITs 产品发行，开启了我国类 REITs 的新纪元。2018 年，中国证监会、住建部联合发布《关于推进住房租赁资产证券化的相关工作通知》，明确指出将重点支持住房租赁企业发展以不动产物业作为底层资产的权益类资产证券化产品。在系列政策大力支持下，未来 REITs 大有可期。2019 年 3 月 13 日，朗诗集团首单合作型公寓储架式 REITs"平安汇通—平安不动产朗诗租赁住房 1 期资产支持专项计划"发行成功，规模为 10.68 亿元，其中优先级规模为 9.5 亿元，获得了 AAA 最高信用评级，产品期限 18 年，预期收益率为 4.6%；次级规模为 1.18 亿元。基于此笔融资，朗诗集团旗下长租公寓品牌朗诗寓先后开发上海张杨北路店（森兰项目）和南京天隆寺项目，由朗诗集团和平安不动产共同运营，业务模式轻重结合。2019 年 9 月 18 日，华侨城集团成功发行 21.5 亿元第一期租赁住房 REITs——"中联前海中源—华侨城租赁住房一号第一期资产专项计划"，票面利率为 4.24%。该 REITs 的发行为华侨城盘活存量资产，推动长租公寓领域的进一步扩张，提供了有力的资金支持。

（四）上市发行

2019 年 11 月 5 日，分散式长租公寓品牌青客正式于纳斯达克挂牌交易，股票代码为 QK。此次 IPO 中，青客共发行 270 万股 ADS（美国存托股），IPO 定价为 17 美元，筹资 4590 万美元，市值在 8 亿美元左右。

青客上市后发行的首份年报数据显示，2019 年实现营业收入 12.34 亿元，同比增长 36.65%。整体来看，公司净收入增长受到租赁单位规模上升的影响。当前，青客的营业收入主要来源于租赁服务和增值服务，其中租赁

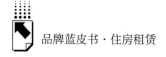

服务较 2018 年增长 36.4%，占同期总收入的 88.3%；增值收入为 1.45 亿元，较 2018 年增长 55.5%。

尽管企业收入在增加，但资金状况也在恶化。2017 年、2018 年、2019 年，青客净亏损分别达到 2.45 亿元、4.99 亿元和 4.98 亿元，资产负债率分别达到 145.02%、143.82% 和 137.17%，2019 年度公司流动负债率达到 2.8 倍。

此外，受市场空置率整体上浮、运营成本上升、盈利模式不清晰等多方面影响，青客股价自上市以来一度出现大幅度下滑，但其创始人却比较乐观，表示根据公司模型推算，青客有望在 2021 年 EBITDA 转正，2020 年实现盈利。

除青客外，蛋壳公寓也于 2019 年 10 月 28 日递交赴美 IPO 招股书并在 2020 年 1 月 17 日顺利挂牌，总计募集资金超过 1.49 亿美元，市值达 27.4 亿美元。财报显示，蛋壳公寓 2019 年全年收入达 71.29 亿元，同比增长 166.5%，净亏损率和经调整 EBITDA 亏损率同比分别收窄 3.0 个和 3.5 个百分点。值得注意的是，蛋壳公寓在费用上加大了技术团队的研发开支，主张通过科技研发改善产品和服务。

尽管蛋壳公寓在亏损额度上明显高于青客，但从房源规模上看，蛋壳公寓达到 43.87 万间，房源规模远高于青客公寓的 9.69 万间。此外，蛋壳公寓在市场占有率和续租率上的表现整体优于青客。

关注另一长租公寓头部品牌自如租房对上市的态度，自如租房 CEO 熊林表示，行业正由创业初期转向精耕期，品牌发展应更加聚焦于为用户和社会创造价值，并不急于启动 IPO。

近两年长租公寓一度成为资本的宠儿，但受到整体经济下行和行业乱象频发驱使监管加强的影响，行业红利开始下降，无论是债权融资、现金流融资还是股权融资，融资难度加大、融资成本提高都将成为品牌普遍面临的问题。尽管分散式长租公寓品牌上市成功一定程度上体现了资本市场对住房租赁行业的肯定，但不可否认，经过多轮融资的长租公寓品牌也被迫开始考虑投资人权益问题，为满足企业与日俱增的资金开支和投资人收益，加快推进上市进程也成为企业不得不迈出的一步，或许这也是为什么依靠于房企集团的集中式长租公寓并不急于上市的原因。

三 家装及家居供给

公寓装修、配备是长租公寓品牌提高产品竞争力区别于传统"二房东"的关键，而长租公寓装修企业主要分为家装、家居、安保。根据租客需求对公寓进行标准化装修并配备智能化家居，定期提供安保服务，有效提高了长租公寓产品溢价能力。然而长租公寓运营周期长、投资回报率低，使得长租公寓对于家装及家居供给成本敏感度较高。选择设计经验丰富、装修效率高、环保耐用、人工依赖度较低的装修公司可以很好地降低公寓产品的空置时间，提高产品受欢迎程度。当前家装企业主要分为三大类：创业型公司（如小马快装、开装、中寓配装及禧屋）、房企基因公司（碧桂园旗下橙家、万科旗下美好家、链家旗下万链家装）、传统住宅家装公司（东易日盛、科逸）。[①]

此外通过租赁平台 B2B 模式租赁共享家居则是公寓运营商降低固定资产投入成本、提高运营效率的有效手段，数据显示，共享家居模式有望将固定资产投资压缩至 20% ~40%。

我国住房租赁尚处于行业发展不成熟阶段，产品质量参差不齐，早期多品牌被爆甲醛超标，影响租客健康安全，对品牌形象造成十分不良的负面影响。2019 年蛋壳公寓相继通过推出智能新风系统、与吉林森工达成战略合作全面采购吉林森工（露水河）"E0"级板材等措施，切实提高公寓产品质量，提高公寓空气质量。

智能安防、家电的投入切实提高了长租公寓运营效率，改善了租客的用户体验。一方面，智能锁的使用巧妙地解决了长租公寓钥匙分配、回收的安全风险，方便运营商通过 App 进行统一管控，公寓安全系数较高。另一方

---

① 丁祖昱、张燕、刘文超等：《2019 年租赁住房行业白皮书》，中国：易居企业集团·克尔瑞丨地新引力，2018。

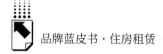

面，智能家电的投入满足了年轻租客的需求，切实提高了产品溢价。作为国内家电龙头供应商之一，海尔家电 2014 年开始涉足长租公寓领域，与众多公寓品牌展开密切合作，如先后联手麦家公寓、宝龙地产、乐乎公寓、鹏云国际等打造智能公寓，过程中家电供应商配合公寓运营商提供全套智慧家电解决方案，激发公寓行业智慧化转型升级。2019 年 6 月 13 日，海尔智慧家电上海徐房世家智慧公寓体验中心建成并对外开放，将海尔"5 + 7 + N"全场制定化智慧成套解决方案呈现。

四　租房平台

租房平台如安居客租房、58 同城、贝壳租房、赶集网、豆瓣及闲鱼等，是长租公寓品牌获取客源的途径，此类平台多为综合性平台，相较长租公寓品牌在自行运营官方网站、App 活跃度上具有明显优势。然而，不可否认由于平台信息量过大，全面监管具有难度，综合平台依旧存在诸如虚假房源的问题，租客权益难以得到切实保障。针对此问题，综合信息平台与长租公寓品牌进行深度合作，针对品牌公寓提供集中房源板块，如 58 同城、闲鱼先后推出"品牌公寓馆""品牌公寓"板块，陆续引入自如、蛋壳公寓、魔方公寓、世联红璞等长租公寓平台。

然而不可忽视的是，随着长租公寓定位的逐渐明确，产品质量和服务不断提高，品牌客户忠诚度也在不断提高，配合长租公寓自身较强的平台运营能力，长租公寓品牌对于综合性信息服务平台的依赖度正在逐渐降低。

值得注意的是，进入 2019 年，诸如北京、上海、深圳、郑州、海南政府有关机构相继推出地方住房租赁公共服务平台、监管平台，完善备案信息系统，在为租赁人提供服务、补贴的同时，加强行业监管。

五　客群消费体验分析

住房租赁行业，尤其是长租公寓品牌近两年的快速发展，较大程度上改变了我国传统租赁市场混乱无序、信息不透明的状态，对于改善我国流动人口居住环境，缓解居住矛盾具有重要意义。首先，为提高获客能力和产品溢价，长租公寓品牌注重年轻白领租客的消费习惯和需求，除标准化公寓产品外，长租公寓品牌还提供诸如保洁、日用品消费、社交活动等升级服务，切实提升了租客的租房体验。其次，国家机关的重视以及相对规范的企业管理，有助于租客进行自身权益的维护。最后，针对租金承受能力有限的蓝领群体，长租公寓运营商与地方政府或企业展开合作，进行蓝领公寓的产品开发，对改善城市低收入群体居住环境起到较好的改善作用。

然而长租公寓品牌在助力改善租客居住环境的同时，也一度出现了因产品质量不过关、租金连续上调、"租金贷"、"高收低租"等现象导致租客权益受到侵害。首先，长租公寓发展还不够成熟，行业缺乏产品标准和监管条例，早期类似"甲醛超标"事件频发，在侵害租客健康的同时，严重损害了品牌形象；其次，长租公寓的兴起导致阶段性租金上涨，如2018年8月长租公寓规模扩张出现高于市场价格的房源争夺，导致租客租房价格出现上升；再次，"高收低租"现象频发，导致诸如2019年"乐伽公寓"等长租公寓品牌资金链断裂后，租客及房东利益受损；最后，长租公寓迫于资金链紧张，在未经租客允许的情况下采用"租金贷"模式进行租金支付，最终资金链断裂导致租客权益受到损害。当前我国住房租赁行业仍处于发展的早期阶段，行业发展存在行业标准不健全、监管不到位、盈利模式不清晰、资金链紧张的状况，危害行业自身发展的同时，消费者合法权益无法得到保障。

参考文献

《回顾2019 | 长租公寓年度盘点 – 金融篇》，克而瑞租售微信公众号，https://mp. weixin. qq. com/s/i1 oDrCCVYhMhTEvEjDdgUg。

《回顾2017 – 2019 | 中国长租公寓年终盘点 – 土地篇》，克而瑞租售微信公众号，https://mp. weixin. qq. com/s/Brhviyb6asuoUZO7ljJxTQ。

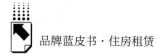

王艳飞、谢海生、金浩然：《国内住房租赁市场供给侧结构性改革研究》，《经济研究参考》2018 年第 7 期，第 54～60 页。

李伟东、李洋：《北京社会发展报告（2016～2017）》，社会科学文献出版社，2017，第 50 页。

《2019 长租公寓市场年报》，中指研究院微信公众号，https：//mp. weixin. qq. com/s/byqS1JUjr_ dgWZYtBFM_ NA。

《2019 全国租赁报告｜一线"更贵"新一线"更大更多"半数房租 3 千内》，58 安居客房产研究院微信公众号，https：//mp. weixin. qq. com/s/8SuVLV09eD0wOsVxmoEs－A。

《长租公寓花样融资大解析》，中房网，http：//www. fangchan. com/data/13/2019－02－19/6503518096354251568. html。

《十月长租公寓报告：青客、蛋壳相继赴美 IPO 马太效应愈显》，迈点网，https：//www. meadin. com/gy/207603. html。

丁祖昱、张燕、刘文超等：《2019 年租赁住房行业白皮书》，中国：易居企业集团·克尔瑞｜地新引力，2018。

B.7
中国住房租赁市场发展机遇与挑战

任开荟　郭德荣*

摘　要： 近年来我国流动人口占人口总量的比例基本维持在17%以上，2019年我国流动人口规模达到2.36亿人，预计2030年我国流动人口将超过3.3亿人，同时我国房屋置业年龄不断推迟，住房租赁消费者生命周期的延长，也为我国住房租赁市场规模持续上涨提供了有力支撑。为妥善处理我国流动人口居住问题，2015年起，中央和地方相继出台相关政策，从住房租赁房源及土地供给、融资渠道拓展和支持、财政税务支持和法律法规建设等多方面，推动鼓励我国住房租赁市场发展。多方助力下，近两年我国住房租赁市场取得了长足的发展，但不可忽视的是我国住房租赁市场仍需面临公租房供给不足、机构渗透率低、商业模式不成熟、市场秩序紊乱等挑战。

关键词： 金融渠道　市场规模　商业模式　市场秩序

一　中国住房租赁行业发展机遇

（一）国家政策大力支持

为妥善处理我国城镇化建设进程加速过程中人口居住问题，完善消费结

---

* 任开荟，英国阿斯顿大学会计金融学硕士，迈点研究院高级研究员，研究方向为长租公寓、康养品牌等；郭德荣，迈点研究院研究总监，研究方向为文商旅综合体品牌及运营。

构升级，促进房地产行业健康发展，近年来我国中央与地方共同出台系列政策推动住房租赁市场发展。2015 年至今，中央和地方相继出台相关政策，从住房租赁房源及土地供给、融资渠道拓展和支持、财政税务支持和法律法规建设等多方面，推动鼓励我国住房租赁市场发展。2015～2018 年中央关于促进住房租赁市场发展部分政策见表1。

表1　2015～2018 年中央关于促进住房租赁市场发展部分政策

发布日期	政府部门	条例名称
2015 年 1 月	住建部	《关于加快培育和发展住房租赁市场的指导意见》
2015 年 1 月	住建部、财政部等	《关于放宽提取住房公积金支付房租条件的通知》
2015 年 10 月	国家税务总局	《关于发布〈减免税政策代码目录〉的公告》
2015 年 11 月	国务院办公厅	《关于加快发展生活性服务业促进消费结构升级的指导意见》
2016 年 2 月	国务院	《关于深入推进新型城镇化建设的若干意见》
2016 年 3 月	国家发展改革委	《关于 2016 年深化经济体制改革重点工作的意见》
2016 年 6 月	国务院办公厅	《关于加快培育和发展住房租赁市场的若干意见》
2017 年 3 月	政府工作会议	《2017 年政府工作报告》
2017 年 5 月	住建部	《住房租赁和销售管理条例(征求意见稿)》
2017 年 7 月	九部委	《关于在人口净流入的大中城市加快发展住房租赁市场的通知》
2017 年 8 月	国土部、住建部	《利用集体建设用地建设租赁住房试点方案》
2018 年 1 月	国土部、住建部	《利用集体建设用地建设住房试点实施方案》
2018 年 4 月	证监会、住建部	《关于推进住房租赁资产证券化相关工作的通知》
2018 年 5 月	住建部、财政部等	《关于开展治理违规提取住房公积金工作的通知》
2018 年 5 月	住建部	《关于进一步做好房地产市场调控工作有关问题的通知》
2018 年 6 月	银保监会	《关于保险资金参与长租市场有关事项的通知》
2018 年 9 月	住建部、财政部	《推行政府购买公租房运营管理服务试点方案的通知》
2018 年 10 月	国务院	《关于印发完善促进消费体制机制实施方案(2018～2020 年)的通知》
2018 年 10 月	财政部、国家财税总局	《个人所得税专项附加扣除暂行办法(征求意见稿)》

资料来源：各政府网站，迈点研究院整理。

近两年相关政策不断加码，针对租赁土地以及房源供给、金融支持、财政优惠、法律法规等多方面相继推出系列政策，并逐渐形成体系。2019 年政策加码，中央层面进一步多渠道扩大住房租赁土地及房源供给，设立利用集体用地建设租赁住房试点城市，将集体土地建设用地条件性列入支持住房租赁建设用地。加大税收和财政支持力度，提出对公租房免征房产税等 7 项优惠政策，对于入围住房租赁市场发展试点名单城市予以最高财政奖补总额高达 30 亿元；财政部表示将加强住房租赁相关财政支持。加强立法监管，建立行业长效发展机制，将城乡住房保障条例、住房租赁条例列入《国务院 2019 年立法工作计划》，深化户籍制度改革，保障住房租赁房屋租赁人群权益；召开住房租赁中介机构乱象专项整治工作推进会，在全国范围内开展住房租赁中介机构乱象专项整治。同时推出系列政策促进住房租赁相关消费，提高公积金提取额度，加强租房消费支持力度。①

此外，地方层面也在积极推行相关政策以规范住房租赁市场秩序。2019 年，北京、上海、天津、佛山、郑州、海南相继出台政策鼓励多渠道扩大住房租赁房源供给，如新建租赁房源、转化租赁房源、增加政策性产权住房、增加各类保障性住房、新建人才公寓、完善产业园区周边居住配套等。南京、海南、武汉鼓励银行等金融机构为符合条件的住房租赁企业提供长期贷款和金融解决方案。北京、上海、广州、深圳、合肥相继出台相关政策，不同程度地降低租金收入纳税标准或加大对于个人以及企业的财政奖补；与此同时，有关政府部门与住房租赁企业人才公寓项目合作频发，对于提高项目出租率、优化公寓运营起到良好的促进作用。山东、广东、南京、成都、珠海、沈阳等省市，相继通过发放诸如租金补贴、优化政府人才补贴政策、完善人才安居政策，提高租房和生活补助标准，促进相关住房租赁消费。值得注意的是，住房租赁试点城市诸如天津、合肥、西安相

---

① 《2019 年上半年中国房地产政策盘点》，房天下网，https://fdc.fang.com/news/2019-07-02/32790218.htm。

关政策逐渐落地，租赁人关于子女义务教育、卫生服务、养老服务、社会保障、就业创业等方面的利益得到逐步完善，对于住房租赁行业发展起到了很好的基础性支持作用。此外，2019年下半年，为促进住房租赁行业健康发展，深圳、杭州、西安、河南、东莞、南京等省市纷纷出台相关政策针对租赁市场当前存在的租金上浮异常、"高收低租"、中介乱象、合同不规范等系列乱象进行规范。

长期来看，住房租赁作为我国房地产行业存量转型的重要方向之一，对改善我国城市化建设流动人口居住问题起到了重要作用，作为国家重点扶持行业，我国中央及地方政府未来将持续出台系列政策在房源供给、金融支持、财政扶持、促进消费、加强行业监管等方面促进住房租赁行业健康持续发展。

（二）市场需求激增

我国租赁市场需求激增，近年来我国流动人口占人口总量的比例基本维持在17%以上，2019年我国流动人口达到2.36亿人，预计2030年我国流动人口将超过3.3亿人。近十年我国高校应届毕业生规模不断攀升，2019年达到834万人（见图1），近五年我国高校毕业生规模已接近0.4亿人。根据《2017年中国住房租赁行业白皮书》住房租赁市场规模测算方法，[1]测算2019年中国住房租赁规模达到1.86亿人。另外我国城镇化建设加速推动城镇新增就业规模连年上涨，2018年我国城镇新增就业人数规模达到1361万人，外来人口的大量迁入成为住房租赁重要消费客群。此外置业成本的上涨也导致我国房屋置业年龄不断推迟[2]，一线城市以北京为例，租客平均年龄从2015年的33.08推迟至2018年的35.56岁，住房租赁消费者生命周期的延长也是我国住房租赁市场规模持续上涨的有力支撑，预计2030年住房租赁市场规模将达到4.2万亿元。

---

[1] 丁祖昱、张燕、黄甜：《2017年中国租赁住宅行业白皮书》，中国：易居企业集团·克尔瑞｜东方证券，2017。

[2] 丁祖昱、张燕、黄甜：《2017年中国租赁住宅行业白皮书》，中国：易居企业集团·克尔瑞｜东方证券，2017。

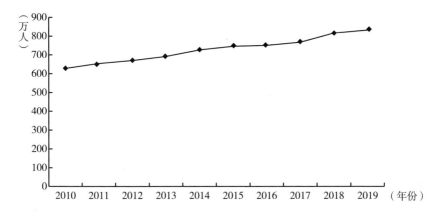

图1 2010～2019年我国高校应届毕业生规模

资料来源：教育部。

（三）融资渠道丰富

我国住房租赁行业逐渐由导入期进入成长期，资本结构虽然依旧以权益融资为主，但资金来源已经由以风险投资为主转向权益融资逐渐增加。早期长租公寓主要融资渠道单一，以股权融资为主伴随行业发展融资渠道逐渐丰富，银行信贷、公司信用贷款和资产证券化融资所占比例上升明显。

受到市场需求旺盛和政策红利的影响，2014年我国住房租赁行业开始受到资本市场关注。2014年小米集团创始人向YOU+国际青年社区注资1亿元引发资本市场对住房租赁的进一步关注。之后在系列政策红利引导下，2015年，房地产集团、酒店管理集团、房地产中介公司、资本市场大举布局住房租赁市场，房地产集团如万科集团、龙湖集团相继于2015年成立长租公寓品牌泊寓、冠寓；酒店管理集团铂涛集团、华住酒店集团相继成立窝趣公寓、城家公寓；房地产综合服务提供商世联行2015年10月白领公寓项目上线；随后一年房产服务平台链家旗下自如脱离链家独立运营；品牌系（创业系）头部品牌魔方公寓获得华平资本1.4亿美元追投；蛋壳公寓成立。迈点研究院统计，2012～2019年，住房租赁行业股权融资累计超过355亿元，多方集团的入局以及在资本的支持下，住房租赁行业迅速壮大，截至

2017 年底，国内重点城市长租公寓品牌已经接近 2000 家。① 2012～2019 年长租公寓市场公开股权融资数量和金额变化趋势见图 2。

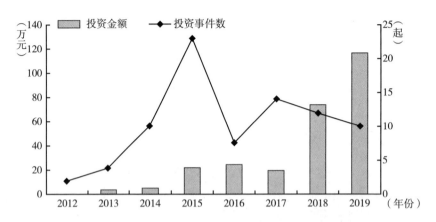

图 2　2012～2019 年长租公寓市场公开股权融资数量和金额变化趋势

资料来源：迈点研究院。

之后住房租赁融资模式开始逐渐丰富，首先，2017 年下半年起，诸如中信银行、建设银行、工商银行等开始政银合作、政企合作，一方面为地产系长租公寓品牌提供开发贷款，另一方面为租客的个人租房提供贷款，商业银行的积极参与为住房租赁行业发展提供了充足的资金。

其次，2017 年 8 月，国家发展改革委办公厅发布《关于在企业债券领域进一步防范风险加强监管和服务实体经济有关工作的通知》，推动住房租赁专项债券成为地产企业涉足住房租赁板块以及进一步发展旗下住房租赁板块的重要资金来源。2018 年，万科集团、保利置业、龙湖集团先后成功发行住房租赁专项贷款。进入 2019 年，住房租赁专项债券的发行相比往年发行更为频繁，诸如葛洲坝集团、上海地产、绿城房地产、金地集团、万科集团、佳兆业集团、朗诗集团、宝龙地产、越秀地产、宋都股份、龙湖集团、中骏集团、华侨城集团相继发布住房租赁专项债券。

---

① 《长租公寓冰火两重天 前五大公寓企业获得 214 亿元融资》，迈点网，https://www.meadin.com/gy/206335.html。

此外，现金流融资也为住房租赁行业发展提供了丰富的融资渠道。其中，资产证券化是指将长租公寓的底层资产、应收租金打包后发行的资产证券化产品，如 REITs、ABS、ABN、CMBS 等，是当前长租公寓融资的重要手段，也被视为长租公寓项目推出的重要方式。近年来，国务院、住建部、央行、中国证监会和地方政府发布文件和政策，明确支持推进 REITs 发展。2017 年至今，魔方公寓、自如、新派公寓、招商蛇口、保利地产、碧桂园、旭辉领寓、景瑞地产、越秀地产以及朗诗集团等相继发行租房租赁资产证券化产品。

二 中国住房租赁行业面临的挑战

（一）公租房供给不足

当前我国公租房覆盖率较低，2018 年我国流动人口为 2.41 亿人，而我国公租房为 1000 多万套，覆盖人口仅为 3000 万，约覆盖全国人口的 2.2%，与发达国家的 30% 相差甚远。发达国家住房租赁行业发展的经验表明，在城市化进程加快，住房短缺时期，政府和非营利目的的公租房对促进住房租赁发展起着重要作用。

此外，地方政府将租赁住房作为公共服务、公共产品的一部分。改变 GDP 导向房地产发展模式，还原房屋住房和公共产品的基本属性。为城市流动人口如务工人员、毕业大学生提供租赁住房保障。

（二）机构渗透率低

当前美国专业化租赁机构占市场的 60%，日本高达 87%，而我国机构渗透化率在 6%～10%。第六次人口普查数据显示，我国 25.8% 的城市居民租房居住，其中 89.5% 的可租房来源于私人住宅。

以北京为例，据北京链家统计，2018 年北京 120 万套租赁住宅中，80% 房源来自中介、二房东，10% 为品牌公寓。可见"二房东散租"为当前住房租赁的主要模式，但私人"二房东"诸如信息不对称、管理混乱现象，导致我国住房租赁行业长期被定位为"劣币驱逐良币"灰色产业。全国重点十城住房租赁机构化占比见图3。

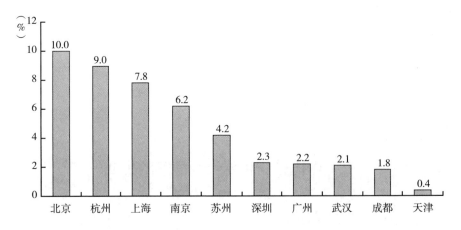

图3 全国重点十城住房租赁机构化占比

资料来源：贝壳研究院。

长期以来，我国住房租赁行业机构化率低，主要原因在于：首先，我国政府公租房供应量少；其次，行业利润低，住房租赁定价低、财务成本高，与开发和销售相比，租赁行业吸引力不足。

为鼓励我国住房租赁行业的机构化建设，近年来，我国政府要求住房租赁相关企业进行工商登记，并纳入政府管理，提高行业透明度，此外我国政府也在积极出台系列税收优惠政策，提高行业供给，以此提高住房租赁行业吸引力，提高行业机构渗透率。

（三）租金回报率低

当前我国住房租赁市场租金回报率仅为1%～3%，一线城市北、上、广、深四大城市租金回报率均在2%以下，低于我国国债收益率3.5%。对比发达国家：德国住房租赁市场回报率长期稳定在4%～5%，高于长期国债平均收益率2%～3%；美国三大城市纽约、洛杉矶和旧金山的回报率在

4.69%~5.96%；日本拥有全球最高的租金回报率，大阪租金回报率为6.6%，东京租金回报率为4.4%。[①]

行业低回报率也成为住房租赁机构（长租公寓品牌）发展的首要痛点，近年来，长租公寓品牌多采用规模扩张战略抢占市场，资金支持有限的前提下，品牌盈利能力无法满足企业快速发展，导致企业资金链紧张，甚至出现断裂。

租赁住宅用地缺乏、房源获取难度大、盈利模式单一、运营成本高是我国住房租赁投资回报率偏低的主要原因，此外 REITs 等融资工具融资成本高达5%，导致住房租赁业务主体缺乏吸引力。

因而提高租赁住宅用地供给、完善税收政策，避免 REITs 双重征税问题，鼓励品牌方多元化提高盈利能力是提高我国住房租赁盈利能力的重要探索方向。

（四）市场秩序紊乱

我国住房租赁行业机构化率低，"二房东散租"市场占比较高，存在较为严重的信息不对称、监管不到位的问题。随着我国住房租赁需求日益凸显以及国家开始推行"租售并举""租售同权"等系列政策，机构化租赁机构开始涌现，但诸如"房源虚假""消防不规范""质量不过关""租金贷乱象""房价"等行业乱象依旧层出不穷。影响行业健康持续发展的同时，业主以及租户的权益无法得到保障。[②]

为规范住房租赁行业秩序，发达国家多设立较为缜密的法律法规对房源质量、租住房权益、租金涨幅等进行全方位监管。近年我国开始对住房租赁行业加强监管，承认"二房东"的合法身份，并要求专业"二房东"办理工商登记以此加强对住房租赁行业的监管。此外，地方政府也积极发布相关

---

① 《长租公寓艰难前行 租金回报率仅1%－3%》，房讯网，http://www.funxun.com/news/52/20197993527.html。

② 田瑶瑶：《我国住房租赁市场的问题与对策建议》，《环渤海经济瞭望》2019 年第 2 期，第48 页。

政策法规，鼓励住房租赁市场发展。但整体来看，我国依旧缺乏全国性房屋租赁法以及相关法规，缺乏详细标准、权责明确、租赁登记、租赁合同、租金涨幅等方面的细则规定。

此外我国租房无法享受与买房同样的公共资源和公共服务，2017年5月住建部发布的《住房租赁和销售管理条例（征求意见稿）》对维护我国租房者合法权益起到了一定的支持作用，但并未有效解决租房者面临的落户、社会保障、教育等公共资源和公共服务问题。

参考文献

《2019年上半年中国房地产政策盘点》，房天下网，https：//fdc. fang. com/news/2019 - 07 - 02/32790218. htm。

丁祖昱、张燕、黄甜：《2017年中国租赁住宅行业白皮书》，中国：易居企业集团·克尔瑞 | 东方证券，2017。

《长租公寓冰火两重天 前五大公寓企业获得214亿元融资》，迈点网，https：//www. meadin. com/gy/206335. html。

《2018最全租赁市场报告——市场篇》，搜狐网，http：//www. sohu. com/a/22037308 1_ 100015596。

《长租公寓艰难前行 租金回报率仅1% - 3%》，房讯网，http：//www. funxun. com/news/52/20197993527. html。

田瑶瑶：《我国住房租赁市场的问题与对策建议》，《环渤海经济瞭望》2019年第2期，第48页。

区 域 篇

Overview of Reginal Markets

B.8
长江三角洲城市群住房租赁
发展与经验

任开荟　郭德荣*

摘　要： 长江三角洲城市群作为我国第一大经济区，2019年区域生产
总值达到23.7万亿元人民币，2018年长江三角洲城市群常住
人口数量达到15389.23万人，人口净流入量达到2240.99万
人，平均城镇化率为67.39%，高于全国平均水平。在产业结
构优良、人口流入规模庞大、房价高企和"租购并举"等系
列政策的持续推动下，上海、南京、苏州、杭州以及合肥成
为长江三角洲地区住房租赁热点城市。预计2020年，长江三
角洲热点租赁城市住房租赁供给体量将稳步增长，各地方政

* 任开荟，英国阿斯顿大学会计金融学硕士，迈点研究院高级研究员，研究方向为长租公寓、
康养品牌等；郭德荣，迈点研究院研究总监，研究方向为文商旅综合体品牌及运营。

府鼓励住房租赁相关企业不断发展的同时，监管也将进一步加强，并逐步落地，住房租赁体系不断完善。作为我国重要经济区核心城市，上海、苏州、南京、杭州人均可支配收入均位于我国各省市前列，承租能力相对较高，租赁需求呈现多样化，各大公寓品牌将进行产品线多样化升级，并借助科技、服务、品牌、社群运营等提高产品溢价，降低运营成本。

关键词： 长江三角洲城市群　租赁热点城市　政策红利　多样化升级

一　区域宏观环境

长江三角洲城市群以上海为中心，位于长江入海之前的冲积平原，是我国第一大经济区，也是我国"一带一路"与长江经济带的重要交会地带。长江三角洲城市群主要包括：上海，江苏省的南京、无锡、常州、苏州、南通、盐城、扬州、镇江、泰州，浙江省的杭州、宁波、嘉兴、湖州、绍兴、金华、舟山、台州，安徽省的合肥、芜湖、马鞍山、铜陵、安庆、滁州、池州、宣城等26个城市，占地面积达到21.17万平方公里。2019年区域生产总值达到23.7万亿元，环比上涨5.9万亿元，增速达到33.15%，高于全国GDP平均增速6.6个百分点。其中上海作为长江三角洲城市群中心，2019年生产总值达到3.82万亿元，而长江三角洲城市杭州、南京、合肥作为长江三角洲城市群副中心，2019年生产总值也分别达到1.53万亿元、1.43万亿元和0.94万亿元。2019年长三角重点城市经济结构见图1。

近年长江三角洲产业经济蓬勃发展，产业结构不断优化，呈现二、三产业共同推动区域经济发展的态势，在规模经济、城市更新、产业升级的共同作用下，长江三角洲城市群集聚人才吸引力。而随着国家人口红利的逐渐消失，各城市也在积极推行系列政策，推动人才导入，《长江三角地区数字经济与人才发展研究报告》显示，长江三角洲城市群人才流入/流出比达到

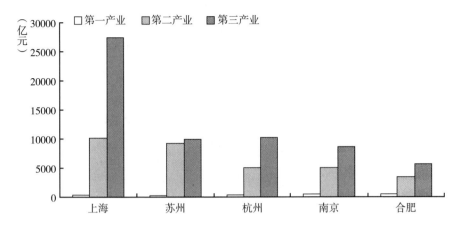

图1 2019年长三角重点城市经济结构

资料来源：各城市统计局。

1.06，其中上海人才流入/流出比最高，达到1.41。① 杭州在人才净流入率、海外人才净流入率上均位居全国前列，并在2017年入选"外籍人才眼中最具吸引力中国城市"，2019年杭州的人才吸引力度进一步加大（见表1）。

表1 杭州市人才引进政策

落户政策	全日制大学专科以上人才,在杭州工作缴纳社保后可以直接落户
学历补贴	2019年6月3日(含)之后的应届本科毕业生、硕士生、博士生可分别获得1万元、3万元和5万元不等的生活补贴
购房补贴	A类人才采取一人一议,B类人才120万元,C类人才100万元,D类人才80万元购房补贴,分两次发放,E类人才租房补贴2500元/月
租房补贴	B类高层次人才免租金,C、D类高层次人才每月8.8元/米^2,E类高层次人才每月17.7元/米^2,其他人才租金每月26.4元/米^2

资料来源：网络公开信息，迈点研究院整理。

2018年长江三角洲城市群常住人口数量达到15389.23万人，人口净流入量达到2240.99万人，平均城镇化率为67.39%，高于全国平均水平。

---

① 《长三角地区数字经济与人才发展研究报告》，http：//cidg.sem.tsinghua.edu.cn/details/newdetails.html？id=210。

2019 年上海、苏州、杭州、南京、合肥人口净流入分别达到 2428.14 万人、1074.99 万人、1036.00 万人、850.00 万人和 818.90 万人（见表 2），同比分别上升 0.18%、0.30%、5.65%、0.76% 和 1.26%。

表 2　2019 年长三角城市群重点城市城市经济及人口比例

城市	生产总值（亿元）	常住人口（万人）	常住人口环比 2018 年上涨（%）	城镇化率（%）
上海	38155.32	2428.14	0.18	88.10
苏州	19235.80	1074.99	0.30	77.00
杭州	15373.00	1036.00	5.65	78.50
南京	14030.15	850.00	0.76	83.20
合肥	9409.40	818.90	1.26	76.33

资料来源：国家统计局。

大量的外来人口导致上海、苏州、杭州、南京、合肥等长江三角洲重点城市住房租赁需求量巨大，住房租赁市场前景广阔，促使长江三角洲地区上海、苏州、杭州、南京、合肥逐渐成为长租公寓品牌必争之地。①

二　区域住房租赁政策概要

我国自确立租赁并举住房租赁政策以来，中央和地方政府相继推出相关政策支持住房租赁市场发展，且相关政策不断加码，2016 年国务院办公厅发布《关于加快培育和发展住房租赁市场的若干意见》，指出实行购租并举、培育和发展住房租赁市场，到 2020 年基本形成多元化、经营服务规范、租赁关系稳定的住房租赁市场体系，推动实现城镇居民住有所居的目标。2016 年上海、南京、杭州、合肥相继发布住房租赁住宅供应计划，加大租赁住宅公寓供应量，响应国家号召发展租赁住宅（见表 3）。

---

① 《长三角洲住房租赁崛起，下半场长租公寓应该先占领哪些城市?》，腾讯网，https://new.qq.com/omn/20181005/20181005F1JYNZ.html。

表3　上海、南京、杭州、合肥"十三五"租赁住宅供应计划

城市	住宅供应	租赁住宅公寓	年均计划住宅供应（公顷）	租赁供应面积占比（％）
上海	"十三五"期间预计供应住宅用地5500公顷,约170万套	租赁住房计划供地1700公顷,约70万套	1100	31
南京	2018年计划住宅用地600公顷	2018年租赁住房计划供地不低于180公顷	700	30
杭州	2017～2021年计划供应商住宅用地537宗,合2755公顷	未来5年公租房保有总量不少于8万套	551	30
合肥	2018年计划供应住宅用地473公顷	2018年租赁住房计划供地71公顷	689	15

资料整理：迈点研究院。

2017年住建部等九部委下发《关于在人口净流入的大中城市加快发展住房租赁市场的通知》，南京、杭州、合肥分别入选我国首批13个住房租赁试点城市；之后2019年7月住建部将上海、南京、杭州、合肥纳入我国住房租赁市场发展试点名单（试用期3年），并根据城市规模划分给予中央财政奖补，其中直辖市每年10亿元，省会城市和计划单列市每年8亿元；地级城市每年6亿元。

近年来，上海、杭州、南京、合肥均相继出台有关政策，一方面，相应租售同权，逐步完善住房租赁保障体系，保障租赁人权益；另一方面，加大租赁住房供给，针对住房租赁相关企业给予税收优惠，鼓励住房租赁行业发展，建立租售并举长效机制。

进入2019年，相关政策不断加码，系列政策主要集中于以下几点。第一，鼓励住房租赁相关企业发展，予以资金支持减轻长租公寓企业及房东赋税负担：如2月上海下调个人租房税率，提高起征点；11月杭州发布住房租赁市场发展专项扶持资金管理办法，对住房租赁相关企业进行审核，最高给予每年200万元的资金支持。第二，加大住房租赁房源供给，鼓励租赁消费，稳定市场租金：上海、南京相继启动多个租赁住房土地项目、人才公寓项目

的建设,并针对高端人才如博士生推出人才安居政策。第三,加强监管力度:上海、杭州、南京有关部门相继出台有关完善住房租赁企业注册、申报、备案体系,严打"黑中介""高收低租",规范"租金贷"等金融服务,加强租赁房屋产品质量、租赁用途的监管,保障租赁双方合法权益等系列政策条款,值得注意的是杭州市发布《住房租赁资金监管办法》,对企业租赁资金银行开户和备案做出规范要求。第四,建立线上房屋租赁服务平台,健全住房租赁管理体系:上海浦东新区、合肥市、苏州市相继推出住房公共服务线上平台、租赁房屋信息服务与监管平台并发布住房租赁合同网签备案相关工作通知。2017~2019年长江三角洲地区住房租赁热点城市政策梳理见表4。

表4 2017~2019年长江三角洲地区住房租赁热点城市政策梳理

城市	时间	政策/文件
上海	2016年6月	《关于加快培育和发展住房租赁市场的若干意见》
	2017年5月	《住房租赁和销售管理关系体系》
	2017年7月	首推两宗"只租不售"地块
	2017年8月	《利用集体建设用地建设租赁住房试点方案》
	2017年7月	《关于在人口净流入的大中城市加快发展住房租赁市场的通知》
	2017年7月	《上海市住房发展"十三五"规划》
	2017年9月	《关于加快培育和发展本市住房租赁市场的实施意见》
	2018年1月	《发挥开发性金融机构优势推进上海市住房租赁市场建设合作备忘录》
	2018年3月	上海住房租赁公共服务公共平台试运行
	2018年4月	《上海市实物配租廉租住房租金标准管理试行办法》
	2018年9月	《关于进一步规范本市代理经租企业及个人"租金贷"相关业务的通知》
	2019年2月	上海下调个人住房租赁的税率
	2019年3月	上海首个政府主导的浦东新区住房租赁公共服务平台上线
	2019年4月	上海虹桥方隅中骏广场国际公寓部分房源正式纳入虹桥商务区人才公寓
	2019年7月	上海市入选住建部住房租赁市场发展试点名单(试用期三年),作为直辖市每年获取10亿元奖补
	2019年10月	上海市房屋管理局印发《关于进一步规范本市住房租赁企业代理经租房屋行为的通知》,"N+1"合法化试行政策延期5年
	2019年12月	《关于本市规模化租赁住宿场所开展专项检查工作的通知》对集中建设的公共租赁住房项目、"非转租"长租公寓项目、利用物业开设规模化租赁住宿场所或项目等各类租赁住房项目进行集中安全检查

续表

城市	时间	政策/文件
南京	2017 年 7 月	南京市房地产经纪行业协会正式成立
	2017 年 8 月	《南京市住房租赁试点工作方案》
	2017 年 10 月	南京房屋租赁服务检测平台上线运行
	2017 年 12 月	南京首幅自持租赁住房用地交易成功
	2018 年 1 月	南京房屋租赁与房地产经纪行业服务监管平台开设住房租赁行业联盟专页
	2018 年 1 月	《关于进一步加强人才安居工作的实施意见》
	2018 年 1 月	南京市 2018 年政府工作报告坚持"房住不炒"
	2018 年 1 月	《南京市利用集体建设用地建设租赁住房试点实施方案》
	2018 年 1 月	《交行江苏分行与南京市住房保障和房产局签订住房租赁战略合作协议》
	2018 年 9 月	《关于开展从事住房租赁经营活动企业信息登记工作的通知》
	2019 年 1 月	南京将支持住房租赁市场发展列入 2019 年主要任务
	2019 年 5 月	南京出台全国首个针对博士生的人才安居政策
	2019 年 7 月	南京入围住建部住房租赁市场发展试点名单
	2019 年 9 月	《南京市市场化租赁住房建设管理办法》正式出台,对市场化租赁做出明确规定
杭州	2017 年 8 月	《杭州市企业自持商品房屋租赁管理实施细则》
	2017 年 8 月	《杭州市加快培育和发展住房租赁试点工作方案》
	2017 年 9 月	推出了全国首个智慧住房租赁平台——杭州市住房租赁监管服务平台
	2017 年 12 月	《关于加快筹集建设临时租赁住房的工作意见》和《关于加强临时租赁住房建设和管理若干问题的通知》
	2018 年 4 月	《杭州市居住出租房屋"旅馆式"管理实施方案》
	2018 年 5 月	《蓝领公寓(临时租赁住房)租赁管理办法》
	2018 年 7 月	《关于进一步加强对企业自持商品房屋租赁管理的通知》
	2018 年 10 月	《杭州住房租赁管理协会章程(草案)》
	2019 年 7 月	发布《杭州住房租赁合同网签备案管理办法(试行)(征求意见稿)》《关于促进杭州市住房租赁市场平稳健康有序发展的通知(征求意见稿)》《杭州市促进住房租赁市场发展专项扶持资金管理办法(试行)(征求意见稿)》,规范租赁市场
	2019 年 10 月	杭州住房保障和房产管理局发布《杭州市住房租赁资金监管办法(试行)(征求意见稿)》
	2019 年 7 月	杭州入围住建部住房租赁市场发展试点名单(试用期 3 年),每年获中央财政奖补 8 亿元人民币
	2019 年 11 月	《杭州市促进住房租赁市场发展专项扶持资金管理办法》《杭州市住房租赁资金监管办法(试行)》

续表

城市	时间	政策/文件
合肥	2017 年 10 月	《合肥市人民政府办公厅关于加快推进合肥市住房租赁试点工作的通知》
	2017 年 12 月	合肥市住房租赁交易服务监督平台上线试运行
	2017 年 12 月	推出首宗"只租不售"地块
	2018 年 3 月	《2018 年合肥市政府工作报告》坚持"房住不炒"
	2018 年 3 月	《合肥市利用集体建设用地建设租赁住房试点工作实施方案》
	2018 年 9 月	《合肥市促进住房租赁市场发展财政奖补资金管理办法》
	2018 年 10 月	《关于进一步规范我市住房租赁市场的通知》
	2019 年 1 月	合肥将支持住房租赁市场发展列入 2019 年主要任务
	2019 年 5 月	合肥全面落实住房租赁网签备案制度
苏州	2018 年 8 月	出台《关于加快培育和发展住房租赁市场的意见》,从保障供地、培育主体、鼓励和支持个人消费、强化管理和服务等方面提出了具体要求,进一步发展和完善苏州市住房租赁市场
	2019 年 5 月	《苏州市出租房屋居住安全管理条例》对出租房屋租赁管理、消防管理出租房屋居住面积和人数要求、"群租"管理、消防设备配备、电动车集中充电停放等做出更严格的规定
	2019 年 10 月	苏州市租赁房屋信息服务与监管平台上线运行

资料来源:迈点研究院。

三 长租公寓市场发展现状

(一)区域供给分析

在产业结构优良、人口流入规模庞大、房价高企和"租购并举"等系列政策的持续推动下,长江三角洲城市群中上海、南京、苏州、杭州以及合肥成为各公寓品牌布局的重点城市。

迈点研究院数据显示,2019 年集中式长租公寓品牌 MBI 品牌指数排名 TOP 50 的品牌中,布局上海、杭州、南京、苏州、合肥的比例分别达到 60%、52%、46%、28%和 10%(见图 2);分散式长租公寓品牌 MBI 品牌指数 TOP 50 的品牌中,布局上海、南京、杭州、苏州、合肥的比例分别达到 22%、14%、14%、12%和 10%(见图 3);服务式公寓品牌 MBI 品牌指

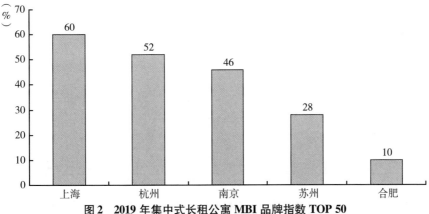

图 2　2019 年集中式长租公寓 MBI 品牌指数 TOP 50
长江三角洲核心区域城市布局占比

资料来源：迈点研究院。

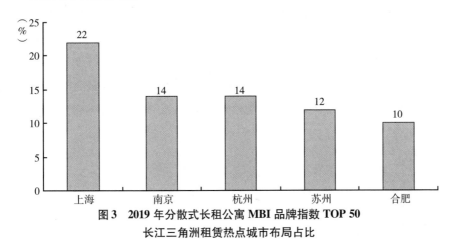

图 3　2019 年分散式长租公寓 MBI 品牌指数 TOP 50
长江三角洲租赁热点城市布局占比

资料来源：迈点研究院。

数排名 TOP 40 的品牌中，布局上海、苏州、杭州、南京、合肥的公寓品牌占比分别达到 49%、49%、19%、8% 和 3%（见图 4）。

整体来看，无论是集中式长租公寓品牌、分散式长租公寓品牌还是服务式公寓品牌都将上海作为战略布局的重要城市。以集中式长租公寓品牌为例，当前集中式长租公寓品牌 MBI 品牌指数 TOP 50 的品牌中布局上海的门店总量达到 336 个，其中蓝领公寓品牌安歆公寓上海门店数量已经达到 54

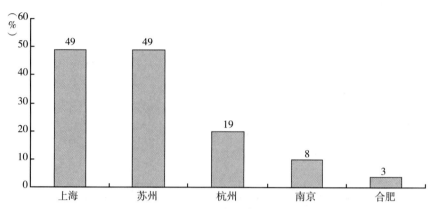

图4 2019年服务式公寓 MBI 品牌指数 TOP 40 长江三角洲租赁热点城市布局占比

资料来源：迈点研究院。

个，酒店系公寓品牌城家公寓、窝趣门店数量分别达到49个和5个，而创业系公寓品牌乐乎公寓、魔方公寓、V领地青年社区门店数量分别达到47个、31个和31个，房企系品牌中诸如旭辉领寓、冠寓、朗诗寓、泊寓、悦榕公寓、BIG＋碧家国际社区、金地草莓社区等也在积极布局上海地区，门店数量也分别达到21个、20个、12个、9个、7个、7个和5个（见图5）。

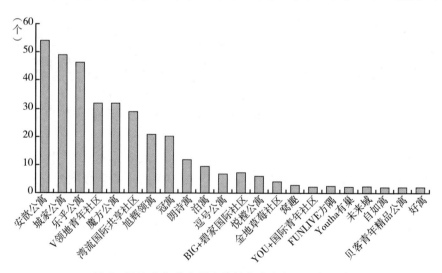

图5 2019年部分布局上海的集中式长租公寓品牌

资料来源：迈点研究院。

在城市区域布局方面，浦东新区、闵行区、宝山区成为集中式长租公寓品牌上海区域布局重点，所占比例分别达到 21.62%、17.84% 和 10.00%（见图 6），而静安区、松江区所占比例均为 7.57%，项目具体选址多位于写字楼、商务园、商场或学校周边，毗邻地铁站或公交站。

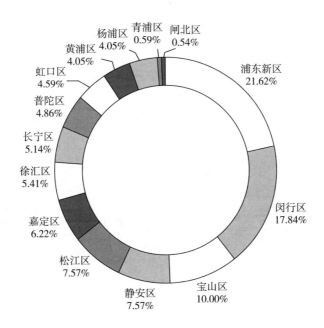

图 6　2019 年集中式长租公寓品牌 MBI 品牌指数
TOP 50 上海区域布局

资料来源：迈点研究院。

作为我国改革开放较早的国际型商务城市之一，上海自 20 世纪 90 年代开始就吸引了大量的境外投资，与此同时海外高级商务人士旅居上海的现象开始频繁出现，因此国际服务式公寓品牌如雅诗阁服务公寓、盛捷服务公寓、馨乐庭服务公寓酒店、万豪行政公寓、柏雅居服务公寓、莎玛服务式公寓等相继布局上海，为高端商旅人士提供国际化的产品和服务。此外值得注意的是伴随我国经济的快速发展，选择服务式公寓的高端商旅人士已经不再局限于外籍人士，国内高端差旅人士的涌现促使更了解我国高端差旅人士需求的国内服务式公寓品牌诸如优帕克服务式公寓、协信家服务式公寓、瑞贝庭公寓酒店、寓居服务公寓、阳光城·睿湾等广泛布局上海，并逐渐获得较好的口碑。与集中式长租公寓品牌不同的是，服务式公寓品牌的选址更趋向于城市中心商贸核心区域，产品运营也更多考虑资产增值。2019 年部分布局上海的服务式公寓品牌见图 7。

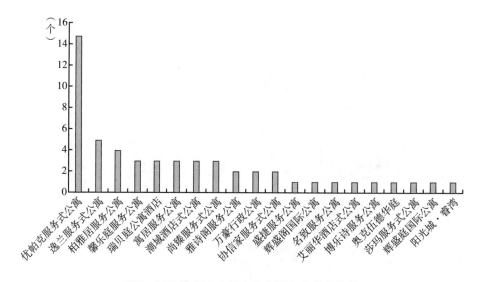

图 7   2019 年部分布局上海的服务式公寓品牌

资料来源：迈点研究院。

2019 年南京、杭州落户政策门槛进一步放宽，由此为地方租赁市场带来巨大利好，其中杭州常住人口突破 1000 万。南京、杭州成为长租公寓品牌布局热点区域，一方面，分散式长租公寓品牌 MBI 品牌指数 TOP 50 的品牌布局南京、杭州的品牌比例均为 19%，其中不乏自如、蛋壳公寓、青客、相寓、美丽屋等全国性分散式长租公寓头部品牌，同时地方品牌棉花公寓、银城公寓、房家加本地房源量也在稳步激增。

另一方面，集中式长租公寓品牌 MBI 品牌指数 TOP 50 品牌中，"地产系"品牌的冠寓、泊寓、朗诗寓、旭辉领寓、悦樘公寓、金地草莓社区，"中介系"的世联红璞，"创业系"的魔方公寓、湾流国际共享社区、贝客青年精品公寓，"酒店系"品牌中城家公寓、窝趣等也纷纷将南京、杭州作为品牌布局的重点城市（见图8、图9）。当前魔方公寓、冠寓、泊寓在南京的门店数量分别达到13个、10个和5个，而冠寓、世联红璞、泊寓和湾

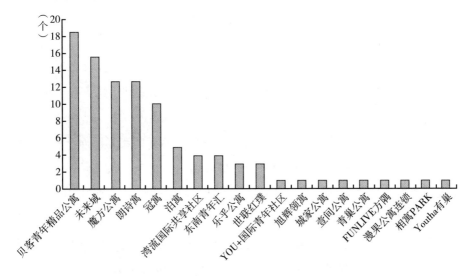

图8　2019年部分布局南京的集中式长租公寓品牌

资料来源：迈点研究院。

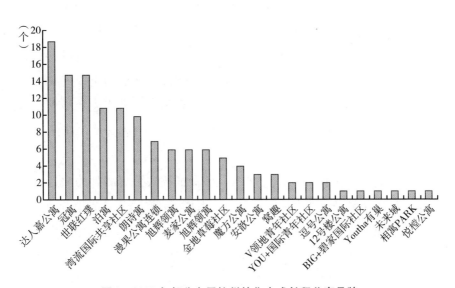

图9　2019年部分布局杭州的集中式长租公寓品牌

资料来源：迈点研究院。

流国际共享社区杭州的门店数量也分别达到 15 个、15 个、11 个和 11 个，在品牌整体布局中所占比重位居前列。另外，在政策引导下，杭州"国企系"长租公寓品牌宁巢 2017 年成立，至今已经完成位于江干区、下城区、萧山区、余杭区的 4 个门店布局。

此外值得注意的是，尽管南京、杭州是全国性战略公寓品牌布局重点城市，但地方性品牌如贝客青年精品公寓、朗诗寓、未来域、达人嘉公寓、麦家公寓等凭借区域布局和地方性知名度优势，在市场占有率、品牌知名度方面也建立了一定的基础。当前南京当地品牌朗诗寓（朗诗集团旗下）、贝客青年精品公寓、未来域在南京的门店数量分别达到了 19 个、16 个和 13 个，而杭州地方品牌达人嘉公寓、漫果公寓连锁、麦家公寓在杭州的门店数量也分别达到了 19 个、7 个和 6 个。

关注品牌门店选址，集中式长租公寓品牌在南京和杭州的门店选址并非一味集中于中心城区，而是沿城市交通地铁线和新兴工业园区进行布局和延伸。具体来看，南京的秦淮区、江宁区、鼓楼区成为布局热点区域（见图 10），集中式长租公寓品牌 MBI 品牌指数 TOP 50 品牌中布局秦淮区的比例最多，门店数量达到 31 个，主要集中于常府附近及夫子庙西部区域，靠近地铁 3 号沿线；其次是地价和房价相对较低，产业园逐渐兴起的江宁区。而杭州的余杭区、西湖区、江干区和萧山区成为集中式长租公寓品牌布局的热点区域（见图 11），同样考虑到年轻上班族通勤需求，萧山地铁站沿线、未来科技城区域以及下沙城区成为各品牌开业门店的选址重点。

在服务式公寓品牌方面，杭州似乎更受服务式公寓品牌的欢迎。一方面，杭州近年来经济快速发展，地区生产总值不仅位居浙江省第一而且在全国范围内也位居前列；另一方面，杭州经济极具活力，人才聚集，海外人才净流入位居全国前列，旅游网红城市的打造更是增加了杭州对高端差旅人士的吸引力。当前已有博乐诗服务公寓、莎玛服务式公寓、雅诗阁服务公寓、万豪行政公寓、馨乐庭服务公寓和奥克伍德华庭等国内外优秀服务式公寓品牌布局杭州（见图 12）。反观南京服务式公寓市场，尽管当前服务式公寓品

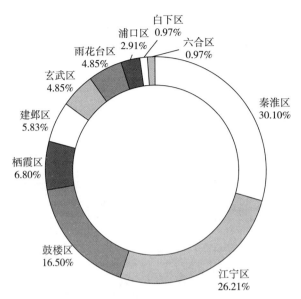

图 10 2019 年集中式长租公寓品牌 MBI 品牌指数 TOP 50 南京区域布局

资料来源：迈点研究院。

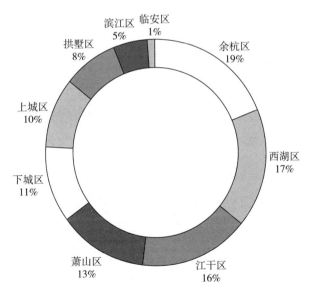

图 11 2019 年集中式长租公寓品牌 MBI 品牌指数 TOP 50 杭州区域布局

资料来源：迈点研究院。

牌入局相对较少，但也已成为途家盛捷服务公寓、摩兜公寓、优宿酒店公寓等国内品牌探索重点城市（见图13）。

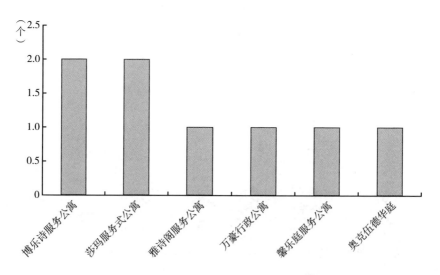

图12　2019 年部分布局杭州的服务式公寓品牌

资料来源：迈点研究院。

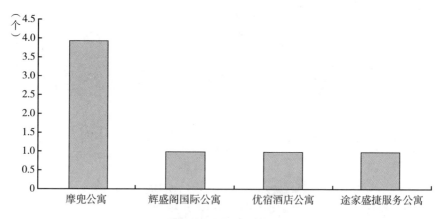

图13　2019 年部分布局南京的服务式公寓品牌

资料来源：迈点研究院。

苏州、合肥近年地区生产总值保持高速增长，和谐的营商环境和科研环境也不断吸引着国内各地优秀人才，因而也是我国长租公寓品牌在长江三角洲城市群的重点布局城市，分散式长租公寓品牌 MBI 品牌指数 TOP 50 布局苏州和合肥的品牌占比分别达到 12% 和 10%，布局苏州市场的全国性战略布局品牌有蛋壳公寓、青客、美丽屋、相寓等，也有诸如蜜蜂村落、水滴公寓等区域性品牌。对比之下，当前布局合肥的长租公寓品牌相对较少，分散式长租公寓品牌 MBI 品牌指数 TOP 50 的品牌布局合肥的虽仅有美丽屋、匠寓、孟邻公寓、悦客艾家、星房优租，但悦客艾家、星房优租作为本土品牌已积累了较强的品牌优势。

此外，苏州也是集中式长租公寓品牌重点布局城市，当前集中式长租公寓品牌 MBI 品牌指数 TOP 50 的品牌中布局苏州的多达 13 个，其中朗诗寓、贝客青年精品公寓、魔方公寓苏州的门店数量分别达到 9 个、5 个和 5 个（见图14）。而当前集中式长租公寓 MBI 品牌指数 TOP 50 的品牌布局合肥的仅有 5 个，包括冠寓、泊寓、世联红璞、朗诗寓和达人嘉公寓（见图15），整体来看，合肥租赁市场需进一步开拓。

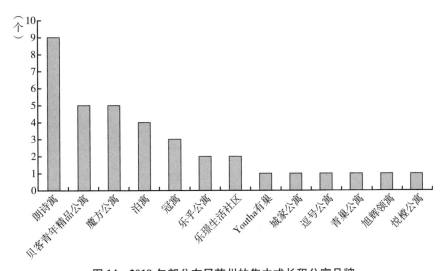

图14　2019 年部分布局苏州的集中式长租公寓品牌

资料来源：迈点研究院。

关注苏州集中式长租公寓品牌门店选址布局，集中式长租公寓品牌 MBI 品牌指数 TOP 50 品牌中姑苏区和吴中区占比分别达到 39.47% 和

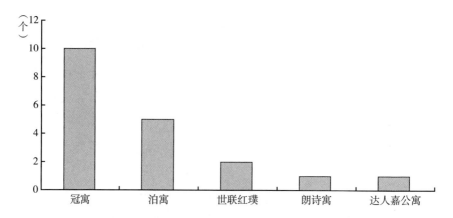

图15　2019年部分布局合肥的集中式长租公寓品牌

资料来源：迈点研究院。

34.21%（见图16），可见品牌选址更多集中于城市中心和旅游业核心区域。而合肥方面，集中式长租公寓品牌则将庐阳区、蜀山区、瑶海区作为

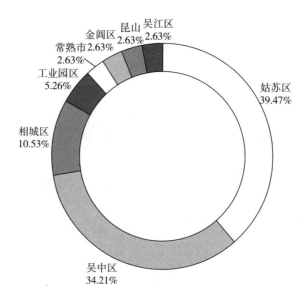

图16　2019年集中式长租公寓品牌MBI品牌指数
TOP 50苏州区域布局

资料来源：迈点研究院。

布局重点，集中式长租公寓品牌 MBI 品牌指数 TOP 50 品牌中布局庐阳区、蜀山区、瑶海区的比例分别达到 31.58%、26.32% 和 26.32%（见图 17），城市新兴经济中心如科技园、工业园、大学城周边是品牌选址重点区域。

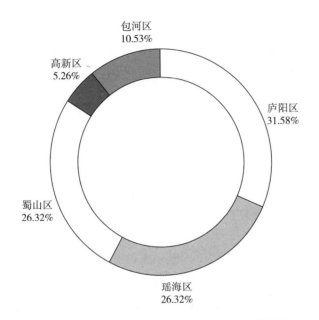

图 17　2019 年集中式长租公寓品牌 MBI 品牌指数
TOP 50 合肥区域布局

资料来源：迈点研究院。

当前服务式公寓品牌 TOP 40 的品牌中布局苏州的服务式公寓品牌有瑞贝庭公寓酒店、盛捷服务公寓、柏雅居服务公寓、雅诗阁服务公寓等（见图 18），其中瑞贝庭公寓酒店作为我国先进公寓酒店运营商在苏州的门店数量多达 4 个。对比苏州，尽管当前服务式公寓品牌合肥市场布局较少，但盛捷服务公寓也已于 2017 年布局合肥市场。

（二）产品及服务

关注产品及服务，当前长江三角洲地区长租公寓主要需求群体为年

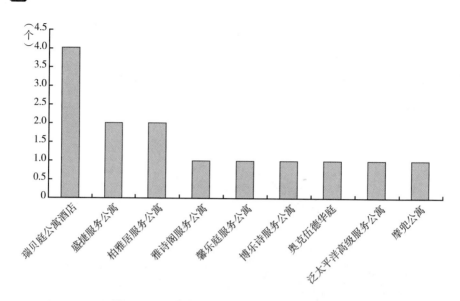

图 18　2019 年部分布局苏州的服务式公寓品牌

资料来源：迈点研究院。

龄不超过 45 岁的初入职场者、白领、情侣等，因而通勤便利，简单舒适的 20～45 平方米的一居室更受到长租公寓品牌的欢迎。考虑客户需求和运营成本，当前长江三角洲地区公寓产品 20～45 平方米的一居室成为长租公寓品牌当前推行的主要产品类型，产品设计符合年轻群体的审美需求，空间设计紧凑，装修风格时尚简约、便利舒适，并提供各类生活配套设施。

为提高产品溢价，除配备常用的家用电器家具之外，各品牌也在积极建设线上线下相结合的 O2O 服务平台、研发与运用 PMS 系统，并提高门禁人脸识别系统、智能电控税控等设备的普及度，一系列产品升级不仅提升了品牌用户体验，也大大提高了品牌的运营效率，降低了运营成本。

由于长江三角洲城市群租客收入跨度较大，存在大批高品质居住条件的租客，为满足租客不同品质需求，魔方公寓、冠寓、城家公寓等品牌积极推出了不同等级的产品，扩大品牌客群覆盖率。如冠寓相继推出松果系列、核桃系列和豆豆系列，并将针对精英人群的核桃系列和社交属性极强的豆豆系列布局需求多样的上海市场，城家公寓也开始布局高端服务式公寓。此外值得关注的是，为适应年轻人群体的社交需求，运营经验丰富的"房企系"品牌也在积极组织社区活动以加强与租户的互动，增加租客对品牌的认可度，提高用户忠诚度。

在品牌推广方面，为提高品牌市场占有率，稳定出租率，各长租公寓品牌也在积极推出诸如针对应届毕业生的折扣、优惠活动，以及老客户推荐立减优惠、新客户价格优惠额外礼品等。

（三）租金走势分析

对比 2019 年长江三角洲城市群热点租赁城市上海、杭州、南京、苏州、合肥普通公寓租金走势可知，受到租赁需求和收入水平的影响，上海市租金水平远高于其他城市，平均月度租金为 86.17 元/米^2；而杭州、南京月度租金水平也基本维持在 50 元/米^2 以上，平均月度租金分别为 58.40 元/米^2 和 52.70 元/米^2；苏州、合肥租金水平稍显逊色，平均月度租金为 37.28 元/米^2 和 29.63 元/米^2（见图 19）。

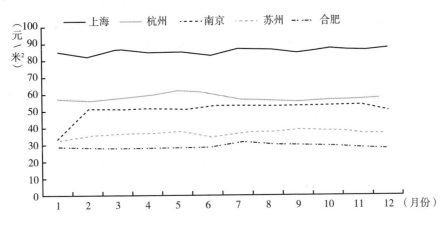

图 19　2019 年长江三角洲城市群租赁热点城市月度租金走势

资料来源：中国房价行情网。

　　关注上海普通公寓租金变动趋势，同比上年，2019 年月度平均租金处于上涨趋势，月度平均单价达到 86.17 元/米²（见图 20），同比上涨 7.3%，其中 2019 年 1 月和 3 月同比租金上浮比例分达到 19.72% 和 20.10%。月度租金环比走势，仅 2 月、6 月、8 月和 9 月出现下降，而开春的 3 月，毕业季的 7 月租金大幅上涨，环比增幅达到 4.18%、4.87%，推动月度平均租金达到 86.83 元/米²、87.63 元/米²。此外值得注意的是，上海房产之窗房屋租赁价格指数数据显示，2019 年 7 月租金大幅上涨除受到租金毕业季低端租金需求的推动外，租客的租赁条件改善、陪读租赁需求是推动高端租金需求和中端租金需求的关键因素。①

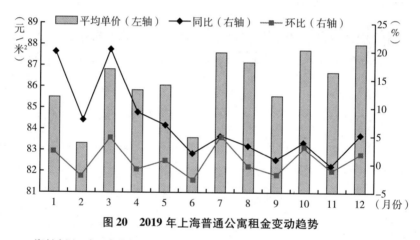

图 20　2019 年上海普通公寓租金变动趋势

　　资料来源：中国房价行情网。

　　与上海月度租金走势不同的是，返工潮的推动下杭州月度平均租金单价在 5 月达到峰值 62.88 元/米²，比 4 月上升 5%，之后逐渐下滑，9 月跌至 56.26 元/米²，进入 10 月稍有回暖（见图 21）。爱家研究院数据显示，主城区核心地段的上城区、下城区，高新就业机会较多的滨江区单位租金价格相对较高。

---

　　① 《上海 8 月租房市场报告：租金涨幅扩大　需求均衡升温》，新浪网，http://finance.sina.com.cn/other/lejunews/2019-09-11/doc-iicezueu5008807.shtml。

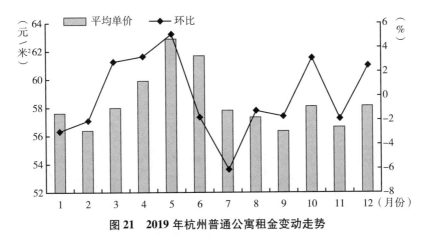

图 21　2019 年杭州普通公寓租金变动走势

资料来源：中国房价行情网。

南京租金走势在年初和毕业季期间出现波动上涨，其中年初的 1 月比 2018 年末的 12 月租金上浮比例达到 46%，之后 5 月波动上涨至 52.87 元/米² 后，基本保持平稳，直至 12 月末伴随行业淡季的到来出现大幅下滑（见图 22）。

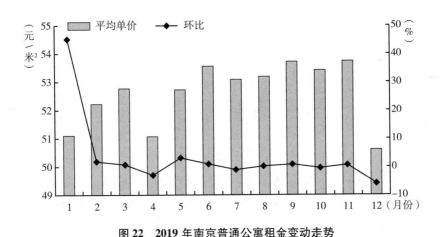

图 22　2019 年南京普通公寓租金变动走势

资料来源：中国房价行情网。

苏州月度租金走势，上半年和下半年分别出现两次较大幅度的波动，分别在上半年的 5 月和下半年的 9 月达到峰值 38.7 元/米² 和 39.5 元/米²（见图 23）。苏州各行政区中，工业区、平江区、虎丘区租金水平相对高于其他区域。

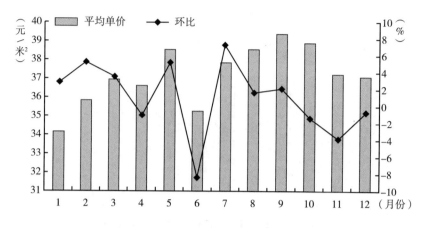

图23 2019年苏州普通公寓租金走势

资料来源：中国房价行情网。

关注合肥租金变动趋势，在长江三角洲城市群热点租赁城市中，合肥租金水平相对较低，与其他城市不同的是，合肥租金走势上半年基本保持在较低水平，但在6月出现大幅度上涨，环比5月上涨10%达到32.36元/米²，之后小幅度平稳下滑（见图24）。各区域中，政务区、巢湖区、滨湖区、经开区租金水平相对较高。

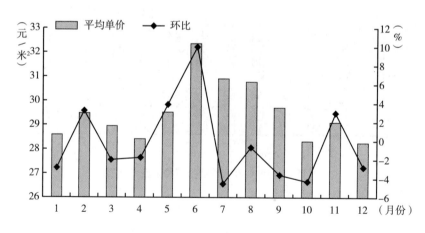

图24 2019年合肥普通公寓租金走势

资料来源：中国房价行情网。

（四）现状总结及趋势预测

1. 政策导向

长江三角洲城市群住房租赁市场需求旺盛，随着近年来政策红利不断释放，2019 年长江三角洲热点租赁城市如上海、南京、杭州、合肥、苏州纷纷将发展住房租赁市场列入工作重点，2019 年 7 月上海、南京、杭州、合肥相继入围住建部住房租赁市场发展 16 个试点城市，并按照城市规模分档，分别获得每年 6 亿~10 亿元不等的中央财政奖补资金支持（试用期 3 年）。在政策红利引导下，大批地方性长租公寓品牌被催生，但行业发展不健全、盈利模式不明确的大背景下，高收低租、"租金贷"等行业乱象导致品牌爆雷频发，行业动荡也对租客和房东的合法权益造成了一系列不良影响。对此，政府在加大行业支持引导，为住房租赁企业提供资金支持和税收优惠的同时，相关监管也在不断加强，如为进一步规范住房租赁市场，上海、杭州、合肥等长江三角洲热点租赁城市相继出台相关政策落实网络签约制度、健全住房租赁房源备案和监管体系；此外，针对"黑中介"、违规"租金贷"、"高收低租"等行业乱象，杭州、南京相继出台相关政策，将监管政策逐步落实。预测，随着"租售并举"政策的逐步推进和落实，以及各城市人才吸引政策的不断加码，配合住房租赁建设和人才公寓项目的不断落地，2020 年长江三角洲热点租赁城市住房租赁供给体量将进一步扩大，鼓励住房租赁相关企业不断发展的同时，监管也将进一步加强，并逐步落地，住房租赁体系不断完善。

2. 布局与扩张

城市流动人口规模庞大，住房租赁是刚需，当前长江三角洲城市群公寓市场正值百花齐放的繁荣时期，但盈利模式尚未清晰，资金链承压前提下，无论是集中式长租公寓还是分散式长租公寓，品牌房源扩张都将有所放缓。因而进入 2019 年，长租公寓品牌一改前期的"野蛮式"扩张，开始将布局重点转向城市核心区域，城市 CBD、新兴工业园区、科技园区以及地铁、公交周边地区等市场需求旺盛且增值空间较大的核心区域成为各品牌布局重点。

3. 品类竞争加剧

尽管"创业系"分散式长租公寓品牌凭借拿房优势和轻资产运营模式优势在体量上占据一定优势，但受到资金链紧张、盈利模式不清晰等因素的影响，近年来分散式长租公寓品牌如爱上租、星窝公寓、乐伽公寓、青柠公寓等长江三角洲城市群区域性品牌，相继出现资金链断裂问题，或被收购，行业洗牌加剧，而资本进一步向头部品牌聚集，更促使行业马太效应凸显。

反观头部"地产系"集中式长租公寓品牌，尽管相对分散式长租公寓当前房源量规模较小，但在政策红利以及专项租赁用地的大批量供给下，布局住房租赁市场的地方性房地产企业正在逐渐增多，并开始将住房租赁融入社区建设当中，凭借丰富的运营经验，在公寓选址和配套方面极具优势。尽管盈利模式仍处于探索阶段，但从布局范围以及运营精细化程度上看发展更为稳健，长期来看更具优势。此外值得注意的是"酒店系"品牌如城家公寓，已经开始在上海核心区域布局高端服务式公寓，凭借专业的酒店管理、资产运营经验，开始新一轮的模式探索。

为吸引人才流入，各地政府人才政策不断加码，相关租赁住房建设也在不断推进，公租房、廉租房以及人才公寓的建设将较大程度上增加住房租赁房源供给。"国企系"品牌，如上海地产集团旗下的城方、杭州钱投集团旗下的宁巢相继开业多个项目。此外政企联合也将变得更为频繁，如旭辉领寓、乐贤居人才公寓、方隅中骏广场国际公寓等与上海虹桥商务区人才公寓的合作等类似系列方案相继落地，在提高项目运作效率的同时，也为提高品牌单个项目的出租率提供了保障。

4. 产品与服务

上海、苏州、南京、杭州、合肥作为我国发展住房租赁市场的重点城市，不断加码的政策红利为住房租赁市场发展提供了较好的资金和土地支持，但随着红利的逐渐消失，未来品牌发展将面临租金承压上涨带来的盈利压力，因而盈利探索是关键。作为我国重要经济区核心城市，上海、苏州、南京、杭州人均可支配收入均位于我国各省区市前列，承租能力相对较高，租赁需求呈现多样化，各大公寓品牌也开始针对客群需求推出多档产品线，并借助科技、服务、品牌、社群运营等提高产品溢价、降低运营成本。① 此外，转变盈利模式，将对于个人租客的住房租赁服务扩展至向政府和企业的服务，以安歆公寓提供的蓝领公寓为例，政府员工、人才公寓和企业员工公寓住宿服务将成为新一轮的模式探索。结合国外品牌成功经验探索轻重资产模式相结合，提高产品盈利能力的同时盘活资产，完善退出模式，是品牌近期策略重点。

参考文献

《长三角地区数字经济与人才发展研究报告》，http：//cidg. sem. tsinghua. edu. cn/details/newdetails. html？id＝210。

《长三角洲住房租赁崛起，下半场长租公寓应该先占领哪些城市?》，腾讯网，https：//new. qq. com/omn/20181005/20181005F1JYNZ. html。

《上海 8 月租房市场报告：租金涨幅扩大 需求均衡升温》，新浪网，http：//finance. sina. com. cn/other/lejunews/2019 － 09 － 11/doc － iicezueu5008807. shtml。

《重磅 | 中国长租公寓市场发展报告 2018 － 2019》，戴德梁行深圳 E 评估微信公众号，https：//mp. weixin. qq. com/s/IwC_ Q7Bf0AwB4Y2rESVH － Q。

---

① 《重磅 | 中国长租公寓市场发展报告 2018 － 2019》，戴德梁行深圳 E 评估微信公众号，https：//mp. weixin. qq. com/s/IwC_ Q7Bf0AwB4Y2rESVH － Q。

B.9
粤港澳大湾区住房租赁
发展与经验

任开荟　郭德荣*

摘　要：　2019年粤港澳大湾区地区生产总值达到11.60万亿元人民币，占我国2019年GDP总量的11.71%，是我国开放程度最高、经济活力最强的区域之一。人口密度大、房价高企导致粤港澳大湾区住房自有率较低，深圳、广州、香港、佛山是粤港澳大湾区住房租赁热点城市，近年来广州、深圳、佛山相继成为我国住房租赁发展试点城市，开展系列地方性制度建设和实践尝试。政策引导下，开发商背景长租公寓品牌运营商不断入局，为应对激烈的市场竞争，抢占市场份额，前期品牌扩张迅速，但在盈利模式不确定的背景下，一味地进行规模扩张也给公寓品牌运营商带来不小的负担。为建设完善的住房租赁体系，为企业探索住房租赁提供较好的环境，2019年粤港澳大湾区相关政策和奖补支持力度不断加码的同时，住房租赁规范制度也在逐步完善，其中以深圳城中村规模化统租改造规划最为亮眼。进行城中村改建，利用闲置房源进行大型租赁社区建设有效提高住房租赁市场运作效率，将成为粤港澳大湾区进行住房租赁体系建设的一大特色。

关键词：　粤港澳大湾区　城中村改建　开发商入局

* 任开荟，英国阿斯顿大学会计金融学硕士，迈点研究院高级研究员，研究方向为长租公寓、康养品牌等；郭德荣，迈点研究院研究总监，研究方向为文商旅综合体品牌及运营。

一 区域宏观环境

粤港澳大湾区与美国纽约湾区、旧金山湾区、日本东京湾区并称为世界四大湾区，涵盖的城市包括香港、澳门两个特别行政区和广东省的广州、深圳、珠海、佛山、东莞、中山、江门、惠州、肇庆等九个城市，总面积5.65万平方公里。

2019年粤港澳大湾区地区生产总值达到11.60万亿元人民币（见表1），占我国2019年GDP总量的11.71%，是我国开放程度最高、经济活力最强的区域之一，也是我国建设世界级城市群和参与全球竞争的重要空间载体。全球四大湾区经济概况对比见表2。

表1 粤港澳大湾区 2019 年生产总值数据一览

城市	生产总值（亿元）	环比（%）	面积（平方公里）
深圳	26927.09	6.7	1996.85
香港	25009.76	−1.2	1106.34
广州	23628.6	6.8	7434.4
佛山	10751.02	6.9	3798
东莞	9482.50	7.4	2460
惠州	4177.41	4.2	11346
中山	3101.10	1.2	1784
澳门	4126.86	−4.7	32.8
珠海	3435.89	6.8	1732
江门	3146.64	4.3	9505
肇庆	2248.8	6.3	14891

资料来源：各地方统计局、世界银行。

表2 全球四大湾区经济概况对比

湾区	占地面积（万平方公里）	常住人口（万人）	生产总值（万亿美元）	人均生产总值（万美元）	生产总值增速（%）	第三产业比重（%）	主导产业
东京湾区	3.67	4383	1.89	4.24	3.6	82.3	汽车、石化等制造业
纽约湾区	3.45	2370	1.83	7.72	3.5	89.4	金融服务、房地产、医疗保险

续表

湾区	占地面积（万平方公里）	常住人口（万人）	生产总值（万亿美元）	人均生产总值(万美元)	生产总值增速(%)	第三产业比重(%)	主导产业
旧金山湾区	1.74	768	0.82	10.53	2.7	82.8	科技创新、专业服务
粤港澳大湾区	5.65	6039.11	1.38	2.04	7.9	62.2	科技创新、金融服务、制造业

资料来源：德勤研究、各地方统计局，迈点研究院整理。

2019 年末粤港澳大湾区常住人口总量超过 7000 万人，预计到 2050 年将达到 1.2 亿~1.4 亿人。常住人口最多的城市为广州，2018 年常住人口规模达到 1490.44 万人；其次为深圳，规模达到 1302.66 万人（见图1）。从常住人口增长速度来看，珠海、深圳、佛山、广州增速较高，2019 年常住人口规模同比增长 7.1%、3.16%、3.20% 和 2.69%（见图2）。此外粤港澳大湾区城市平均城镇化率突破 85%，其中重点城市如香港、深圳、澳门、佛山、广州城镇化率分别达到 100%、100%、100%、95% 和 86.46%，远高于我国常住人口城镇化率 60.60%。

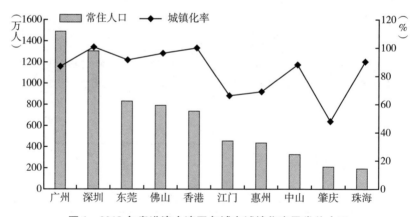

图1　2018 年粤港澳大湾区各城市城镇化率及常住人口

资料来源：各地方统计局。

产业结构不断优化，2018 年粤港澳大湾区第三产业生产总值占比达到 62.2%，逐渐形成以科技创新、金融服务和制造业为主导的产业结构，经济

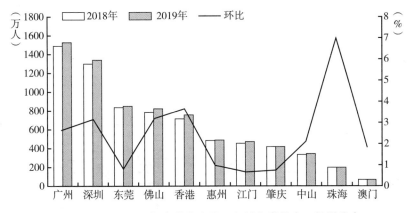

图 2　2018~2019 年粤港澳大湾区各城市常住人口数量分布

资料来源：各城市统计局，迈点研究院整理。

的快速发展，推动城市城镇化进程不断加速，而腾讯、华为、碧桂园、美的等行业巨头，更释放出巨大的经济能量吸引着众多人才。[①]

2019 年 2 月，中共中央、国务院印发了《粤港澳大湾区发展规划纲要》，将粤港澳大湾区建设规划写入十九大报告和政府工作报告中，区域发展进一步提升到国家发展层面。近年来"一带一路"建设、"中国制造 2025"、区域经济协同发展、深化对外开放等系列国家级战略规划享有的红利政策不断叠加，红利的一再释放，也进一步增强了粤港澳大湾区的人才集聚力。

2019 年 4 月，智联招聘发布的《粤港澳大湾区产业发展及人才流动报告》显示粤港澳大湾区（广东 9 市）总体人才净流入率［人才净流入率 ＝（流入人数 － 流出人数）/人才总量］为 1.39%，人才虹吸效应显著，除江门外其他城市人口净流入率均呈现正值，且人才流入人口占比前两位的深圳和广州，人才流入人口占比达到了 40.39% 和 31.42%。[②] 粤港澳大湾区广东 9 市人才流动情况见图 3。

---

① 《2019 年粤港澳大湾区发展研究报告》，百度文库，https：//wenku.baidu.com/view/3347ae7fb9f67c1cfad6195f312b3169a551ea15.html。

② 《智联招聘发布〈粤港澳大湾区产业发展及人才流动报告〉》，https：//www.hroot.com/d-9393953.hr。

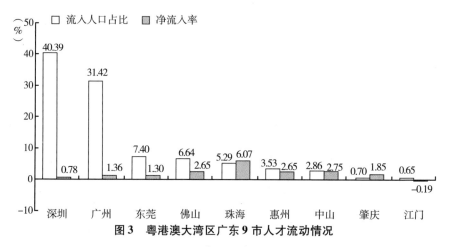

图3 粤港澳大湾区广东9市人才流动情况

资料来源：智联招聘。

城市常住人口规模和城镇化率的不断攀升，促使粤港澳大湾区重点城市的住房需求旺盛，然而近年来诸如广州、深圳、香港房价攀升迅速，数据显示，广州、深圳、香港2013～2018年房价涨幅分别达到75%、161%和59%，2018年房价收入比分别达到16.8、36.1和20.9（见表3）。①

表3 2018年粤港澳大湾区核心城市房地产市场比较

	广州	深圳	香港
二手房成交均价(元/米²)	32754	56891	151403
房价收入比	16.8	36.1	20.9
过去5年涨幅(2013～2018年)(%)	75	161	59
人均可支配收入(元)	59982	57702	169863

资料来源：贝壳研究院、各地方统计局、香港土地注册处。

高企的房价，导致粤港澳大湾区住房自有率较低，近3500万人无自有住房。② 当前核心城市如广州、深圳、香港住房租赁市场需求旺盛，2018年

① 《重磅 | 粤港澳大湾区房地产市场数据报告》，网易网，http：//dy.163.com/v2/article/detail/E8HMBGMA0515FD0U.html。
② 《重磅 | 粤港澳大湾区房地产市场数据报告》，网易网，http：//dy.163.com/v2/article/detail/E8HMBGMA0515FD0U.html。

租赁住房占房地产市场结构比重分别达到41%、73%和47%（见表4）。住房租赁市场主要由传统个人房东、二房东、集体宿舍、人才公寓、公租房以及长租公寓构成。

表4　2018年湾区核心城市房地产市场结构比较

单位：%

城市	广州	深圳	香港	城市	广州	深圳	香港
买卖	55	24	49	租赁	41	73	47
二手房	52	69	73	私人租赁	93	94	38
新房	48	31	27	公共租赁	7	6	62

资料来源：2015年1%人口抽样调查、2016年香港政府统计处、贝壳研究院。

近两年众多长租公寓品牌相继布局粤港澳大湾区，尽管市场前景广阔，但依旧面临众多挑战。广州、深圳依旧以私人租赁为主，所占城市住房租赁结构比重分别达到93%和94%，[①] 其次为公共租赁住房。整体来看住房租赁行业机构渗透率低，这为新兴的长租公寓品牌打开市场带来了不小的挑战。此外，城中村房源占比较大，以深圳为例，占租赁住房总存量的比重近50%，容纳了约1500万人口，占实际总租赁人口的75%，因而租住环境的升级改善成为租客的另一核心需求，[②] 这为长租公寓品牌带来机遇的同时也让长租公寓品牌面临着拆建运营成本偏高、租金上扬导致租赁市场价格结构不对称等诸多挑战，迫使公寓运营商进行重心调整，降低新建成本，将重心放在存量市场的改造和运营升级。

香港是世界房价较高的城市之一，住房结构矛盾突出，住房租赁因此成为其住房市场中重要的一环。当前香港房屋租赁比例达到47%，其中私人

[①] 《2019年粤港澳大湾区房地产市场白皮书》，迈点网，https://www.meadin.com/yj/206477.html。
[②] 《重磅｜粤港澳大湾区房地产市场数据报告》，网易网，http://dy.163.com/v2/article/detail/E8HMBGMA0515FD0U.html。

租赁占比为38%，公共租赁占比为62%。① 早在1954年香港就开始推行公租房制度，为香港30%的人口解决住房问题，安置中低层收入居民200多万人。② 然而整体市场化程度低，近年来公屋（公营租住房屋）供给量增速缓慢，难以满足大量的住房租赁需求，数据显示，2008～2017年，香港公屋存量仅增加8.8万套，居屋（资助出租单位）存量仅增5500套，公屋居住环境有待改善，87%的公屋面积在40米²以下。③ 多渠道增加租赁房源，改善住房环境是当前香港住房租赁市场的当务之急。

二 区域住房租赁政策概要

粤港澳大湾区城市群中广州、深圳、佛山相继成为我国发展住房租赁市场的试点城市。2017年7月九部委联合发布《关于在人口净流入的大中城市加快发展住房租赁市场的通知》，广州、深圳分别入选12个开展住房租赁试点城市；2017年8月国土资源部、住房城乡建设部印发并实施《利用集体建设用地建设租赁住房试点方案》，广州、佛山成为首批开展利用集体建设用地建设租赁住房的试点城市；2019年7月，住建部公示住房租赁市场发展试点名单（试点期3年），广州、深圳入围，作为省会城市和计划单列城市将分别获得每年8亿元的财政奖补。

作为我国住房租赁市场发展试点城市，广州、深圳、佛山相继开展系列地方性制度建设和实践尝试，一方面鼓励住房租赁市场发展，引导多方参与住房租赁市场，多渠道加大住房租赁房源供给；另一方面加强市场监管，完善城市住房租赁市场秩序。2017年1月，广东省人民政府办公厅出台《关于加快培育和发展住房租赁市场的实施意见》明确鼓励住房租赁消费，并

---

① 《2019年粤港澳大湾区房地产市场白皮书》，迈点网，https://www.meadin.com/yj/206477.html。
② 《2019年8月广州市住宅租金动态监测报告》，https://xw.qq.com/cmsid/20191009A0HT7O00。
③ 《重磅｜粤港澳大湾区房地产市场数据报告》，网易网，http://dy.163.com/v2/article/detail/E8HMBGMA0515FD0U.html。

出台系列优惠政策。

2017 年 8 月，《广州市城市总体规划（2017—2035 年）》提出，计划到 2020 年建设租赁类住房不少于 9 万套并逐年提高，扩大市场租赁住房和规模化租赁住房体量，同时完成集体建设用地租赁住房 6 万套。2018 年 11 月，广州出台新增租赁住房有关管理工作通知，推进住房租赁规范化、规模化和产业化进程。2019 年广州下调个人住房租赁税率，鼓励和引导住房租赁市场发展；发布《人才公寓管理办法》，加大人才公寓建设供给；出台《关于规范新增租赁住房有关管理工作的通知》，针对自持租赁住房、利用集体建设用地建设的租赁住房、新建或改造的租赁住房入市做出相应规范。

鼓励和引导住房租赁市场发展，多渠道扩大租赁住房规模，深圳早在 2016 年就出台《深圳市住房保障发展规划（2016—2020）》，计划新增安排筹集建设保障性住房 40 万套；2017 年深圳市人民政府办公厅出台《关于加快培育和发展住房租赁市场的实施意见》，并推出首宗"只租不售"地块，从供应端为租赁市场建设提供保障；2019 年发布《深圳市人民政府关于深化住房制度改革加快建立多主体供给渠道保障租购并举的住房供应与保障体系的意见》。为加强市场监管，建立规范住房租赁体系，2017 年 12 月上线运行深圳住房租赁交易服务平台，2018 年 11 月出台《深圳市房地产监管办法》，建立实名租赁制度；2019 年 10 月推出全国首个稳租金商品房租赁项目，并规定租金年涨跌幅不超 5%。2019 年 11 月更新新版《深圳市房屋租赁合同》，优化合同条款格式，为推行网签奠定基础，并对租赁双方权利、义务进行进一步明确规定。强化城中村租赁市场监管，引导城中村存量房屋开展规模化租赁业务，探索新型改造、运营模式，先后于 2018 年 8 月和 2019 年 3 月出台《深圳市城中村（旧村）总体规划（2018—2025）》和《深圳市城中村（旧村）综合整治总体规划（2019—2025）》；2019 年 11 月深圳宝安区首个国企整体租赁社区物业改造项目——福永意库正式开园。

2017 年 8 月佛山成为我国首批住房租赁试点城市之一，之后便开始积极出台相关配套政策方案。先后出台《佛山住房租赁发展规划（2017—2020 年）》《佛山市利用集体建设用地新建租赁住房土地供应管理实施办法》等系列政策文件，积极进行租赁住房建设，鼓励商业用房建设租赁住房，利用集体建设用地增加租赁住房供应，同时规范管理集体建设用地新建租赁住房、村级工业园改造配建租赁住房、城中村存量房源规模化租赁。2017~2019年广州、深圳、佛山住房租赁热点城市政策梳理见表5。

表5　2017~2019年广州、深圳、佛山住房租赁热点城市政策梳理

城市	时间	政策/文件
广州	2017年3月	《广州市人口发展和基本公共服务体系建设第十三个五年规划（2016—2020年）》
	2017年7月	《广州市加快发展住房租赁市场工作方案》
	2017年8月	《广州市2017—2021年住宅用地供应计划》
	2017年10月	推出首宗"只租不售"地块
	2017年11月	广州住房租赁交易服务平台上线试运行
	2018年1月	《广州市利用集体建设用地建设租赁住房试点实施方案》
	2018年4月	《广州市保障性住房小区管理扣分办法》
	2018年4月	《关于加强住房租赁企业房屋租赁管理有关问题的通知》
	2018年9月	《广州市2018—2020年住宅用地供应三年滚动计划》《广州市2018—2020年住宅用地供应中期规划》
	2018年11月	新增租赁住房管理办法草案
	2019年1月	《广州市黄埔区 广州开发区加快培育和发展住房租赁市场工作方案》
	2019年2月	下调个人住房租赁的税率
	2019年5月	《人才公寓管理办法》
	2019年7月	《关于规范新增租赁住房有关管理工作的通知》
	2019年7月	商业住房等申请改革租赁住房,细则落地
	2019年12月	《广州市发展住房租赁市场奖补实施办法》
深圳	2016年1月	《深圳市住房保障发展规划（2016—2020）》
	2017年9月	《关于加快培育和发展住房租赁市场的实施意见》
	2017年11月	推出首宗"只租不售"地块从供应端为租赁市场建设提供保障
	2017年12月	深圳住房租赁交易服务平台上线试运行
	2018年8月	《深圳市人民政府关于深化住房制度改革加快建立多主体供给多渠道保障租购并举的住房供应与保障体系的意见》
	2018年11月	《深圳市房地产监管办法》
	2018年11月	《深圳市城中村(旧村)总体规划（2018—2025）》
	2019年2月	深圳下调个人住房租赁的税率
	2019年3月	《深圳市城中村(旧村)综合整治总体规划（2019—2025）》
	2019年4月	出台首个长租公寓装修标准

续表

城市	时间	政策/文件
深圳	2019 年 7 月	《关于规范住房租赁市场稳定住房租赁价格的意见(征求意见稿)》
	2019 年 8 月	《深圳市人民政府关于深化住房制度改革加快建立多主体供给渠道保障租购并举的住房供应与保障体系的意见》
	2019 年 10 月	推全国首个稳租金商品房租赁项目,租金年涨跌幅不超 5%
	2019 年 11 月	发布新版《深圳市房屋租赁合同》
佛山	2017 年 6 月	出让首宗"只租不售"地块
	2017 年 7 月	《佛山市开展全国住房租赁试点加快培育和发展住房租赁市场实施方案》
	2018 年 3 月	佛山房屋租赁交易监管服务平台正式上线
	2018 年 4 月	《佛山新建租赁住房管理规定(试行)》
	2018 年 4 月	《佛山市南海区利用农村集体建设用地建设租赁住房管理试行办法》
	2018 年 12 月	《佛山市住房租赁发展规划(2017—2020 年)》
	2019 年 9 月	《佛山市利用集体建设用地新建租赁住房土地供应管理实施办法》等四份文件

资料来源:迈点研究院整理。

三　长租公寓市场发展现状

(一)区域供给分析

当前深圳、广州、佛山、香港为长租公寓布局的重点城市,集中式长租公寓 MBI 品牌指数 TOP 50 的品牌中布局深圳、广州、佛山的比例分别达到 48%、42% 和 14%(见图 4);分散式长租公寓 TOP 50 的品牌中蛋壳

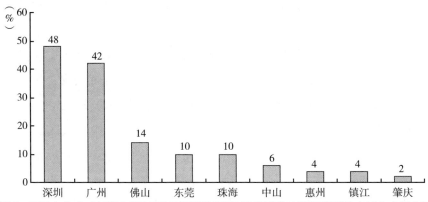

图 4　2019 年集中式长租公寓 MBI 品牌指数 TOP 50 粤港澳大湾区租赁热点城市布局占比

资料来源:迈点研究院。

公寓、自如、建方长租、蜜柚公寓、52团租也积极布局广州、深圳两地。而服务式公寓品牌则以广州、深圳、香港为重点布局城市，MBI品牌指数TOP 40的品牌中布局广州、深圳、香港的品牌占比分别达到18%、12%和12%（见图5）。

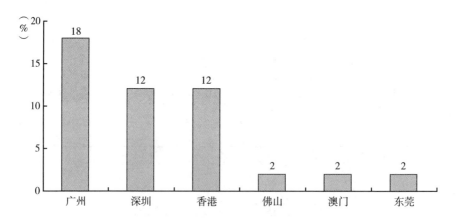

**图5 2019年服务式公寓MBI品牌指数TOP 40
粤港澳大湾区租赁热点城市布局占比**

资料来源：迈点研究院。

截至2019年末，布局广州的集中式长租公寓有乐乎公寓、泊寓、世联红璞、乐乎有朋、冠寓和YOU+国际青年社区、BIG+碧家国际社区、安歆公寓和保利N+公寓等品牌，其中乐乎公寓、泊寓、世联红璞门店数量分别达到35个、31个、29个（见图6），占整体业务体量的17%、9%和29%。

当前广州集中式长租公寓主要由城中村农民房、闲置商用或工业楼宇改造而成，其中还包括少量新建商品住房；相对于分散式长租公寓，集中式长租公寓品牌房源选择余地较小、获取难度较高，前期需要较大的资金投入。区域布局方面交通便利的地铁周边、成熟的社区和配套中心城区，如天河区、海珠区、白云区，是集中式长租公寓品牌门店布局重点。迈点研究院数据显示，集中式长租公寓品牌MBI品牌指数TOP 50中布局海珠区、白云区、天河区、番禺区的品牌占比分别达到30.20%、18.32%、17.33%和12.38%（见图7）。

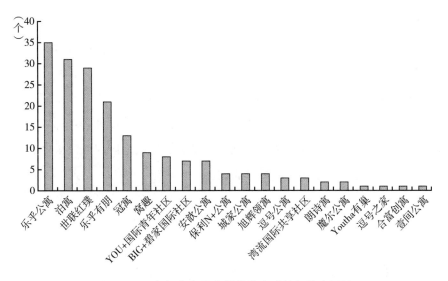

图6 2019 年部分布局广州的集中式长租公寓品牌

资料来源：迈点研究院。

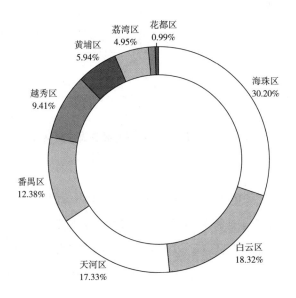

图7 2019 年集中式长租公寓品牌 MBI 品牌指数
TOP 50 广州区域布局

资料来源：迈点研究院。

服务式公寓品牌中辉盛国际旗下雅诗阁服务公寓、盛捷服务公寓、馨乐庭服务公寓、辉盛阁国际公寓等纷纷布局广州，当前门店数量分布达到3个、2个、1个、1个，而国内酒店公寓品牌东呈国际集团旗下铂顿国际公寓和碧桂园集团旗下碧桂园凤祺公寓也相继落地广州（见图8）。天河区、荔湾区、花都区的火车站、天河体育中心、新白云国际机场、花都双全、沙面岛、上下九步行街、珠江新城、五羊新城商圈周边地区因人流量大、资产升值空间大而备受服务式公寓品牌欢迎。

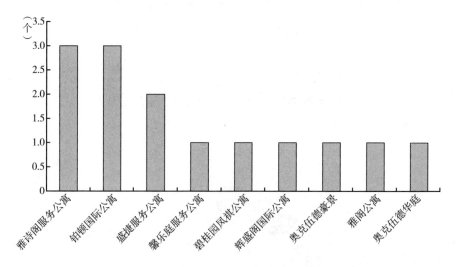

图8　2019年部分布局广州的服务式公寓品牌

资料来源：迈点研究院。

对比广州市场，长租公寓市场品牌在深圳市场布局更为密集，集中式长租公寓品牌MBI品牌指数TOP 50的品牌在深圳的门店总量达到471家，占集中式长租公寓品牌MBI品牌指数TOP 50粤港澳大湾区市场布局的61%。目前布局深圳的集中式长租公寓品牌有泊寓、乐乎公寓、金地草莓社区、湾流国际共享社区、冠寓、城家公寓等，其中泊寓、乐乎公寓、金地草莓社区门店数量分别达到113家、91家和37家（见图9）。从体量上看乐乎公寓、金地草莓社区均将深圳作为品牌发展重要市场，当前深圳的门店体量分别占品牌整体体量的47%和45%。

从区域分布来看，宝安区、龙岗区、龙华区占比较大，集中式长租公寓

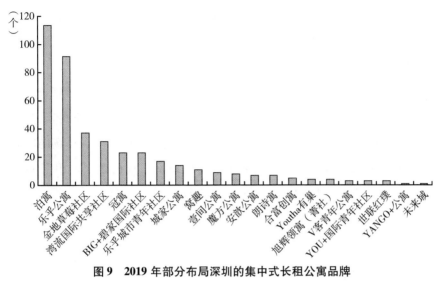

图9 2019年部分布局深圳的集中式长租公寓品牌

资料来源：迈点研究院。

品牌 MBI 品牌指数 TOP 50 在宝安区、龙岗区、龙华区门店布局占比分别达到 30.70%、26.38% 和 17.27%（见图 10）。当前集中式长租公寓深圳门店

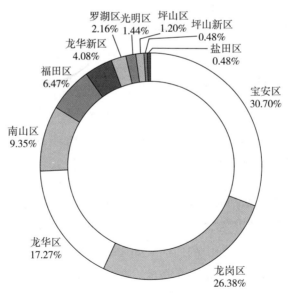

图10 2019年集中式长租公寓品牌 MBI 品牌指数 TOP 50 深圳区域布局

资料来源：迈点研究院。

选址多倾向于交通便利、配套成熟、拿房价格适中的产业园周边地区，因而，产业园密集的宝安区、龙岗区地铁周边区域更受品牌布局青睐，拿房价格较高的福田和罗湖当前布局较少。

当前布局深圳的服务式公寓品牌有雅诗阁服务公寓、辉盛阁国际公寓、辉盛坊国际公寓、盛捷服务公寓、万豪行政公寓和辉盛凯贝丽酒店式公寓，其中雅诗阁服务公寓、辉盛阁国际公寓和辉盛坊国际公寓深圳市场的门店数量为2个（见图11）。选址布局多集中于南山区、福田区、盐田区的华侨城、湾口岸、蛇口、香蜜湖、会展中心以及沙角头等商圈区域。

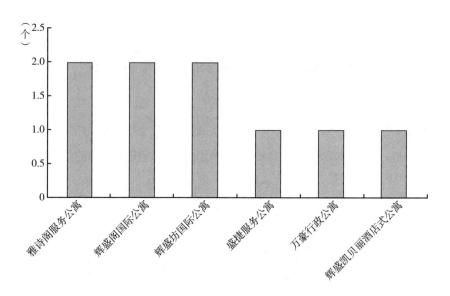

图11 2019年部分布局深圳的服务式公寓品牌

资料来源：迈点研究院。

集中式长租公寓品牌MBI品牌指数TOP 50中布局佛山的品牌有泊寓、世联红璞、冠寓、青巢公寓、YOU＋国际青年社区、朗诗寓和旭辉领寓，其中泊寓和世联红璞在佛山的门店数量分布达到8家和3家（见图12），整体来看品牌在佛山的布局相对保守。当前门店选址方面，南海区和禅城区较受品牌青睐（见图13）。

当前迈点研究院监测的长租公寓品牌布局香港市场的品牌以服务式公寓

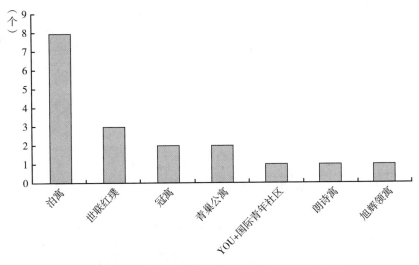

图12 2019 年部分布局佛山的集中式长租公寓品牌

资料来源：迈点研究院。

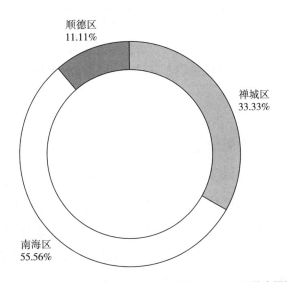

图13 2019 年集中式长租公寓品牌 MBI 品牌指数 TOP 50 佛山区域布局

资料来源：迈点研究院。

为主，集中式长租公寓品牌和分散式长租公寓品牌相对较少。当前布局在香港的服务式公寓品牌有雅诗阁服务公寓、馨乐庭服务公寓、盛捷服务公寓、逸兰服务式公寓、玛莎服务式公寓、尚臻服务式公寓和招商蛇口旗下的服务式公寓项目 CM + 壹棠，其中雅诗阁服务公寓、馨乐庭服务公寓在香港的门店数量为 2 个（见图 14）。西环、上环、湾仔、铜锣湾是品牌选址重点区域布局商圈。

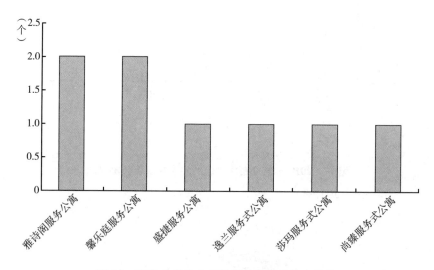

图 14　2019 年部分布局香港的服务式公寓品牌

资料来源：迈点研究院。

（二）产品及服务

产品类型上，广州、深圳长租公寓主流户型为一居室，平均面积在 25 ~ 29 平方米，产品形式包括农民房、商品住房、酒店式公寓、LOFT 公寓等。公寓设计符合年轻客群审美需求，简洁大方，并配有家具家电，可基本实现拎包入住。此外品牌公寓运营商还为租客提供清洁、维护的定期服务，并要求租户参加社群活动，以增强用户黏性。

此外值得注意的是受购房压力影响，乐有家研究中心《2018 年深圳住房租赁报告》显示，深圳租房群体中已婚人士占比达到 69%，而未婚人士占比仅为 31%。因而，深圳租房户型需求中除 1 房户型外，满足家庭居住需求的 2 房户型、3 房户型需求量较大，占比分别达到 31% 和 29%，因而租赁市场整租产品需求较高。①

此外，在高城镇化率和大量外来劳动力人口推动下，企业为解决员工住宿问题而设立蓝领公寓，政府安置人才住宿而设立的人才公寓需求旺盛，由蓝领公寓和白领公寓组成的大型综合租赁社区有望成为未来粤港澳大湾区的重要产品类型。

（三）租金走势分析

对比广州、深圳租金走势，2019 年深圳普通公寓租金略高于广州，深圳普通公寓平均月度租金达到 65.97 元/米²，而广州租金走势普通公寓平均月度租金相对较低，为 53.31 元/米²（见图 15）。

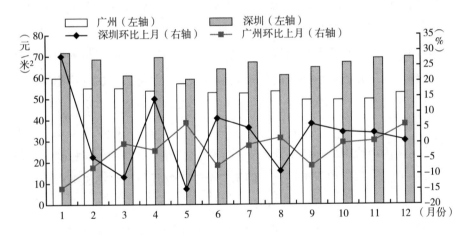

图 15　2019 年广州、深圳普通公寓月度租金变动趋势

资料来源：中国房价行情网。

关注广州普通公寓租金走势，分别于上半年的 5 月和下半年的 8 月达到峰值，月度租金分别达到 57.03 元/米² 和 53.34 元/米²，租金变动主要受毕业生租房和"陪读"家庭需求的影响。从租赁成交量上看，需求旺盛的天河区、海珠区和白云区成交量较大，广州市房地产中介协会数据显示，2019

---

① 《2018 年深圳住房租赁报告》，搜狐网，https://www.sohu.com/a/296395211_ 100025108。

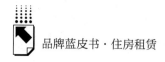

年 8 月天河区、海珠区和白云区租赁成交量占比分别达到 24.23%、23.98% 和 20.90%。①

而深圳普通公寓租金则在上半年的 4 月和下半年的 7 月达到月度租金峰值，分别为 69.47 元/米² 和 67.02 元/米²，租金走势主要受大学生毕业季影响。在区域分布上，高新科技发展企业聚集的南山区、城市中心区域的福田区以及发展较早且配套齐全的罗湖区平均租金水平最高。②

（四）现状总结及趋势预测

作为粤港澳大湾区的中心城市广州、深圳人口吸引力最强，广州和深圳近三年常住人口分别增长了 165 万和 140 万。房价高企，大量的外来人口催生出旺盛的租赁住房需求。此外"房住不炒"的基本政策导向下，中央和地方鼓励住房租赁市场发展的工作不断推进，广州、深圳相继入选九部委公示的我国首批发展住房租赁市场试点城市（2017 年），之后广州入选我国利用集体建设用地建设租赁住房的试点城市、入选住建部公示的住房租赁市场发展试点城市名单（2019 年）。近年来广州、深圳住房租赁板块相关探索不断，政策加码的同时也引导相关企业相继入局。持续稳健的政策推进为粤港澳大湾区住房租赁市场走向平稳提供了保障。此外当前两地住房租赁品牌渗透率普遍偏低，住房租赁市场化发展不充分，更加促使广州、深圳成为头部长租公寓品牌重要的战略布局之地。

为抢占市场份额，前期长租公寓头部品牌扩张迅速，竞争十分激烈，万科集团旗下泊寓、碧桂园旗下 BIG + 碧家国际社区、金地集团旗下金地草莓社区，世联行集团旗下世联红璞以及龙湖集团旗下冠寓等地产系、中介系品牌凭借较强的资金优势和资源优势，规模扩张迅速，积累了大量的客户群体。但在盈利模式不确定的背景下，一味地进行规模扩张也给公寓品牌运营商带来挑战，以万科旗下"万村项目"为例，大规模的万村公

---

① 《2019 年 8 月广州市住宅租金动态监测报告》，腾讯网，https://xw.qq.com/cmsid/20191009A0HT7000。

② 《2018 年深圳住房租赁报告》，搜狐网，https://www.sohu.com/a/296395211_100025108。

寓改造,将公寓板块迅速布局的同时,也给运营商带来了巨大的资金压力,项目最终被迫搁浅放缓。此外,世联行旗下世联红璞也使世联行遭受战略性亏损,进行业务收缩,精选优质项目,轻资产运营成为世联行对公寓板块的重要调整策略。为解决住房机构性矛盾,发展完善住房租赁体系成为城市发展重要探索方向,近年来相关政策和奖补支持力度的不断加码,为企业探索住房租赁提供了较好的环境。此外作为我国乃至全球经济增长最快的经济区域之一的粤港澳大湾区核心城市,广州、深圳两地租房群体收入较高,整体租金承压能力相对较强。另外,以家庭为单位的租客群体规模不断扩大,租客生命周期延长;企业员工宿舍、政府人才公寓、康养需求攀升,促使长租公寓品牌推出诸如白领公寓、蓝领公寓、"整租公寓"、政企联合人才公寓、养老公寓等丰富的公寓产品。系列条件为广州、深圳两地长租公寓品牌探索盈利模式,进行精细化运营、产品升级,寻求溢价空间,提供了条件。

进一步盘活和利用好存量资源,进行公寓产品改造,有效降低公寓产品开发运营成本,是粤港澳大湾区住房租赁市场重要探索方向。[①] 2019 年 3 月发布的《深圳市城中村(旧村)综合整治总体规划(2019—2025)》就将深圳城中村的整理方式"由拆改治",有效引导各区在综合整治分区内有序推进城中村住房规模化统租改造。同时当前租客群体以蓝领、白领工作者为主,这也推动着依附于科技园区、产业园区的大型住房租赁社区的诞生。2019 年 3 月深圳市宝安区首个国企整体租赁社区物业改造项目——福永意库正式开园。预计未来存量物业改造的长租公寓产品将会被大量催生。迈点研究院认为,大型住房租赁社区将是开发商背景长租公寓运营商进行居住服务综合服务商转型的重要方向之一,以租赁用房为基础,运营商亦可推出诸如家政服务、物业服务、金融服务、置业服务等衍生产品及服务。

---

① 《重磅 | 中国长租公寓市场发展报告 2018 - 2019》,戴德梁行深圳 E 评估微信公众号,https://mp. weixin. qq. com/s/IwC_ Q7Bf0AwB4Y2rESVH - Q。

参考文献

《2019 年粤港澳大湾区发展研究报告》，百度文库，https：//wenku. baidu. com/view/3347ae7fb9f67c1cfad6195f312b3169a551ea15. html。

《智联招聘发布〈粤港澳大湾区产业发展及人才流动报告〉》，https：//www. hroot. com/d – 9393953. hr。

《重磅 | 粤港澳大湾区房地产市场数据报告》，网易网，http：//dy. 163. com/v2/article/detail/E8HMBGMA0515FD0U. html。

《2019 年粤港澳大湾区房地产市场白皮书》，迈点网，https：//www. meadin. com/yj/206477. html。

《2019 年 8 月广州市住宅租金动态监测报告》，腾讯网，https：//xw. qq. com/cmsid/20191009A0HT7O00。

《2018 年深圳住房租赁报告》，搜狐网，https：//www. sohu. com/a/296395211_100025108。

《重磅 | 中国长租公寓市场发展报告 2018 – 2019》，戴德梁行深圳 E 评估微信公众号，https：//mp. weixin. qq. com/s/IwC_ Q7Bf0AwB4Y2rESVH – Q。

B.10
京津冀城市群住房租赁发展与经验

任开荟　郭德荣*

摘　要：　京津冀城市群是以首都北京为核心的世界级城市群，2019年京津冀城市群生产总值合计达到 84580 亿元人民币，占全国生产总值的比重近 10%。近年来北京外来人口占常住人口的比例基本维持在 30% 以上，房价的居高和严格的限购政策，导致北京住宅供需矛盾突出。政策的稳步推进，为北京住房租赁市场的发展提供了较好的环境，但不可否认，伴随北京持续的产业转移和人口疏解，以及政策性租赁住房和政策性产权房房源量的增长，长租公寓品牌在北京市场面临着更加激烈的竞争。未来，住房租赁市场体系的建设和完善将伴随北京城市更新稳步推进，为高收入群体提供升级化居住配套服务，为大型公司员工公寓和人才租赁社区提供公寓运营服务和丰富的公寓产品，尝试多种运营模式，将是北京长租公寓品牌布局实现突破的关键。相比北京市场，天津置业压力相对较低，租赁周期相对较短，普遍为置业前的过渡需求，进行核心区域布局，考虑租住升级需求是长租公寓品牌提高在天津市场核心竞争力的关键。而河北长租公寓品牌发展则稍逊于北京和天津。

---

* 任开荟，英国阿斯顿大学会计金融学硕士，迈点研究院高级研究员，研究方向为长租公寓、康养品牌等；郭德荣，迈点研究院研究总监，研究方向为文商旅综合体品牌及运营。

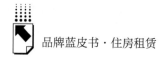

关键词： 京津冀　政策性租赁住房　政策性产权房　公寓运营

一　区域宏观环境

京津冀城市群的定位为以北京为核心的世界级城市群，区域整体协同发展改革指导区、全国创新驱动经济增长新引擎、生态环境改善示范区，是我国政治、文化中心，也是我国北方经济的核心区。区域包括2个直辖市——北京市、天津市以及河北省的保定、唐山、廊坊、石家庄、秦皇岛、张家口、承德、沧州、衡水、邢台、邯郸、定州、辛集、安阳14个地级市。

2019年京津冀城市群生产总值合计达到84580亿元人民币，占全国生产总值近10%，其中北京地区生产总值为35371.3亿元，同比上升6.1%；天津生产总值为14104.3亿元，同比上升4.8%；河北地区生产总值为35371.3亿元，同比上升6.8%（见图1）。

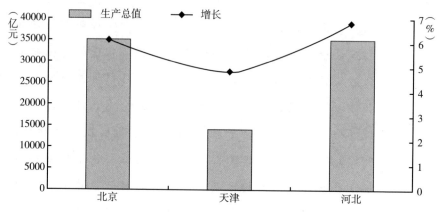

图1　2019年京津冀城市群生产总值和增长率

资料来源：各地统计局，迈点研究院整理。

产业结构不断优化，2019年，京津冀区域第三产业增加值占地区生产总值的比重比上年提高5.5个百分点。北京、天津、河北第三产业比重分别达到84％、63％和51％。区域经济协同发展，以北京、天津、保定、廊坊为区域中心核心功能区，京津保率先发展。2019年京津冀区域产业结构见图2。

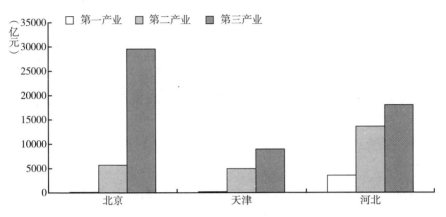

图2　2019年京津冀区域产业结构

注：北京和天津第一产业数额过小，此处无法显示出来。
资料来源：各地统计局，迈点研究院整理。

北京作为我国首都，是国家中心城市、超大城市，全国政治中心、文化中心、国际交往中心、科技创新中心，2019年经济总量占全国的比重达到3.57％。2018年12月央视发布的《中国城市营商环境报告2018》显示，北京综合营商环境排名第一，2019年世界银行发布的《2020营商环境报告》中，北京作为样本，得分78.2分，排名高于日本东京，位列第28位。北京创新创业蓬勃发展，聚集科创板和创新型企业，科技服务业和文体娱乐业企业数量激增。优良的产业结构、良好的影响环境、优质的教育和医疗资源，也吸引了大量的优秀人才在京就业。

2019年末北京常住人口为2153.6万人，其中外来人口为745.6万人，占常住人口的34.62％。此外，北京住宅供给紧缺、房价居高不下以及严格的限购政策，导致越来越多的家庭和外来人口选择租房来满足住房需求。为缓解住房供给矛盾，北京出台系列政策大力发展住房租赁市场，多渠道增加住房供给，积极推动租购并举，筹集建设政策性租赁住房和政策性产权房，同时对参与住房租赁的开发商企业和公寓品牌运营商给予优惠的信贷支持和税收减免。《北京住房和城乡建设发展白皮书（2019）》显示，2018年北京市公有租赁职工集体宿舍项目15个，提供房源近1.2万套；北京市住房租赁市场累计交易254.2万套，同比增长3%。截至2019年8月底，全市共规划建设共有产权住房项目65个（含转化项目33个），提供房源约6.58万套；全市供应自持租赁住房的项目30个，已经开工26个项目，可以提供房源约1.3万套；共确定68个集体土地租赁住房试点项目，现在已开工21个，可以提供房源约2.7万套；商业办公转化、改建租赁住房项目共确定19个，约可提供房源5400多套，总计约4.5万套房源。① 以北京经济技术开发区为例，秉承"工人有保障、中端人才有支持、高端人才有市场"的指导思想，当前已经初步形成单身蓝领公寓、单身白领公寓、人才公租房、专业园区配套租赁住房、共有产权住房、定向销售商品房、普通商品房七类住房构成的住房租赁供应体系。房屋租赁市场正逐渐成为解决北京市常住人口居住问题的重要方式。②

天津作为我国四大直辖市之一，也是我国北方最大的开放城市和工商业城市之一。京津冀协同发展、自贸试验区建设、国家自主创新示范区建设、滨海新区开发开放和"一带一路"建设等系列政策为天津的城市发展创造了难得的机会。近年来，天津持续发展创新协同，新动能不断集聚，科技成果展示交易线上平台建成运营，京津冀大数据综合试验区、西青电子等项目进展顺利，天津港保税区招商影响力不断提升。2018年，天津规模以上工业中，高技术制造业和战略性新兴产业增加值增速分别达到4.4%和3.1%。

2019年，天津常住人口达到1561.83万人，外来人口占全市常住人口的30%左右。为支持战略性创新产业，聚焦"团队+项目"，2018年

---

① 《北京住建委：约4.5万套租赁住房"在路上"》，新浪网，https：//finance. sina. cn/2019 - 09 - 24/detail - iicezzrq8176130. d. html。

② 王飞、于雷、王争等：《北京住房和城乡建设发展白皮书（2019）》，北京市住房和城乡建设委员会，2019。

天津针对高等人才正式启动"海河英才"行动计划，截至2019年底，该行动累计引进人才24万人。受城市流动人口激增、房价攀升等社会经济因素影响，建立完善的住房租赁体系对改善天津城市人口居住环境意义非凡。近年来，天津市不断加快培育和发展住房租赁市场，建立健全住房租赁体系，多渠道加大住房租赁房源供应，鼓励住房租赁消费，据悉，截至2018年底，天津市住房租赁房源规模已达到50余万套、超过3800万平方米，是全市新建商品房和存量住房买卖成交量的1.8倍，初步形成了多元化的住房租赁体系。[①]

二 区域住房租赁政策概要

2017年8月，国土资源部和住房城乡建设部发布《利用集体建设用地建设租赁住房试点的方案》通知，将集体用地列入租赁住房供给来源，北京成为13个首批利用集体建设用地建设租赁住房试点城市之一。2019年，财政部、住建部确定北京、长春、上海、南京、杭州、合肥、福州、厦门、济南、郑州、武汉、长沙、广州、深圳、重庆、成都为2019年中央财政支持住房租赁市场发展试点范围（试点为期3年），其中北京作为直辖市，试点期内将获得每年10亿元的奖补资金。

近年来，北京作为我国发展住房租赁市场最积极、最具代表性的城市之一，陆续发布系列政策鼓励和支持住房租赁市场发展，并推出集体试点土地租赁房项目，与此同时相关市场监管也在逐步落实，推动住房租赁市场的健康快速发展。相关政策主要集中于以下几点。第一，加大政策性住房供应力度，多渠道扩大住房租赁房源供给：加大租赁住房用地供给，落地利用集体建设用地进行租赁住房建设，发展职工集体宿舍、推行人才公寓配租。第二，加强住房租赁行业监管，推动住房租赁市场透明化、规范

---

① 《天津多元化住房租赁体系初步形成 住房租赁市场规模超50万套》，北方网，http://news.enorth.com.cn/system/2019/01/01/036603886.shtml。

化建设；加强公共租赁住房转租转借行为监督管理；防止恶性竞争，稳定租金，完善租赁相关合同规范条款，明确规定出租方不得在租赁期限内单方面提高租金；对互联网租赁信息发放进行严格管控，净化租赁市场，减少虚假房源。第三，鼓励、引导住房租赁行业发展，下调个人住房租赁税率。第四，加大人才住房补贴力度，支持和鼓励住房租赁相关消费，如对优秀人才予以租金优惠；深化"放管服"住房公积金归集工作，规定通过北京住房租赁监管服务平台登记备案租房的，可以按季节以租金实际发生额为限提取住房公积金等。

天津近年先后下发《天津市"海河英才"行动计划》《天津市人民政府办公厅关于培育和发展我市住房租赁市场的实施意见》《关于加强企业自持租赁住房管理的通知》《天津市公共租赁住房管理办法》《市国土房管局关于住房租赁合同网签备案的有关问题的通知（征求意见稿)》等政策通知，增强城市人才吸引力，建立和完善住房租赁体系，加强系列监管，将发展住房租赁市场列入城市重点工作任务。2017～2019 年北京、天津、石家庄住房租赁热点城市政策梳理见表 1。

表 1　2017～2019 年北京、天津、石家庄住房租赁热点城市政策梳理

城市	时间	政策/文件
北京	2017 年 8 月	《利用集体建设用地建设租赁住房试点方案》
	2018 年 3 月	《建设项目规划使用性质正面和负面清单》
	2018 年 5 月	《关于发展租赁型职工集体宿舍的意见》
	2018 年 6 月	《关于优化住房支持政策服务保障人才发展的意见》
	2018 年 8 月	北京首个集体土地租赁住房项目开工
	2018 年 8 月	北京多部门集中约谈长租公寓可租赁企业负责人
	2018 年 11 月	北京公示 5 宗集体租赁住房地块
	2018 年 11 月	《关于进一步加强公共租赁住房转租转借行为监督管理工作的通知》
	2019 年 1 月	第十五届人民代表大会第二次会议,年度政府工作报告,提出进一步完善住房租赁体系和住房保障体系
	2019 年 2 月	下调个人住房租赁税率
	2019 年 5 月	通州发布人才公寓配租通知,符合条件的减免租金

城市	时间	政策/文件
北京	2019 年 6 月	发布《关于深化"放管服"改革做好中央国家机关住房公积金归集工作有关问题的通知》，规定在京内无自有住房，通过北京住房租赁监管服务平台登记备案租房的，可以按季节以租金实际发生额为限提取住房公积金
	2019 年 7 月	发布新版租房合同，发布《北京住房租赁合同》《北京市房屋出租经济服务合同》《北京市房屋承租经济服务合同》三个合同示范文本的通知，规定出租方不得在租赁期限内单方面提高租金
	2019 年 8 月	发布《北京住房和城乡建设发展白皮书（2019）》，加大政策性住房供应力度，2019 年多渠道建设筹集租赁住房 5 万套（间）
	2019 年 10 月	出台《关于规范住房互联网发布本市住房租赁信息的通知》，北京市针对互联网发布租赁信息进行规范
天津	2017 年 6 月	《天津市人民政府办公厅关于培育和发展我市住房租赁市场的实施意见》
	2018 年 7 月	《关于加强企业自持租赁住房管理的通知》
	2018 年 10 月	《天津市公共租赁住房管理办法》
	2018 年 11 月	《市国土房管局关于住房租赁合同网签备案的有关问题的通知（征求意见稿）》
	2019 年 1 月	发布政府报告，指出住房租赁市场发展相关事宜列入主要任务
石家庄	2019 年 2 月	石家庄高新区管委会发布《石家庄高新区培育和发展住房租赁市场实施方案》，鼓励多主体供应租赁住房，加大住房租赁市场监督力度，加大政策支持力度

资料来源：迈点研究院整理。

三　长租公寓市场发展现状

（一）区域供给分析

当前长租公寓品牌京津冀城市群重点布局的城市为北京和天津两地，2019年集中式长租公寓 MBI 品牌指数 TOP 50 中有 50% 和 24% 的品牌分别布局在北京和天津两个城市（见图 3）；服务式公寓 MBI 品牌指数 TOP 40 中布局北京的品牌占比达到 28%，布局天津的品牌占比为 13%（见图 4）。此外北京、天津也是头部分散式长租公寓品牌蛋壳公寓、自如、相寓、美丽屋等重点布局的城市。

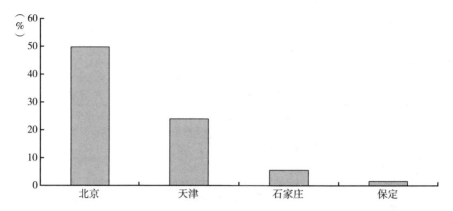

图 3　2019 年集中式长租公寓 MBI 品牌指数 TOP 50 京津冀租赁热点城市布局占比

资料来源：迈点研究院。

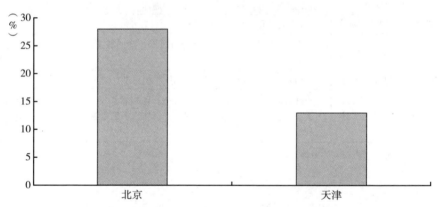

图 4　2019 年服务式公寓 MBI 品牌指数 TOP 40 京津冀租赁热点城市布局占比

资料来源：迈点研究院。

2019 年布局北京的集中式长租公寓品牌有乐乎公寓、乐乎有朋公寓、城家公寓、安歆公寓、泊寓、贝客青年精品公寓等，其中北京乐乎物业管理有限公司旗下乐乎公寓、乐乎有朋公寓，2019 年在北京的门店数量共计达到 62 个，城家公寓 2019 年布局北京的门店数量达到 24 个，而以蓝领公寓为主要产品的安歆公寓在北京的门店数量也已经达到 12 个（见图 5）。

2019 年布局北京的服务式公寓品牌有雅诗阁服务公寓、万豪行政公寓、馨乐庭服务公寓、摩兜公寓、寓居服务公寓等，尽管北京长期以来是资产管

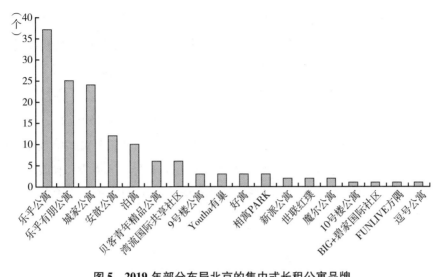

图5　2019 年部分布局北京的集中式长租公寓品牌

资料来源：迈点研究院。

理能力较强的国际服务式公寓品牌布局的重点城市，但在体量上国内新兴品牌如摩兜公寓（成立于 2005 年）、寓居服务公寓（成立于 2007 年）近年扩张较快，在北京的门店数量分布达到 11 个和 9 个（见图 6）。

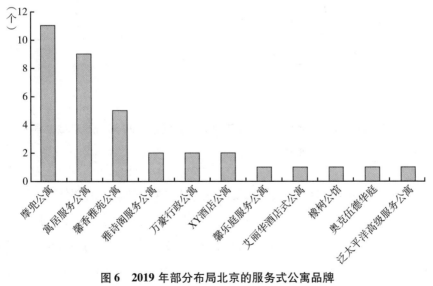

图6　2019 年部分布局北京的服务式公寓品牌

资料来源：迈点研究院。

在区域布局上，朝阳区、大兴区、丰台区是集中式长租公寓品牌、服务式公寓品牌在北京的重点布局区域。其中集中式长租公寓品牌 MBI 品牌指数 TOP 50 中有 46.47%、14.12% 和 13.53% 的品牌分别布局在朝阳区、大兴区、丰台区（见图7）。朝阳区作为北京国际商务交流中心、科技创新中心，CBD 的望京区更是高收入精英群体聚集区域，中端白领公寓、高端服务式公寓需求旺盛，是众多集中式长租公寓品牌和服务式公寓品牌重点布局区域。此外，作为首都商务新区的丰台区和近年来发展迅速的大兴区产业园周边和地铁线沿线区域也成为白领公寓、蓝领公寓项目落地的重点区域。

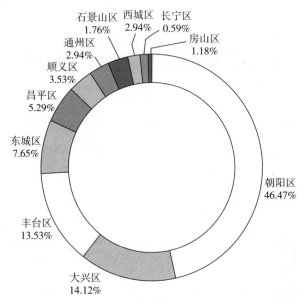

图 7　2019 年集中式长租公寓品牌 MBI 品牌指数 TOP 50 北京区域布局

资料来源：迈点研究院。

2019 年布局天津的集中式长租公寓品牌有泊寓、冠寓、旭辉领寓、YOU + 国际青年社区、BIG + 碧家国际社区等，其中泊寓、冠寓门店数量分别达到 14 个和 10 个（见图8）。服务式公寓品牌中盛捷服务公寓、万豪行政公寓、瑞贝庭公寓酒店、辉盛坊国际公寓、泛太平洋高级服务公寓等也纷纷布局天津（见图9）。

公寓选址多集中于海滨新区、东丽区、河东区，2019 年集中式长租公

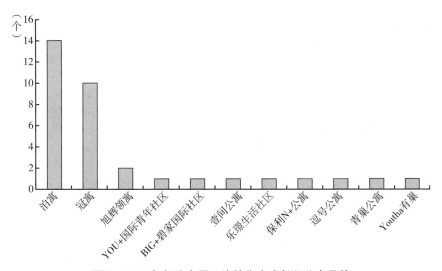

图 8　2019 年部分布局天津的集中式长租公寓品牌

资料来源：迈点研究院。

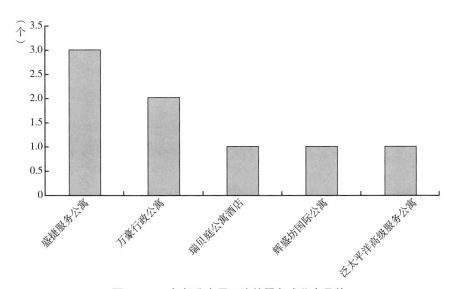

图 9　2019 年部分布局天津的服务式公寓品牌

资料来源：迈点研究院。

寓品牌 MBI 品牌指数 TOP 50 中有 22.22%、18.52% 和 18.52% 的品牌分别布局在海滨新区、东丽区、河东区（见图 10）。近年来天津市推行双城双港战略，和平区、滨海新区成为区域经济核心，和平区城市更新进程加速，而滨海新区则作为经济新区，追求金融、贸易、物流航运、高新技术多产业的协调发展，发展迅速。作为核心城区，和平区、滨海新区住房租赁需求旺盛且资产具有较强的增值空间，因而成为众多公寓品牌布局的核心区域，东丽区、河东区也因邻近滨海新区而成为品牌选址的重点区域，交通便利的地铁、公交沿线地区也成为品牌选址的重点区域。

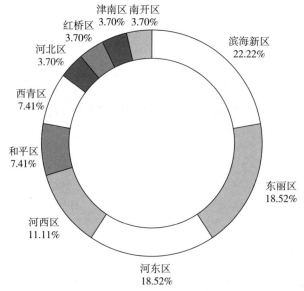

图10　2019年集中式长租公寓品牌MBI品牌指数TOP 50天津区域

资料来源：迈点研究院。

（二）产品及服务

受到住宅用地不断减少、房价高企以及严格限购政策的影响，北京住房租赁需求强劲，值得注意的是北京住房租客租赁周期较长，租客年龄在23~40岁，其中中高端收入的白领人群无疑为北京广泛布局的长租公寓品牌提供了有力保障。BOSS直聘发布的《2019三季度人才吸引力报告》显示，北京2019年第三季度人才吸引力指数排名第一位，达到2.83，平均招聘月薪高达12312元，领跑全国。因而对于部分收入较高，租金价格敏感度较低的租客群体，邻近工作地点、生活便利的 CBD 区域和望京区域是租房首选区域；而对于价格相对敏感的租客，远郊邻近产业园的地铁沿线区域则更受欢迎。根据租客需求，北京当前长租公寓品牌产品的区域布局，呈现较为明显的档次划分。

相比北京长租公寓租客群体，天津租客群体租赁生命周期相对较短，租客年龄集中在 25～35 岁，以白领、情侣为主，值得注意的是租客群体中拥有天津户籍的所占比重较高，达到 36.98%。① 此外，租客中家长陪读、老人改善生活的需求也较为旺盛。当前天津月度租金在 2000～3000 元，装修风格简洁的开间或一居室受欢迎程度较高。租客普遍追求通勤便利、注重生活品质，偏好距离工作地点 45～60 分钟车程范围内且邻近购物中心、医院、学校的公寓。因而，中高端的长租公寓品牌在天津市场具有一定的发展空间。

（三）租金走势分析

截至 2019 年 12 月，北京普通公寓平均月度租金达到 113.76 元/米^2，位居全国首位，与 2018 年普通公寓平均月度租金 112.07 元/米^2 相比有所上升，其中城市核心商圈如金融街、复兴门、交道口以及西单等租金走势仍处于较高水平。整体来看 2019 年北京租金走势在上半年的 2 月"返工潮"和 7 月"毕业季"影响下达到两次峰值，环比上涨幅度分别达到 1.88% 和 17%（见图 11），之后伴随"返乡潮"的到来和政府对于互联网房源管控力度的加强，市场逐渐回归理性。②

与北京租房市场相比，天津普通公寓租金水平明显相对较低，2019 年天津普通公寓平均月度租金为 46.31 元/米^2，并且进入 6 月后，租金出现较大幅度的下跌，之后受到"毕业季"和中小学"陪读"租房需求的影响房

---

① 《意想不到的天津租赁市场！2018 租房大数据已经出炉！》，房天下网，https：//tj. news. fang. com/open/31279546. html。

② 《租金周报 | 第 50 周北京租金均价环比下降 0.87% 市场恢复理性水平》，诸葛找房网，http：//news. zhuge. com/bj/shuju－295011. html。

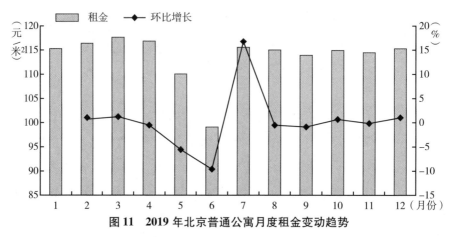

图11　2019年北京普通公寓月度租金变动趋势

资料来源：中国房价行情网。

租出现小幅度的回升。此外，诸葛找房数据研究中心数据显示，天津租房市场对2~3居室房型具有一定的租赁需求。11月淡季到来，租金再次大幅度下跌（见图12）。整体来看，中心城区和平区、南开区、河西区租金水平普遍高于天津平均租金水平。①

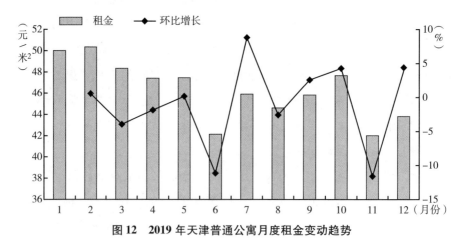

图12　2019年天津普通公寓月度租金变动趋势

资料来源：迈点研究院。

---

① 《受租金市场整顿影响天津2-3居租金小幅上涨》，诸葛找房网，http://news.zhuge.com/tj/shuju-286090.html。

（四）现状总结及趋势预测

北京作为我国首都，是我国中心城市、超大城市，在政治、文化、国际交流、科技创新等多方面扮演着重要角色，因而具有较强的人才吸引力。近年来北京外来人口占常住人口比例基本维持在 30% 以上，而房价的居高和严格的限购政策，导致北京住宅供需矛盾突出。为缓解住房供需矛盾，近年北京出台系列政策培育住房租赁市场主体，积极筹集建设政策性租赁住房和政策性产权房；多渠道增加住房租赁房源供给，加大租赁住房土地供给，预计 2021 年北京将建设 50 万套租赁住房，对参与住房租赁的开发商企业和公寓品牌运营商给予优惠的信贷支持和税收减免。为促进住房租赁市场的健康稳定发展，北京深化"放管服"住房公积金归集工作，鼓励住房租赁相关消费；进行诸如稳定租金、提高房源备案率、净化互联网房源等系列监管。政策的稳步推进，为北京住房租赁市场的发展提供了较好的环境，但不可否认，伴随北京持续的产业转移和人口疏解，政策性租赁住房和政策性产权房房源量的增长，将导致长租公寓品牌在北京的市场竞争更为激烈。

当前北京住房租赁市场分散式长租公寓品牌以蛋壳公寓、自如、青客、美丽屋为主，相对低端小型分散式长租公寓品牌具有一定的竞争力。集中式长租公寓品牌如乐乎公寓、城家公寓、安歆公寓、泊寓、新派公寓、BIG+碧家国际社区、世联红璞等酒店系、房企系和代理机构品牌则凭借资金充足、资源丰富的优势，发展较为稳定。未来，随着北京城市更新的推进和住房租赁市场体系的逐步完善，对老旧物业进行托管运营，为30~40岁群体提供适合家庭居住的租赁住房，为高收入群体提供升级化居住配套服务，广泛为大型公司员工公寓和人才租赁社区提供公寓运营服务，丰富公寓产品、尝试多种运营模式将是布局北京的长租公寓品牌实现突破的关键。

长租公寓品牌在天津的发展主要以和平区和滨海新区为核心进行扩散，尽管当前天津住房租赁市场仍然处于初期发展阶段，但随着天津产业结构的升级、人才政策的加码，未来天津住房租赁市场规模将会逐渐扩大。[①] 此外，与北京市场不同的是，天津置业压力相对较小，当前租客以年轻毕业生为主，租赁周期相对较短，普遍为置业前的过渡，此外值得注意的是租赁群体中有30%的人拥有天津户籍，同时伴有一定的"陪读"租住需求，因而具有一定的品质升级和整租需求。针对核心区域精准布局，进行公寓产品、服务升级将有效提高长租公寓品牌在天津的核心竞争力。

参考文献

《北京住建委：约4.5万套租赁住房"在路上"》，新浪网，https：//finance. sina. cn/2019 – 09 – 24/detail – iicezzrq8176130. d. html。

王飞、于雷、王争等：《北京住房和城乡建设发展白皮书（2019）》，北京市住房和城乡建设委员会，2019。

《天津多元化住房租赁体系初步形成 住房租赁市场规模超50万套》，北方网，http：//news. enorth. com. cn/system/2019/01/01/036603886. shtml。

《意想不到的天津租赁市场！2018租房大数据已经出炉！》，房天下网，https：//tj. news. fang. com/open/31279546. html。

《租金周报丨第50周北京租金均价环比下降0.87% 市场恢复理性水平》，诸葛找房网，http：//news. zhuge. com/bj/shuju – 295011. html。

《受租金市场整顿影响天津2 – 3居租金小幅上涨》，诸葛找房网，http：//news. zhuge. com/tj/shuju – 286090. html。

《重磅丨中国长租公寓市场发展报告2018 – 2019》，戴德梁行深圳E评估微信公众号，https：//mp. weixin. qq. com/s/IwC_ Q7Bf0AwB4Y2rESVH – Q。

[①] 《重磅丨中国长租公寓市场发展报告2018 – 2019》，戴德梁行深圳E评估微信公众号，https：//mp. weixin. qq. com/s/IwC_ Q7Bf0AwB4Y2rESVH – Q。

B.11
成渝城市群住房租赁发展与经验

任开荟 郭德荣*

摘 要： 成渝城市群以我国西部唯一直辖市重庆市和四川省会城市成都为核心，作为我国"一带一路"政策的开放高地和重要节点城市，成都、重庆均具有较强的人才吸引力。住房租赁抵偿政策支持力度的一再加大，为成都住房租赁市场注入了活力。早期，成都住房租赁市场发展迅速，带动新兴行业快速兴起的同时，也暴露了诸多问题，行业洗牌频繁发生，租客和房东合法权益因此无法得到保障。2019年相关部门鼓励住房租赁市场发展的同时，行业监管也在加强。伴随资本市场的降温，各品牌在成都的区域扩张有所放缓，市场整体供给增量也因此趋于放缓。但市场规范的完善和政策支持力度的加强，为成都住房租赁市场稳步发展提供了较好的保障。相比成都，重庆租赁市场处于初期阶段，市场供应的不充足，导致重庆租赁市场竞争局面尚未完全形成，预计伴随重庆经济的发展和相关人才政策的进一步放宽，未来重庆租赁市场将进一步被打开，重庆将成为长租公寓品牌重点布局城市。

关键词： 成渝城市群 行业洗牌 政策监管

---

* 任开荟，英国阿斯顿大学会计金融学硕士，迈点研究院高级研究员，研究方向为长租公寓、康养品牌等；郭德荣，迈点研究院研究总监，研究方向为文商旅综合体品牌及运营。

一　区域宏观环境

成渝城市群以我国西部唯一直辖市重庆市和四川省会城市成都为核心，包括重庆31个区县和四川省15个城市，区域面积达到20.6万平方公里。成渝城市群自然环境优良，产业基础较好，是我国西部人口最为稠密、城镇密度最高的区域，也是我国重要的人口、城镇、产业聚集区，对于引领西部地区加速发展、提升内陆开放水平和增加国际综合竞争力具有重要支撑作用，在我国经济社会发展中具有重要战略地位。

2019年，成都地区生产总值突破17012.65亿元人民币，增长速度达到7.8%，经济增长速度超过全国平均水平。产业结构不断优化，2019年成都第一产业增加值为612.18亿元，同比增长2.5%；第二产业增加值为5244.62亿元，同比增长7.0%；第三产业增加值为11155.86亿元，同比增长8.6%。三次产业结构为3.6∶30.8∶65.6。此外，2018年全市共规划建设66个产业功能区和28个产业生态区，构建以五大先进制造业、五大现代服务业和新经济为支撑的现代产业体系。

作为我国"一带一路"开放高地，近年来成都正加速立体全面开放，努力打造我国西部门户枢纽城市、国际门户枢纽城市。2018年外商直接投资26.9亿美元，落户世界500强企业达到285家，城市综合竞争力排名上升至全国29位、全球71位，跃升至Beta+级。

重庆是"一带一路"节点城市，近年经济发展成绩不俗。2019年地区生产总值突破23605.77亿元人民币，增速达到6.3%。分产业看，第一产业占经济总量的6.57%，实现增加值1551.42亿元，增长6.4%；第二产业占经济总量的40.23%，实现增加值9496.84亿元，增加6.4%；第三产业占经济总量的53.20%，实现增加值12557.51亿元，增长6.4%。

近年来，重庆工业经济处于转型调整期，新兴制造业贡献突出。2018年，重庆高技术产业增加值同比增长13.7%，对规模以上工业增长的贡献率为411.7%。战略性新兴制造业增加值为13.1%，对规模以上工业增长的贡献率为495.2%，已成为工业经济增长的主要动力。其中，新一代新兴技术产业、生物产业、新技术产业、高端装备制造产业分别增长22.2%、10.0%、6.5%和13.4%。新产品产量，如新能源汽车、智能手机、液晶显示屏、工业机器人、风力发电机组、医疗仪器设备及器械也均实现较快增长。服务业总体发展平稳，全市规模以上服务业实现营业收入同比增长超过13%，旅游业发展迅速，全市游客接待量、旅游收入均保持两位数增长，增幅居全国前列。

作为成渝城市群核心城市，成都、重庆均具有较强的人才吸引力。2019年成都城镇化率为74.41%，常住人口为1658.1万人，占四川常住人口规模的19.79%，户籍人口为1500.07万人，同比增长24.02万人。2019年成都就业机会广泛，前三季度成都企业招聘活跃度全国排名第二，同比增长6.27%，求职活跃度全国排名第五。[①] 2019年重庆常住人口为3124.32万人，同比增长22.53万人，城镇化率为66.8%，同比提高1.3个百分点。作为我国重要城市，重庆成为众多高校毕业生就业的重要城市，2018年城镇新增就业人员75.30万人。伴随城市经济的不断发展和产业的不断升级，成都、重庆两地对人才的需求量不断加大，而外来人口的不断增长，也推动两地住房租赁需求的不断攀升。58同城、安居客发布的《2019年中国住房租赁报告》显示，成都租房需求（租赁需求网站访问量）已经超过上海、深圳，仅次于北京。[②]

二　区域住房租赁政策概要

成都、重庆作为成渝城市群的核心城市，近年来城市常住人口规模整体呈上涨趋势，而房价的上涨，更是导致城市住房供需矛盾逐渐突出，为妥善

---

① 《58同城招聘研究院：2019中国卓越雇主报告》，知识库，https：//www.useit.com.cn/thread-25542-1-1.html。

② 《58安居客房产研究院：2019年中国住房租赁报告》，知识库，https：//www.useit.com.cn/thread-25835-1-1.html。

处理城市住房问题，成都、重庆政府相关部门近年反应迅速，相继推出系列政策进行住房租赁体系建设。

2017 年 4 月，成都市公安局发布《关于加快培育和发展住房租赁市场的若干措施》，之后成立住房租赁专业委员会、上线运行成都住房租赁交易服务平台，11 月再次出台系列政策提出建立多主体供给、多渠道保障的住房制度；2018 年成都入选集体建设用地建设租赁住房试点城市，出台《成都市利用集体建设用地建设租赁住房试点实施方案》，并推出《成都市人民政府办公厅关于加快发展和规范管理我市住房租赁市场的意见》，7 月成都出台"人才新政 12 条"，开放落户政策、新增人才公寓，并颁布《关于进一步规范拍卖土地上配建租赁住房管理的实施办法（暂行）》，出台《关于优化住房支持政策服务保障人才发展的意见》；2019 年 3 月成都住房公积金管理中心发布公告，对《成都住房公积金提取管理办法》《关于调整职工提取住房公积金支付房屋租赁费用提取限额的通知》进行修订并公开征求意见，提高租房提取住房公积金采取月度限额，7 月成都入选中央财政支持住房租赁市场发展试点城市、中央财政支持住房租赁发展试点城市，作为省会城市成都将每年获得 8 亿元的奖补（试点期为 3 年）。

2017 年 11 月，重庆市国土房管局和中国建设银行重庆分行签署战略合作协议，双方联手加快住房租赁信息服务平台建设，并为住房租赁企业和个人租赁提供综合融资方案，推动重庆住房租赁市场的发展。2018 年先后发布"竞配建无偿移交公有租赁住房面积"新规，并对违法违规"租金贷"进行整顿。2019 年 7 月，重庆入选中央财政支持住房租赁市场发展试点城市、中央财政支持住房租赁发展试点城市，作为直辖市每年将获得 10 亿元的奖补（试点期为 3 年）。

在系列连续性政策的指引和支持下，成都、重庆正逐渐形成由保障房、人才公寓、品牌公寓多渠道共同构成的住房租赁房源体系，而金融财政的支持和监管力度的不断加强也在推动城市住房租赁市场的健康快速发展，有效改善着城市居民居住环境。2017～2019 年成都、重庆住房租赁热点城市政策梳理见表 1。

表1　2017～2019 年成都、重庆住房租赁热点城市政策梳理

城市	时间	政策/文件
成都	2017 年 4 月	《关于加快培育和发展住房租赁市场的若干措施》
	2017 年 8 月	《成都市开展住房租赁试点工作的实施方案》
	2017 年 8 月	成都住房租赁专业委员会成立
	2017 年 8 月	成都住房租赁交易服务平台上线运行
	2017 年 9 月	《成都市政府公安厅关于转发市房管局等部门拍卖土地建设租赁住房管理暂行办法的通知》
	2017 年 11 月	《成都市房地产业发展五年规划(2017—2021 年)》《成都市住房租赁市场发展五年规划(2017—2021 年)》《成都市住房保障五年规划(2017—2021 年)》
	2018 年 1 月	《成都市利用集体建设用地建设租赁住房试点实施方案》
	2018 年 1 月	《成都市人民政府办公厅关于加快发展和规范管理我市住房租赁市场的意见》
	2018 年 7 月	《关于进一步规范拍卖土地上配建租赁住房管理的实施办法(暂行)》
	2018 年 7 月	《关于优化住房支持政策服务保障人才发展的意见》
	2019 年 3 月	成都住房公积金管理中心发布公告,拟对《成都住房公积金提取管理办法》《关于调整职工提取住房公积金支付房屋租赁费用提取限额的通知》进行修订并公开征求意见
	2019 年 7 月	根据财政部、住建部先后下发的《关于开展中央财政支持住房租赁市场发展试点的通知》《关于组织申报中央财政支持住房租赁发展试点的通知》,成都作为省会城市每年将获得 8 亿元的奖补(试点期为 3 年)
	2019 年 12 月	成都市住建局出台《成都市住房租赁企业信用信息管理办法(试行)》,将对住房租赁企业进行住房租赁企业信用信息管理,并依据评价结果实施差异化管理
重庆	2017 年 9 月	重庆市国土资源和房屋管理局、建设银行重庆市分行签订住房租赁的战略合作协议
	2018 年 5 月	重庆"竞配建无偿移动交共有租赁住房面积"新规
	2018 年 10 月	重庆整顿违法违规"租金贷"行为
	2018 年 10 月	直接免去公有租赁住房无偿移交政府部门等规定
	2019 年 7 月	根据财政部、住建部先后下发的《关于开展中央财政支持住房租赁市场发展试点的通知》《关于组织申报中央财政支持住房租赁发展试点的通知》,重庆作为直辖市每年将获得 10 亿元的奖补(试点期为 3 年)

资料来源:迈点研究院公开资料整理。

三　长租公寓市场发展现状

(一)区域供给分析

伴随成都、重庆住房租赁市场的逐渐兴起,越来越多的品牌开始在两地

展开布局。分散式长租公寓品牌中蛋壳公寓、自如、美丽屋、优客逸家、相寓、蜜柚公寓、宅自由公寓、像素公寓、蜂巢小家、如米公寓、果果青年公寓、房家加公寓等均相继进入成都住房租赁市场,其中成都本地品牌优客逸家近年发展迅速,主要布局主城区房间数量接近 5 万间,而重庆市场也有蛋壳公寓、美丽屋、可加公寓、宅自由公寓、蜗蜗之家、房博士公寓陆续进入。

2019 年集中式长租公寓 MBI 品牌指数 TOP 50 的品牌中分别有 16% 和 18% 的品牌布局成都和重庆(见图 1),门店数量分别达到 51 个和 19 个,因而尽管集中式长租公寓 MBI 品牌指数 TOP 50 均有近 20% 的品牌分别布局成都和重庆,但是从布局力度上看,品牌在重庆的布局力度更大。

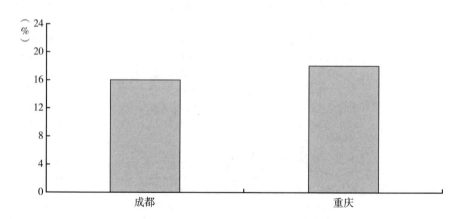

图 1 2019 年集中式长租公寓 MBI 品牌指数 TOP 50 成渝城市群租赁热点城市布局占比

资料来源:迈点研究院。

2019 年布局成都的集中式长租公寓品牌有乐乎公寓、泊寓、魔方公寓、旭辉领寓、朗诗寓、YOU＋国际青年社区、Youtha 有巢、新派公寓等知名品牌,其中乐乎公寓、泊寓、魔方公寓、旭辉领寓、朗诗寓的门店数量分别达到 7 个、6 个、4 个、3 个和 3 个(见图 2)。

以中心城区武侯区、金牛区、成华区、锦江区和城郊的高新区为重点布

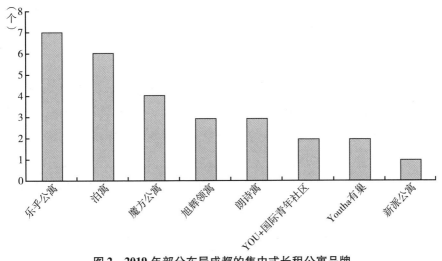

图2　2019年部分布局成都的集中式长租公寓品牌

资料来源：迈点研究院。

局区域，集中式长租公寓 MBI 品牌指数 TOP 50 的品牌中分别有 25.49%、21.57%、17.65% 和 13.73% 的门店布局武侯区、金牛区、高新区、成华区（见图3）。

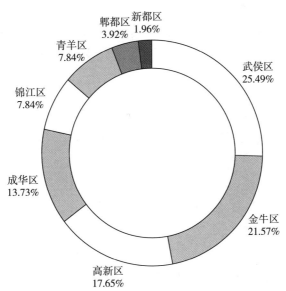

图3　2019年集中式长租公寓品牌 MBI 品牌指数 TOP 50 成都区域布局

资料来源：迈点研究院。

受拿房成本影响，当前集中式长租公寓品牌在传统 CBD 青羊区的布局较少，相反城南新兴商务区、城郊高新区地铁沿线房源则因拿房成本相对较低、客源充足成为集中式长租公寓入局成都必争之地。

2019 年服务式公寓 MBI 品牌指数 TOP 40 中有 15% 的品牌布局成都，主要为国际品牌如盛捷服务公寓、雅诗阁服务公寓、馨乐庭服务公寓、辉盛阁国际公寓、雅阁公寓以及逸兰服务式公寓等，多集中于锦江区、武侯区人民南路、天府大道等繁华地段。

集中式长租公寓品牌在重庆的布局以冠寓、泊寓、旭辉领寓等品牌为主，但除冠寓区域门店数量达到 10 个以外，大多数品牌如旭辉领域、朗诗寓、BIG＋碧家国际社区、壹间公寓等品牌在重庆的门店数量仅为 1 个（见图 4）。

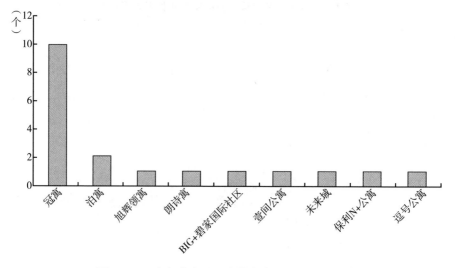

图 4　2019 年部分布局重庆的集中式长租公寓品牌

资料来源：迈点研究院。

门店选址方面重庆与成都呈现相似的特点，传统城区如渝中区布局较少，而经济发展速度较快的新兴经济区如九龙坡区、北碚区和两江新区则成为集中式品牌重点布局区域，2019 年集中式长租公寓品牌 MBI 品牌指数 TOP 50 的品牌在九龙坡区、北碚区、两江新区的门店布局分别达到 28.57%、14.29% 和 14.29%（见图 5）。

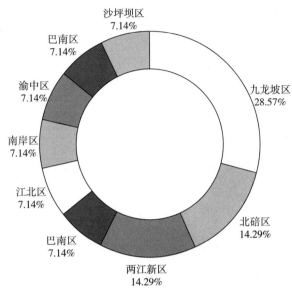

图 5　2019 年集中式长租公寓品牌 MBI 品牌指数 TOP 50 重庆区域布局

资料来源：迈点研究院。

服务式公寓如盛捷服务公寓、雅诗阁服务公寓和途家盛捷服务公寓均在重庆开设 1 家门店，门店选址多集中于渝中区、南岸区靠近景点、核心商圈的商务大厦。

（二）产品及服务

当前成都住房租赁市场以中端消费群体为主，年轻白领、自由职业者、陪读、学生是租客群体的主要组成部分。成都长租公寓租客承租能力相对较高，《50 城房租收入比研究报告》显示，2019 年上半年成都一居室租金收入比为 54%，高于报告中 50 城一居室平均房租收入比 45.04%；合租租金收入比为 21.1%，低于 50 城房合租平均房租收入比 26.27。① 可见性价比较高的一居室公寓产品在成都租赁市场较为受欢迎，针对白领客群，进行产品、服务升级，提供居住环境优良、生活便利、社交活动质量较高的公寓产

---

① 《2019 年我国重点 50 城租金收入情况分析　租金回报率整体比较低　一二线城市具备租房压力》，中国报告网，http://free.chinabaogao.com/gonggongfuwu/201912/12124D3132019.html。

品，寻求产品溢价是近两年长租公寓品牌在成都市场提升区域竞争力的重要突破口。

重庆租房群体以单身白领群体为主，且对于品质较高的公寓产品具有一定的需求。《50城房租收入比研究报告》显示，2019年上半年重庆一居室租金收入比为52.5%，一居室租金收入比高于50城平均房租收入比，而合租租金收入比仅为22.8%。[1] 当前重庆租赁市场以基础公租房和低端房源为主，品质较高的头部长租公寓品牌区域布局相对较少，优质公寓产品供应较为稀缺，存在一定的市场供需不对称现象。

整体来看，成都、重庆住房租赁市场存在较强的品质升级需求，产品多样化有待提高，蓝领公寓存在一定的市场空白。

（三）租金走势分析

2019年成都普通公寓平均月度租金为37.61元/米^2，租金分别在上半年的4月和下半年的7月到达峰值38.66元/米^{2}和39.13元/米^2（见图6）。上半年，租金攀升出现于春节后，受白领更换工作地点、合约到期等因素的影响，租房需求旺盛，高新区桂溪街道、锦江区春熙路街道、督院街街道周边地区受此影响租金出现较为明显的上浮。[2] 而下半年，伴随毕业季7月、8月的到来，租金再次出现较大幅度的上涨，《2019年三季度成都市住房市场平均租金水平信息》显示，中心城区交通便利地区如锦江区春熙路街道和高新区的石羊场街道周边房源是此次租金上涨的核心区域。[3]

与成都相比，重庆2019年普通公寓月度租金相对较低，1～11月普通公寓

---

[1] 《2019年我国重点50城租金收入情况分析 租金回报率整体比较低 一二线城市具备租房压力》，中国报告网，http://free.chinabaogao.com/gonggongfuwu/201912/12124D31320 19.html。

[2] 《2019年一季度成都市住房市场平均租金水平信息》，四川新闻网，http://scnews.newssc.org/system/20190415/000958054.html。

[3] 《成都发布2019一季度住房市场平均租金水平》，本地宝，http://cd.bendibao.com/news/2019416/102620.shtm。

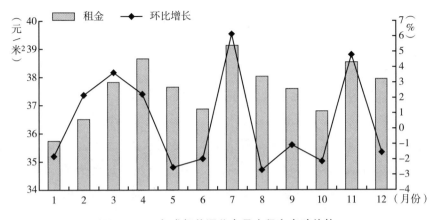

图 6　2019 年成都普通公寓月度租金变动趋势

资料来源：中国房价行情网。

平均月度租金为 31.32 元/米²，租金上浮主要出现于上半年的 3 月和 5 月（见图 7），进入下半年，租金整体处于下降趋势。诸葛找房数据研究中心数据显示，重庆市场空间独立、私密性较好的一居室、二居室更受年轻租客追捧。①

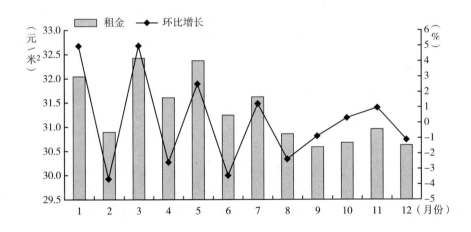

图 7　2019 年重庆普通公寓月度租金变动趋势

资料来源：中国房价行情网。

---

① 《租赁市场"元气恢复"？重庆租金稳中有升，二居室月租金升至 2124 元!》，诸葛找房网，http：//news. zhuge. com/cq/shuju–192725. html。

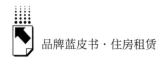

（四）现状总结及趋势预测

成都作为四川省省会城市、西部中心城市，近年来住房租赁市场需求日益旺盛，加之房地产市场具有一定的投资价值，已成为长租公寓品牌布局、深耕的区域市场。尽管从整体体量上看，成都租赁市场稍逊于一线城市，但经过近年的发展成都已逐渐形成较为丰富的住房租赁产品业态。头部品牌集中式长租公寓品牌中乐乎公寓、泊寓、魔方公寓、旭辉领寓、朗诗寓、YOU+国际青年社区，分散式长租公寓品牌自如、蛋壳、美丽屋、相寓、优客逸家，服务式公寓品牌盛捷服务公寓、雅诗阁服务公寓、馨乐庭服务公寓等均凭借较为明确的产品定位、较强的运营能力在成都市场取得了较为长足的发展。

早期，成都地方性长租公寓品牌不断涌现并快速扩张，在带动新兴行业快速兴起的同时，也暴露了有关产品质量、隐私侵犯、租金不稳定、资金链断裂等一系列问题，行业洗牌频繁发生，租客和房东合法权益因此无法得到保障。因而相关部门鼓励住房租赁市场发展的同时，行业监管也在加强。当前全国性长租公寓品牌凭借资金实力、运营优势成为成都住房租赁市场的主导品牌，其中以房企系品牌最为突出。

2019年，财政部、住建部下发《关于开展中央财政支持住房租赁市场发展试点的通知》《关于组织申报中央财政支持住房租赁发展试点的通知》，成都作为省会城市，每年将获得8亿元的奖补（试点期为3年），政策支持力度的进一步加强，为成都住房租赁市场注入了更多活力。

伴随资本市场的降温和市场洗牌，各品牌在成都的区域扩张将有所放缓，市场整体供给增量趋于放缓。但市场规范的完善和政策支持力度的加强，为成都住房租赁市场保持较高的活跃度提供了一定的保障。成都租赁客群承租能力相对较高，且呈现较强的品质升级需求，头部公寓品牌针对租客需求进行产品升级，寻求溢价将成为近年成都租赁市场的主旋律。

重庆租赁市场仍处于初期阶段，当前布局重庆的长租公寓品牌相对较少。集中式长租公寓品牌 MBI 品牌指数 TOP 50 的品牌在重庆的门店数量仅为 19 个，分散式长租公寓品牌 MBI 品牌指数 TOP 50 的品牌中仅有蛋壳公寓、美丽屋、可加公寓等布局重庆，而服务式公寓品牌布局重庆的也仅有盛捷服务公寓、雅诗阁服务公寓和途家盛捷服务公寓。市场供应的不足，导致重庆租赁市场竞争局面尚未形成，预计伴随重庆经济的发展和相关人才政策的进一步放宽，未来重庆租赁市场将进一步被打开，更多长租公寓品牌将会布局重庆市场。此外，当前重庆住房租赁市场以低端公寓产品为主，无法满足年轻租赁群体租赁需求升级的需求，因而中高端标准化产品在重庆市场仍有一定的需求空间。

整体来看，成都、重庆住房租赁市场以政府人才公寓、白领品牌公寓为主，高端公寓产品供应不足、中端产品仍需升级，且针对企业提供服务的员工宿舍、蓝领公寓品牌较少。[①] 2019 年，财政部、住建部下发的《关于开展中央财政支持住房租赁市场发展试点的通知》《关于组织申报中央财政支持住房租赁发展试点的通知》，成都、重庆相继入选试点城市并获得奖补资金，政策的持续推进为两地住房租赁市场稳定健康发展提供了有力的保障。

参考文献

《58 同城招聘研究院：2019 中国卓越雇主报告》，知识库，https：//www. useit. com. cn/thread－25542－1－1. html。

《58 安居客房产研究院：2019 年中国住房租赁报告》，知识库，https：//www. useit. com. cn/thread－25835－1－1. html。

《2019 年我国重点 50 城租金收入情况分析 租金回报率整体比较低 一二线城市具备租房压力》，中国报告网，http：//free. chinabaogao. com/gonggongfuwu/201912/12124D3132019. html。

---

① 《重磅｜中国长租公寓市场发展报告 2018－2019》，戴德梁行深圳 E 评估微信公众号，https：//mp. weixin. qq. com/s/IwC_ Q7BfOAwB4Y2rESVH－Q。

《2019 年一季度成都市住房市场平均租金水平信息》，四川新闻网，http：// scnews. newssc. org/system/20190415/000958054. html。

《成都发布 2019 一季度住房市场平均租金水平》，本地宝，http：//cd. bendibao. com/ news/2019416/102620. shtm。

《租赁市场"元气恢复"？重庆租金稳中有升，二居室月租金升至 2124 元!》，诸葛 找房网，http：//news. zhuge. com/cq/shuju – 192725. html。

《重磅 | 中国长租公寓市场发展报告 2018 – 2019》，戴德梁行深圳 E 评估微信公众 号，https：//mp. weixin. qq. com/s/IwC_ Q7Bf0AwB4Y2rESVH – Q。

B.12
中部经济区住房租赁发展与经验

任开荟　郭德荣*

摘　要：　我国中部地区，东邻沿海，西接内陆，包括山西、河南、安徽、湖北、江西、湖南六个省份。2019年六省地区生产总值达到218738亿元，占国内生产总值的22%。武汉和郑州作为湖北和河南的省会城市，也是我国中部地区的核心城市，经济实力雄厚，且属于人口净流入城市，为区域住房租赁热点城市。当前两地住房租赁需求主要为置业前过渡需求，同时也存在一定的受城市更新影响而出现的阶段性租赁需求，郑州尤为突出。长期来看，综合考虑区域常住人群收入水平，对交通便利区域进行精准布局，提高产品性价比是武汉、郑州两地长租公寓品牌提高区域竞争力的重要手段。而借助城市更新，将住房租赁建设进一步融入城市建设则是城市建立和完善住房租赁体系不可忽视的机遇。

关键词：　中部地区　城市更新　体系建设

一　区域宏观环境

我国中部地区，东邻沿海，西接内陆，包括山西、河南、安徽、湖

---

* 任开荟，英国阿斯顿大学会计金融学硕士，迈点研究院高级研究员，研究方向为长租公寓、康养品牌等；郭德荣，迈点研究院研究总监，研究方向为文商旅综合体品牌及运营。

北、江西、湖南六个省份。中部地区土地面积约为 102.8 万平方公里，占我国国土面积的 10.7%。作为我国内陆腹地，承接东西，贯穿南北，交通发达、人力资源充足，具有很大的经济潜力。近年"中部崛起"战略的逐步落地和"一带一路"倡议的兴起，对促进中部地区经济的健康发展，强化与其他经济区之间的联系、寻求长远发展之策起到了很好的推动作用。2019 年中部经济区生产总值达到 218738 亿元，同比增长 7.3%（见图 1）。

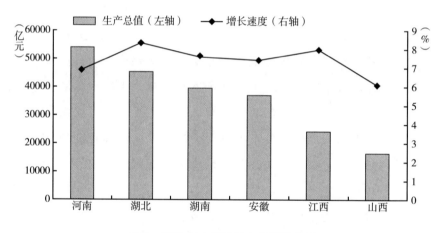

图 1　2019 年中部地区六省经济总量

资料来源：国家统计局，迈点研究院整理。

参考 2019 年各地经济数据关注各地经济结构（见图 2），河南、湖北、湖南、安徽第三产业增加值占比分别为 48%、48%、48% 和 51%。六省省会城市武汉、长沙、郑州、合肥、南昌、太原 2019 年生产总值分别达到 16223.21 亿元、11574.22 亿元、115897.72 亿元、9409.40 亿元、5596.18 亿元和 4028.51 亿元，同比分别增长 7.4%、8.1%、6.5%、7.6%、8.0% 和 6.6%。2019 年郑州、武汉、长沙、合肥、南昌、太原常住人口分别达到 1035.2 万人、1121.2 万人、839.45 万人、818.9 万人、560.06 万人和 446.19 万人。

整体来看，武汉、郑州区域经济实力雄厚，属于人口流入城市，住房租

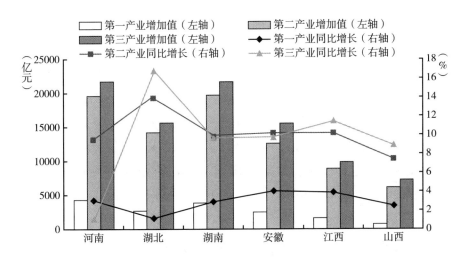

图2 2019年中部地区六省产业结构

资料来源：国家统计局，迈点研究院整理。

赁市场潜力较大。具体分析如下。

武汉是湖北省省会城市，中部六省唯一的副省级城市和特大城市，是我国重要的工业基地、科教基地和综合交通枢纽，中部崛起为武汉进一步发展带来机遇。2019年武汉生产总值突破1.6万亿元人民币，生产总值位居全省第一。三次产业比重为2.3∶36.9∶60.8，其中第三产业增加值达到9855.34亿元。2018年，三大战略性新兴产业中，智能制造产业总产值同比增长18.8%，生命健康、新兴技术营业收入分别增长19.2%和21.5%。

此外，武汉作为我国四大科教中心城市之一，科教综合实力雄厚、教育资源丰富，当前武汉拥有各类普通高校89所，科研机构96所，在校大学生约130万人，高校科研机构数量位居全国第一，在校大学生数量位居全球单个城市前列。武汉自2017年开始实施"百万大学生留汉就业创业工程"，推进大学生留汉政策，对大学生创业、落户、租房以及置业等多方面给予较大的政策支持力度。2018年武汉常住人口为1108.1万人，同比增长1.7%，城镇化率达到80.29%，户籍人口增长量为883.73万人，同比增长3.5%。作为快速发展的人口净流入城市，武汉住房租赁市场潜在需求巨大。

郑州近年经济发展整体处于稳中向好的平稳态势，作为省会城市，对河南省经济发展起到良好的引领作用，2019年经济主要指标势头良好，规模以上工业增长同比增长6.1%，固定资产投资同比增长2.8%，城市经济总量占全省比重的23.36%。三次产业结构不断优化，新材料产业、生物及医药产业、电子信息产业、汽车产业等新兴产业成为经济增长的核心动力，2019年郑州高科技产业增加值同比增长10.9%。便捷的交通、良好的经济环境和人才政策促使郑州近年来成为巨大的劳动力输入和人口红利城市。2019年郑州常住人口为1035.2万人，比上年增加21.6万人，同比增长2.1%；城镇人口为772.1万人，占比为74.6%。中商产业研究院发布的2019年中国最具人才吸引力城市排行榜中，郑州排名第9位。

2003年起，郑州启动城中村改造。2010～2015年，郑州共启动拆迁村庄627个，全域范围内保持着每年100多个村的进度。2018年四环内的175个城中村拆迁完毕。尽管城市建设得到了一定的升级，但却导致城市原有的住房租赁群体失去了租住空间。同时城中村改造安置房交付的不及时，也导致大批城中村居民成为租房户。年轻人口的增加和城中村改造导致的住房供需不及时，共同导致了郑州住房租赁市场的供需矛盾。

二　区域住房租赁政策概要

2017年8月，原国土资源部（现自然资源部）、住房和城乡建设部联合印发《利用集体建设用地建设租赁住房试点方案》，武汉入选首批住房租赁试点城市，随后发布的《关于开展培育和发展住房租赁市场试点工作的实施意见》，指出武汉市将围绕培育住房租赁市场供应主体、建设政府住房租赁交易服务平台、多渠道增加租赁住房供应、完善公租房保障机制、加大住房租赁政策支持力度、加强住房租赁管理和服务六大方面展开相关工作。同年10月召开住房租赁试点工作会议，明确第一批住房租赁市场试点企业，其中包括武汉城投置业投资控股有限公司、武汉城投房产集团有限公司等国有企业平台，也包括诸如碧桂园、保利、万科等房企以及世联红璞、魔方公寓等长租公寓运营商。2017 年 11 月，武汉住房租赁交易平台上线，出台的《武汉市培育和发展住房租赁市场试点工作扶持政策（试行）》，对新建、改建、利用集体建设用地建设租赁住房相关规划和土地支持政策进行明确，并对住房租赁相关企业给予一定税收优惠。

2018 年 1 月 15 日，武汉正式发布《关于规范住房租赁服务企业代理经租社会闲散存量住房的试行意见》，规定承租人人均住房使用面积不得低于 5 平方米，符合条件的客厅可进行装修改造，即 "N + 1" 模式。2018 年 7 月，武汉市人民政府办公厅出台《2018 年建立租购并举住房制度实施方案》，提出将通过新建、改建、配建、长租等多种渠道筹集租赁住房不少于 3 万套（间），并对运营管理租赁住房企业进行发展扶持。

2019 年 7 月，财政部、住建部先后下发《关于开展中央财政支持住房租赁市场发展试点的通知》《关于组织申报中央财政支持住房租赁发展试点的通知》，按照竞争性评审得分，武汉成为试点省会城市之一，将获得每年 8 亿元的奖补。随后 8 月，武汉市房管局表示将多方筹集 35 亿元资金，培育和发展住房租赁市场，构建多主体供给、多渠道保障、租购并举的住房市场格局。11 月，武汉市政局、市住房保障和房屋管理局出台《武汉市住房租赁市场发展专项资金管理办法》，规范住房租赁市场专项资金使用管理，提高资金使用效益。此外，2019 年武汉市相关政府部门也在进一步加强对住房租赁相关企业的支持力度：一方面加强政企合作，武汉洪山区房管局与自如、江寓、蛋壳、龙湖签订人才公寓战略合作协议；另一方面进一步开展试点工作，武汉房管局对外宣布第五批住房租赁试点企业和试点项目名单，新增 10 家试点企业和 10 个试点项目。规范房源改造，2019 年 10 月，武汉市房管局、自然资源和规划局、城乡建设局出台《关于允许商业和办公用房等存量用房改造为租赁住房的指导意见（征求意见稿）》。

2017 年 8 月，郑州市被列为全国首批住房租赁试点城市，随后郑州市人民政府发布《郑州市培育和发展住房租赁市场试点工作实施方案》，提出多部门联动共同培育住房租赁市场供应主体，有效增加租赁住房房源，鼓励住房租赁消费，搭建住房租赁信息化管理平台，深化住房租赁管理体制，落实相关政策支持，为郑州推动住房租赁市场发展奠定主基调。进入 2018 年 5 月，郑州市人民政府办公厅先后发布《郑州市人才公寓建设和使用管理暂行办法》《郑州市青年人才公寓建设工作实施方案》，对人才公寓的建设模式、建设标准、申请条件、分配方式、租金标准和优惠政策等内容进行规定。2019 年 2 月郑州市中原区、金水区人才公寓项目启动建设，3 月郑州市房管局召开全市住房保障和房地产管理年度工作会议，提出继续坚持房住不炒定位，积极培育住房租赁市场，计划新增租赁住房 3 万套（间）。2019 年 7 月郑州入选财政部、住建部开展中央财政支持住房租赁市场发展试点城市、中央财政支持住房租赁发展试点城市，作为省会城市将获得每年 8 亿元的奖补资金（试用期 3 年），大批奖补资金的注入，将对引导郑州进一步培育住房租赁市场起到良好的促进作用。2017～2019 年武汉、郑州住房租赁热点城市政策梳理见表 1。

表 1　2017～2019 年武汉、郑州住房租赁热点城市政策梳理

城市	时间	政策/文件
武汉	2017 年 8 月	武汉入选原国土资源部（现自然资源部）、住房和城乡建设部联合印发的《利用集体建设用地建设租赁住房试点方案》试点城市
	2017 年 8 月	《关于开展培育和发展住房租赁市场试点工作的实施意见》
	2017 年 10 月	武汉市首批住房租赁试点单位公布
	2017 年 11 月	武汉住房租赁交易平台上线
	2017 年 11 月	《武汉市培育和发展住房租赁市场试点工作扶持政策（试行）》
	2018 年 1 月	《关于规范住房租赁服务企业代理经租社会闲散存量住房的试行意见》
	2018 年 7 月	《2018 年建立租购住房并举制度实施方案》
	2019 年 7 月	财政部、住建部先后下发《关于开展中央财政支持住房租赁市场发展试点的通知》《关于组织申报中央财政支持住房租赁发展试点的通知》，武汉作为试点省会城市之一，将获得每年 8 亿元的奖补资金
	2019 年 7 月	武汉洪山区房管局与自如、江寓、蛋壳、龙湖签订人才公寓战略合作协议
	2019 年 8 月	武汉房管局表示将筹集 35 亿元资金，配套发展住房租赁市场
	2019 年 9 月	武汉房管局对外宣布第五批住房租赁试点企业和试点项目名单，新增 10 家试点企业和 10 个试点项目
	2019 年 11 月	武汉财政局、房管局联合发布《武汉市住房租赁市场发展专项资金管理办法》，专项资金主要来源于中央财政对武汉的奖补和地方财政预算安排的资金
	2019 年 12 月	武汉房管局、自然资源和规划局、城乡建设局出台《关于允许商业和办公用房等存量用房改造为租赁住房的指导意见（征求意见稿）》

城市	时间	政策/文件
郑州	2017 年 7 月	《关于在人口净流入的大中城市加快发展住房租赁市场的通知》
	2018 年 1 月	入选利用集体建设用地建设租赁住房 11 个试点城市实施方案
	2018 年 5 月	《郑州市人才公寓建设和使用管理暂行办法》
	2018 年 5 月	《郑州市青年人才公寓建设工作实施方案》
	2019 年 2 月	中原区、金水区人才公寓项目启动建设
	2019 年 3 月	郑州市房管局召开全市住房保障和房地产管理年度工作会议,继续坚持房住不炒定位,积极培育住房租赁市场,计划新增租赁住房 3 万套(间)
	2019 年 7 月	财政部、住建部先后下发《关于开展中央财政支持住房租赁市场发展试点的通知》《关于组织申报中央财政支持住房租赁发展试点的通知》,郑州作为试点省会城市之一,将获得每年 8 亿元的奖补资金

资料来源:迈点研究院整理。

三 长租公寓市场发展现状

(一)区域供给分析

武汉、郑州作为中部地区租赁热点城市,2019 年集中式长租公寓品牌 MBI 品牌指数 TOP 50 中分别有 24% 和 10% 的品牌布局武汉和郑州(见图 3),门店数量分布达到 58 家和 12 家。分散式长租公寓品牌 MBI 品牌指数 TOP 50 中布局武汉的品牌主要为全国性品牌如蛋壳公寓、青客、自如、相寓,地方性品牌江寓近年发展迅速,早在 2018 年房源管理量就突破 30000 间。对比武汉住房租赁市场,布局郑州的分散式长租公寓品牌则更多为区域性品牌,分散式长租公寓品牌 MBI 品牌指数 TOP 50 中郑州区域性品牌有魔方公寓、米兜公寓、蓝立方公寓,而全国性分散式长租公寓品牌仅有相寓一家。服务式公寓品牌在中部热点租赁城市的布局主要集中于武汉,主要有盛捷服务公寓、馨乐庭服务公寓、铂顿国际公寓、名致服务公寓以及纽家服务公寓等,多集中于硚口区、洪山区以及蔡甸经济技术开发区区域商圈地带,而服务式公寓品牌在郑州市场依旧鲜有布局。

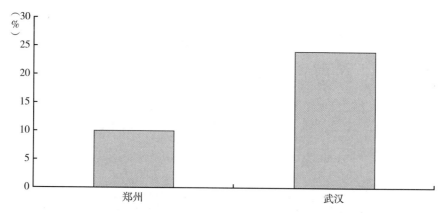

图 3　2019 年集中式长租公寓品牌 MBI 品牌指数 TOP 50 中部地区租赁热点城市布局占比

资料来源：迈点研究院。

　　当前布局武汉的住房租赁品牌以成熟的全国性长租公寓品牌为主，房企系尤为突出，具体品牌主要有冠寓、魔方公寓、乐乎公寓、泊寓、BIG＋碧家国际社区、壹间公寓、安歆公寓、旭辉领寓、世联红璞、保利 N＋公寓以及青巢公寓，其中冠寓、魔方公寓、乐乎公寓当前在武汉的门店数量分布达到 21 家、6 家和 5 家（见图 4）。地方性品牌中仅有可遇公寓进入集中式长租

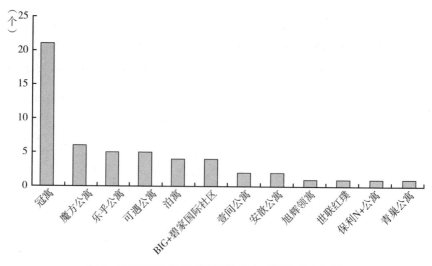

图 4　2019 年部分布局武汉的集中式长租公寓品牌

资料来源：迈点研究院。

公寓品牌 MBI 品牌指数 TOP 50 榜单，该品牌成立于 2014 年，先后获得光谷创业咖啡、雷军顺为资本的投资，房源规模在 2017 年突破 5000 间。

从 2019 年集中式长租公寓品牌武汉区域布局分布来看，洪山区、蔡甸区、江汉区、江夏区为武汉住房租赁热点区域，集中式长租公寓品牌 MBI 品牌指数 TOP 50 中分别有 32. 76%、10. 34%、10. 34% 和 10. 34% 的品牌布局洪山区、蔡甸区、江汉区、江夏区（见图 5）。洪山区作为武汉市中心城区与新城区交界的郊区，拥有武汉大学、华中科技大学、华中农业大学、武汉学院等高校和花山生态新城、光谷关山地区、武汉软件新城等园区基地，产业结构优良，是武汉年轻人聚集的热点区域，因此地铁 2 号线、7 号线沿线街道口，虎泉，南湖，鲁巷区域是集中式长租公寓落地的重点区域。但不可以忽视的是花山生态新城、光谷关山地区、武汉软件新城当前仍然存在交通不便问题，一定程度上影响了区域公寓品牌产品溢价和资产增值。同时江汉区、硚口区也因总体经济环境良好、商圈密布、交通便利而白领租客聚集，成为集中式长租公寓品牌在武汉布局的热点区域。

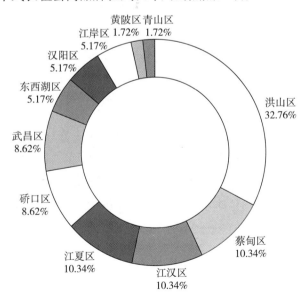

图 5 2019 年集中式长租公寓品牌 MBI 品牌指数 TOP 50 武汉区域布局

资料来源：迈点研究院。

布局郑州的集中式长租公寓品牌以世联红璞、冠寓、泊寓、旭辉领寓以及好寓为代表，其中世联红璞、冠寓、泊寓当前在郑州的门店数量分别达到4个、3个和2个（见图6）。

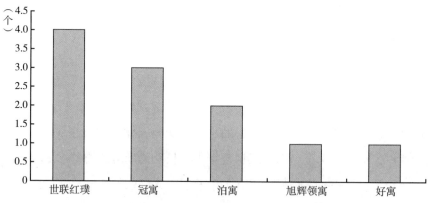

图6　2019年部分布局郑州的集中式长租公寓品牌

资料来源：迈点研究院。

从布局上看，金水区、管城区、二七区、中原区为集中式长租公寓品牌在武汉的重点布局区域，集中式长租公寓品牌 MBI 品牌指数 TOP 50 的品牌中分别有58.33%、25.00%、8.33%和8.33%的品牌布局金水区、管城区、二七区和中原区（见图7）。金水区作为郑州中心城区，是郑州市乃至河南省的政治、经济、文化、金融、信息中心，辖区经济繁荣、交通便利、功能完备，符合年轻租房群体的租住需求，住房租赁需求旺盛。此外管城区作为另一东南部区域老城区，东邻中牟县、并肩二七区、南连新郑市、北接金水区，交通便利，贯穿各城区，商圈集中于5号地铁沿线，并且拥有完备的医疗和教育体系，是集中式长租公寓品牌在郑州的另一重点布局区域。

（二）产品及服务

2019年上半年全国50个典型城市房价收入比排行榜中郑州、武汉分别名列第18名和第26名，房价收入比分别为12.5和10.4，可见两城市房价

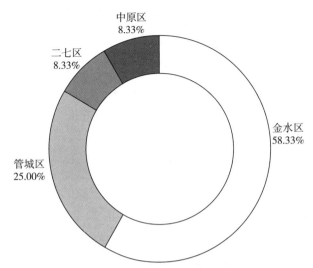

中原区
8.33%

二七区
8.33%

金水区
58.33%

管城区
25.00%

图7 2019年集中式长租公寓品牌MBI品牌指数TOP 50郑州区域布局

资料来源：迈点研究院。

尚且处于市民可承受范围内。[①] 因此当前武汉和郑州的住房租赁需求主要源于常住人口置业之前的过渡性选择，不同的是武汉高校林立，租客群体以大学毕业生和白领群体为主，用户年龄结构更加年轻，而受到城市更新影响的郑州，住房租赁市场存在一定的家庭租赁房型租赁需求，用户结构稍显成熟。

  首先，城市交通建设仍有不完善之处，造成两地区域通勤仍存在时间成本过高的情况，因此通勤的便利性是两地租客考虑的首要因素。其次，武汉、郑州租客价格敏感度相对较高，智联招聘发布的《2019年夏季中国雇主需求与白领人才供给报告》显示，两地2019年夏季求职平均薪酬分别为8229元/月和7470元/月，低于全国37个主要城市平均招聘薪酬8452元/月，排名分别位于第10位和第27位，而刚刚步入职场的毕业生作为住房租赁核心群体收入水平普遍处于更低的水平。[②] 尽管定价

---

① 《2019年上半年全国50城房价收入比排行榜：哪些城市房价比较"良心"？》，中商情报网，https：//www. askci. com/news/chanye/20190724/1738231150301. shtml。

② 《智联招聘发布〈2019年夏季中国雇主需求与白领人才供给报告〉》，http：//marketwatch. hroot. com/company/Detail‐16206‐cn. cis。

较高的长租公寓品牌在两地出租率仍保持乐观，但其主要原因在于两地长租公寓品牌将租金承压能力强、拥有住房补贴的人群作为核心客群。整体来看两地仍为租金敏感度较高的城市，住房租赁市场仍处于初期阶段，市场有待进一步开发，高净值租赁人群尽管是当前两地长租公寓的核心用户，但要想进一步打开租赁市场，提高市场占有率，考虑城市整体收入情况，交通便利区域精准定位，提高产品性价比仍是两地长租公寓品牌下一步运作的核心。

此外从近年两地长租公寓品牌发展状况来看，积极与政府以及企业合作，进行人才公寓、员工宿舍的合作运营，利用政策红利弥补市场初期收益不足，已经成为品牌缓解市场占有率低、盈利周期长的重要手段。而郑州租赁市场针对过渡性租住需求的家庭提供家庭租赁房源，则是长租公寓品牌丰富产品线的又一个突破口。

（三）租金走势分析

2019 年武汉普通公寓平均月度租金为 35.63 元/米^2，租金整体处于下降趋势，下半年伴随毕业季的到来，租赁市场逐渐活跃，租金出现一定程度的上浮，6 月、7 月月度租金分别环比上升 1% 和 5%，并在 8 月到达下半年租金高峰为 37.66 元/米^2（见图 8）。[①] 此外，诸葛找房武汉楼市月报显示，武汉各商圈中，武昌区中北路、江岸区黄埔惠济、江汉路、硚口武胜路、武汉周边葛店等商圈租金处于较高水平。[②]

2019 年郑州普通公寓平均月度租金为 29.14 元/米^2，与武汉不同的是，郑州普通公寓月度租金的上涨主要集中于 5 月和 6 月，月度租金环比上涨幅度分别达到 20% 和 8%，在 6 月达到租金峰值为 33.16 元/米^2（见图 9）。金水和郑东是当前郑州租赁市场最活跃、租金最高的区域，从租金收益情况来

---

① 《武汉楼市月报｜"金九"市场爆冷，新房成交量环比下跌 8.02%》，诸葛找房网，http：//news. zhuge. com/wh/shuju － 260706. html。
② 《武汉楼市月报｜2019 年最后一个月，武汉新房、二手房卖不动，租金却在涨……》，诸葛找房网，http：//news. zhuge. com/wh/shuju － 304961. html。

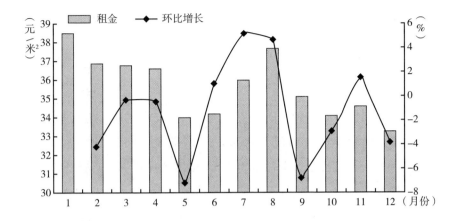

图8 2019年武汉普通公寓月度租金变动趋势

资料来源：中国房价行情网。

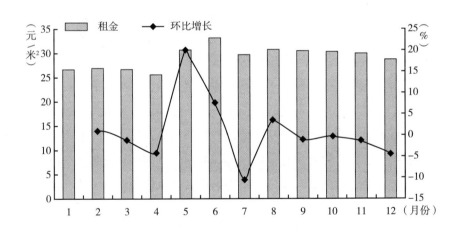

图9 2019年郑州普通公寓月度租金变动趋势

资料来源：中国房价行情网。

看，郑州新区、金水区、惠济区、二七区租金收益较高。① 整体来看，商圈和工业园区的密集程度、交通便利程度与区域住房租赁市场的活跃程度密切

---

① 《2019年郑州市房租市场，全数据分析，用数学解答你的疑问》，地产演绎微信公众号，https：//mp. weixin. qq. com/s/mMFr8yarsth3bEuNOAToyA。

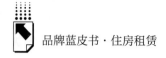

相关，而拿房成本和市场活跃程度造就的产品溢价能力，共同决定着区域公寓产品的收益率。

（四）现状总结及趋势预测

武汉和郑州作为湖北和河南的省会城市，也是我国中部地区核心城市，经济实力雄厚，且属于人口净流入城市，住房租赁市场潜力较大。2017年8月，武汉、郑州入选我国首批住房租赁13个试点城市，之后地方政府围绕培育和发展住房租赁市场供给、交易服务平台、多渠道增加房源供给、完善保障机制、加大监管力度等多方面先后出台系列政策。2019年7月，财政部、住建部先后下发《关于开展中央财政支持住房租赁市场发展试点的通知》《关于组织申报中央财政支持住房租赁发展试点的通知》，武汉、郑州再次同时入选试点城市，作为省会城市获得财政部每年8亿元的奖补资金，试用期3年。资金的再次注入将为两地政府进一步引导住房租赁发展，丰富住房租赁房源供给、建立完善的住房租赁体系提供有力的支持。尽管当前武汉、郑州住房租赁市场仍然处于初期阶段，但近两年相关政府部门的大力支持，为促进地方租赁市场发展起到了不可忽视的作用，一方面，进行人才公寓建设、完善租赁房源改造细则，通过财政补贴等政策引导住房租赁行业发展，有效扩大了住房租赁房源供给；另一方面，局部性与公寓运营商进行合作，进行租赁交易服务平台建设，租房租赁试点单位的确立，为住房租赁市场的发展注入了活力。

从两地公寓品牌入局体量来看，武汉住房租赁市场相对更为成熟，以集中式长租公寓品牌MBI品牌指数TOP 50布局情况来看，分别有24%和10%的品牌布局武汉和郑州，门店数量分布达到58家和12家。而分散式公寓品牌中入局武汉的全国性成熟品牌明显多于郑州，服务式公寓更是如此。

当前武汉、郑州住房租赁主要为置业前过渡需求，以大学毕业生、白领人群为主；同时存在一定的受城市更新影响而出现的阶段性租赁需求，以郑州尤为突出。由于当前城市公共交通建设仍有不完善之处，通勤便利成为租客考虑的重要因素，因此繁华商圈、高校林立以及科技园密集交通便利的周边地区成为各长租公寓品牌布局的重点区域。受拿房成本、运营成本的客观因素影响，当前两地长租公寓产品价格高于传统"二房东"房源，为缓解发展初期市场占有率低、盈利周期长等矛盾，长租公寓品牌也在积极尝试通过与政府、企业进行合作，借助政策红利渡过困境。① 但长期来看，综合考虑区域常住人群收入水平，对交通便利区域进行精准布局，提高产品性价比是武汉、郑州两地长租公寓品牌提高区域竞争力的重要手段。而借助城市更新，将住房租赁建设进一步融入城市建设则是城市建立和完善住房租赁体系不可忽视的机遇。

参考文献

《2019 年上半年全国 50 城房价收入比排行榜：哪些城市房价比较"良心"？》，中商情报网，https：//www. askci. com/news/chanye/20190724/1738231150301. shtml。

《智联招聘发布〈2019 年夏季中国雇主需求与白领人才供给报告〉》，http：//marketwatch. hroot. com/company/Detail－16206－cn. cis。

《武汉楼市月报丨"金九"市场爆冷，新房成交量环比下跌 8. 02%》，诸葛找房网，http：//news. zhuge. com/wh/shuju－260706. html。

《武汉楼市月报丨 2019 年最后一个月，武汉新房、二手房卖不动，租金却在涨……》，诸葛找房网，http：//news. zhuge. com/wh/shuju－304961. html。

《2019 年郑州市房租市场，全数据分析，用数学解答你的疑问》，地产演绎微信公众号，https：//mp. weixin. qq. com/s/mMFr8yarsth3bEuNOAToyA。

《重磅丨中国长租公寓市场发展报告 2018－2019》，戴德梁行深圳 E 评估微信公众号，https：//mp. weixin. qq. com/s/IwC＿Q7Bf0AwB4Y2rESVH－Q。

---

① 《重磅丨中国长租公寓市场发展报告 2018－2019》，戴德梁行深圳 E 评估微信公众号，https：//mp. weixin. qq. com/s/IwC＿Q7Bf0AwB4Y2rESVH－Q。

品类竞争篇

Competition Environment Analysis

B.13

服务式公寓品牌发展报告

任开荟　郭德荣*

摘　要： 伴随服务式公寓在我国的稳健发展，近年来服务式公寓品牌
指数整体处于上涨趋势，2019 年服务式公寓品牌指数同比上
升 2%，达到 145.63。服务式公寓作为长租公寓品牌产品升
级的重要探索方向，在附加值和盘活率上具有一定的优势，
2019 年开发商集团、酒店集团加速对服务式公寓领域的探
索，涌现出一大批新兴服务式公寓品牌如融创东南开业旗下
"住住"、华住集团旗下凯文公寓、铂涛集团旗下瑰悦服务式
公寓、新鸿基地产旗下 "Townplace 本舍" 等。随着房企系、
酒店系对长租公寓领域布局的逐渐深入，未来服务式公寓品
类的队伍将逐渐壮大，这也标志着酒店、地产租赁、生活服

* 任开荟，英国阿斯顿大学会计金融学硕士，迈点研究院高级研究员，研究方向为长租公寓、
康养品牌等；郭德荣，迈点研究院研究总监，研究方向为文商旅综合体品牌及运营。

务正逐渐走向融合。

关键词： 服务式公寓 品牌升级 品牌入局

一 品牌指数

伴随服务式公寓在我国的稳健发展，近年来服务式公寓品牌指数整体处于上涨趋势，2019 年服务式公寓品牌指数同比上升 2%（见图 1），达到145.63。2019 年盛捷服务公寓、雅诗阁服务公寓、万豪行政公寓、馨乐庭服务公寓、铂顿国际公寓、辉盛阁国际公寓、名致服务公寓、瑞贝庭公寓酒店、艾丽华酒店式公寓、柏雅居服务公寓品牌指数均居前列。

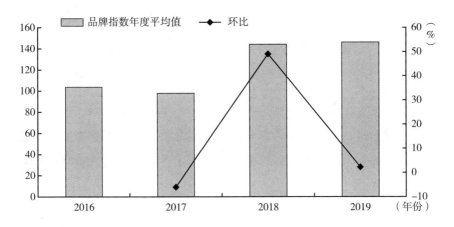

图 1　2016～2019 年服务式公寓品牌指数变动趋势

资料来源：迈点研究院。

2019 年服务式公寓 MBI 品牌指数波动上浮，品牌指数月度平均值由 1月的 133.53 上涨至 12 月的 161.12，在上半年的 3 月和下半年的 9 月出现大幅上升，环比上月上涨幅度分别达到 5% 和 7%（见图 2）。尾部品牌与头部品牌 MBI 品牌指数差距较大，当前服务式公寓头部品牌依旧以老牌国际品牌为主,凭借品牌知名度和成熟的运营模式而在品牌影响力上占据优势,万豪行政公寓、盛捷服务公寓品牌指数屡次在服务式公寓 MBI 品牌指数月度榜单中名列第一。国内品牌中主要以铂顿国际公寓、瑞贝庭公寓酒店、橡树公馆、博乐诗服务公寓 MBI 品牌指数表现较为突出。

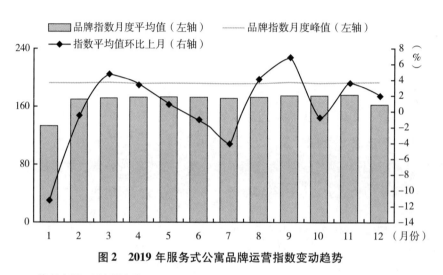

图 2 2019 年服务式公寓品牌运营指数变动趋势

资料来源:迈点研究院。

服务式公寓作为长租公寓品牌产品升级的重要探索方向,近年来,新兴品牌不断涌现,但整体来看多数新兴品牌发展仍然处于初期阶段,受品牌体量、品牌知名度以及实际客群沉淀期间不足的影响,MBI 品牌指数仍较为低迷。

二 搜索指数

搜索指数反映了品牌在各大搜索引擎中的搜索频次,一定程度上能够较好地反映品牌的知名度和潜在客群情况。由于服务式公寓定位高端且多数品牌仍处于发展初期,品牌知名度普遍较低,整体来看该品类搜索指数仍处于较低水平,其中优帕克服务式公寓、橡树公馆、瑞贝庭公寓酒店、辉盛庭国际公寓、雅诗阁服务公寓数据良好。具体关注月度数据,搜索指数月度峰值在下半年的 9 ~ 12 月以博乐诗服务公寓为代表，出现较大幅度的上升（见图 3）。

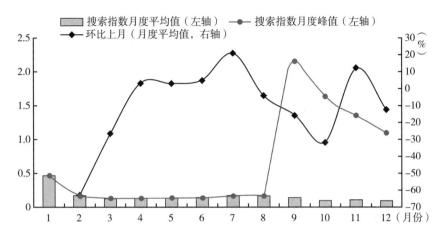

图 3　2019 年服务式公寓品牌搜索指数变动趋势

资料来源：迈点研究院。

从潜在客群所属区域来看，北京、上海、广州等消费水平高、租住需求显著升级的一线城市为高端服务式公寓潜在客群热点区域（见图 4）。从客群年龄结构来看，整体呈现年轻化，以 25 ~ 34 岁群体为主（见图 5）。

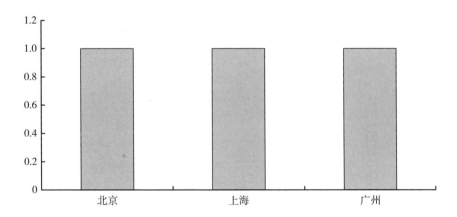

图 4　2019 年服务式公寓品牌潜在客群热点区域

资料来源：360 趋势。

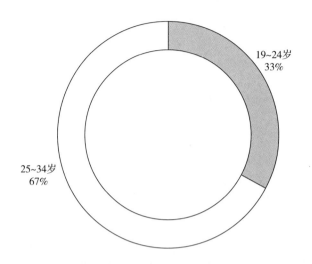

图5　2019年服务式公寓品牌潜在客群年龄结构

资料来源：360趋势。

2019 年服务式公寓品牌布局主要集中于上海、北京、广州三个城市，服务式公寓品牌 MBI 品牌指数 TOP 40 的品牌中在上海、北京、广州的门店数量分别达到 52 家、36 家和 14 家。同时经济基础较好、旅游业发展迅速的长江三角洲城市群和内陆地区区域中心城市也是服务式公寓品牌下沉的重要区域（见图 6）。

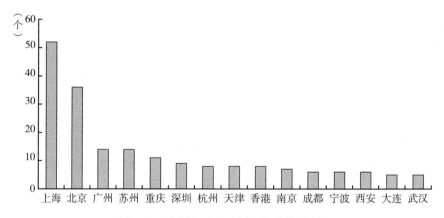

图6　2019年服务式公寓城市门店数量布局

资料来源：迈点研究院。

三 媒体指数

2019 年服务式公寓品牌月度平均媒体指数为 2.51，并在上半年的 3 月和下半年的 11 月达到峰值（见图 7）。2019 年服务式公寓品牌中媒体指数表现突出的品牌有：瑞贝庭公寓酒店、万豪行政公寓、雅诗阁服务公寓、铂顿国际公寓、馨乐庭服务公寓、盛捷服务公寓、辉盛阁国际公寓、博乐诗服务公寓、名致服务公寓和艾丽华酒店式公寓。

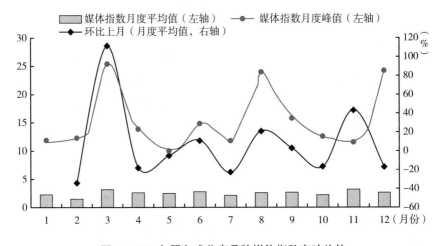

图 7 2019 年服务式公寓品牌媒体指数变动趋势

资料来源：迈点研究院。

媒体指数月度峰值平均值为 15.7，远高于媒体指数月度平均值 2.51，可见媒体对于服务式公寓品牌的关注度主要集中于头部品牌。2019 年，"战略合作""运营模式""新店开业""特色产品服务"等关键词是媒体对于资产升级能力较强的服务式公寓品牌关注的重点。其中"新店开业"动态中以房企系、酒店系品牌产品升级布局服务式公寓最受关注，8 月华住集团旗下城家公寓在上海成立"奢华系列"首店凯文公寓正式开业，据悉该产品定位高端净值人群，公寓主要选址于城市稀缺地段，在产品设计和服务上进行公寓产品再升级。该产品线的推出对产品线本就丰富的城家公寓起到了进一步细化升级的作用，也有助于进一步发挥城家公寓"酒店系"强运营、高品质的优势。① 此外融创东南开业旗下"住住"首店、锦江国际集团旗下窝趣正式发布瑰悦服务式公寓、新鸿基地产香港推出租赁品牌"Townplace 本舍"、招商公寓推出的壹间公寓，也均将产品定位为高端轻奢。可见服务式公寓特有的高附加值、高盘活率极具吸引力，随着房企系、酒店系对长租公寓领域布局的逐渐深入，未来服务式公寓品类的队伍将逐渐壮大，这也标志着酒店、地产租赁、生活服务正逐渐走向融合。

四　舆情指数

2019 年服务式公寓品牌舆情指数年度平均值为 137.51，同比 2018 年服务式公寓舆情指数年度平均值 129.11 上升 6.5%（见图 8）。可见服务式公寓品牌注重服务品质，各品牌根据实际客群在各大 OTA 平台的点评反馈，切实提高服务质量，品牌好评率正逐渐提升。

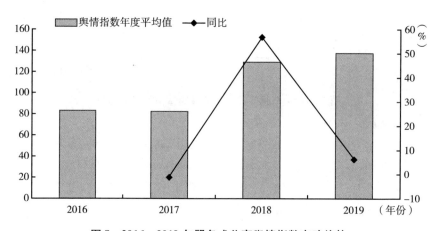

图 8　2016～2019 年服务式公寓舆情指数变动趋势

资料来源：迈点研究院。

---

① 《城家奢华系列首个代表作——凯文公寓盛大亮相》，迈点网，https：//www.meadin.com/pp/202334.html。

2019 年服务式公寓品牌中盛捷服务公寓、雅诗阁服务公寓、馨乐庭服务公寓、辉盛阁国际公寓、名致服务公寓、铂顿国际公寓、艾丽华酒店式公寓、万豪行政公寓、瑞贝庭酒店公寓和柏雅居服务公寓舆情指数均有较好的表现。整体来看，国际酒店集团雅诗阁、辉盛阁国际、万豪、莎玛、奥克伍德等旗下服务式公寓品牌凭借服务的高标准、专业化使舆情指数始终保持在较高水平。相比于国际服务式公寓品牌，国内服务式公寓品牌舆情指数仍旧有待积累和提高，一方面产品和服务品质与国际服务式公寓品牌尚有差距，另一方面部分房地产旗下品牌尚未形成良好的 OTA 运营机制和会员体系。2019 年服务式公寓品牌舆情指数变动趋势如图 9 所示。

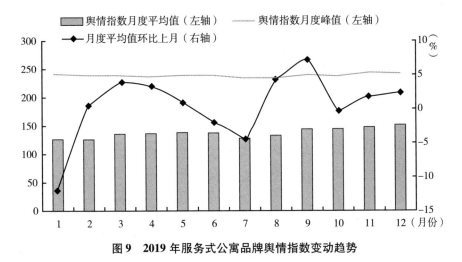

图 9　2019 年服务式公寓品牌舆情指数变动趋势

资料来源：迈点研究院。

当前服务式公寓品牌 MBI 品牌指数 TOP 40 的品牌在主流 OTA 平台艺龙网、携程网、同程旅行、去哪儿网、美团网、大众点评网、猫途鹰网累计点评数量分别达到 138280 条、111434 条、64358 条、64065 条、23287 条、23154 条和 10373 条（见图 10），从点评数据上看，艺龙网、携程网是服务式品牌 2019 年重点布局渠道。

2019 年服务式公寓品牌在艺龙网、携程网、同程旅行、去哪儿网、美

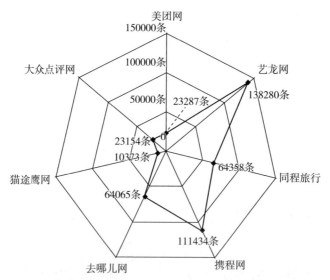

图10 2019年服务式公寓品牌各OTA平台年度点评总量

资料来源：迈点研究院。

团网、大众点评网、猫途鹰网的平均好评率分别为93%、92%、93%、92%、93%、82%和90%（见图11），综合点评数量和好评率来看服务式公

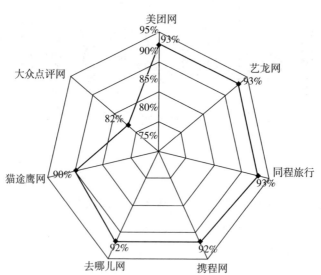

图11 2019年服务式公寓品牌各OTA平台年度平均好评率

资料来源：迈点研究院。

寓品牌在艺龙网、携程网、去哪儿网、同程旅行与实际客群的互动较为频繁，活跃的 OTA 点评是服务式公寓品牌根据用户需求，进一步提升产品和服务质量的重要参考指标。

五　运营指数

2019 年服务式公寓品牌运营指数年度平均值为 5.45，同比上升 9.2%，对比 2018 年增幅有所放缓（见图 12）。2019 年服务式公寓品牌运营指数表现突出的品牌有万豪行政公寓、碧桂园凤祺公寓、优帕克服务式公寓、途家盛捷服务公寓、诗铂高级服务公寓、铂顿国际公寓、雅诗阁服务公寓、盛捷服务公寓、馨乐庭服务公寓和博乐诗服务公寓。

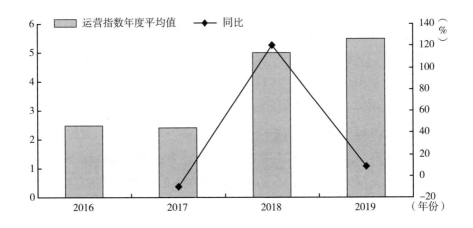

图 12　2016～2019 年服务式公寓品牌运营指数变动趋势

资料来源：迈点研究院。

2019 年服务式公寓品牌运营指数整体处于波动式上升趋势，运营指数月度平均值由 1 月的 4.15 波动上涨至 7.44；受中长期差旅租赁和旅游住宿需求影响，4 月、6 月、7 月成为服务式公寓品牌运营指数上涨幅度较大的月份（见图 13）。

服务式公寓品牌多为酒店集团背景，拥有较强的会员体系管理意识，进

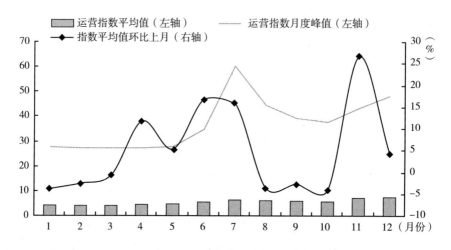

图 13   2019 年服务式公寓品牌运营指数变动趋势

资料来源：迈点研究院。

行官方 App、微博、微信运营，已经成为品牌进行会员体系管理的有效途径。具体数据，截至 2019 年 12 月末，MBI 品牌指数 TOP 40 的服务式公寓品牌中拥有官方 App 的比例达到 24%，根据会员应用场景服务式公寓品牌 App 多设有客房预订、入住登记、积分管理、客房服务等丰富功能，极大地提高了会员入住效率和会员入住体验。

2019 年服务式公寓品牌 MBI TOP 40 的官方微博粉丝数量累计达到 966885 人，与此同时月度微信生态活跃度也在不断上升，微博、微信等新媒体平台正成为服务式公寓品牌进行"战略动态宣传"、"品牌形象塑造"和"门店活动推广"的重要途径，而渠道活跃度的增强也促使品牌影响力进一步提高。迈点研究院认为，伴随短视频时代的到来，通过视频平台积极与会员进行互动将成为下一步服务式公寓品牌进行品牌形象塑造、品牌推广的又一新渠道。但不可否认，尽管线上推广渠道的日益丰富为服务式公寓品牌提供了多元化的线上营销途径，但其中日渐走高的广告费、中介费金额也开始成为中小服务式公寓运营商的困扰。

服务式公寓客单价高，是长租公寓行业中具有较高附加值的品类，近两年该品牌市场开始受到多方关注呈现活跃态势，然而随着市场竞争日益激烈，服务式公寓品牌也不得不开始考虑公寓坪效、入住率、运营成本和退出模式等实际问题。迈点研究院认为，市场初期阶段，回归日常运营，切实提高门店获客能力、提高服务质量是服务式公寓品牌当务之急。[①]

参考文献

《城家奢华系列首个代表作——凯文公寓盛大亮相》，迈点网，https：//www.meadin.com/pp/202334.html。

《服务式公寓高速发展引发投资热潮 回报率处"待定"状态》，迈点网，https：//www.meadin.com/gy/199425.html。

---

① 《服务式公寓高速发展引发投资热潮 回报率处"待定"状态》，迈点网，https：//www.meadin.com/gy/199425.html。

B.14
集中式长租公寓品牌发展报告

任开荟　郭德荣*

摘　要： 2019年品牌指数年度平均值同比下降21.93%，降至27.17。近年来，房企系对长租公寓领域的布局频繁，新生集中式长租公寓品牌不断诞生且多集中于MBI品牌指数尾部，导致集中式长租公寓MBI品牌指数年度平均值一再出现下滑，但也给该品类注入了源源不断的生机。尽管考虑到板块盈利能力有限，相比往年入局房企数量增长速度有所放缓，但截至2019年底，国内TOP 100的房企中布局长租公寓板块的企业占比仍接近25%。综合审批时间和融资成本等因素，当前集中式长租公寓所在集团多以住房租赁专项公司债券为主要融资手段。各集团长租公寓板块战略布局以核心城市区域深耕为主，鉴于集中式长租公寓品牌不断上升的品牌知名度和日渐成熟的运营模式，2019年集中式长租公寓品牌客群开始出现下沉，渠道选择更为集中和直接。发挥社区集中化运营优势，进行蓝领公寓、人才公寓产品运营，是集中式长租公寓品牌的重要战略导向。

关键词： 集中式长租公寓品牌　客群下沉　专项融资　社区运营

---

* 任开荟，英国阿斯顿大学会计金融学硕士，迈点研究院高级研究员，研究方向为长租公寓、康养品牌等；郭德荣，迈点研究院研究总监，研究方向为文商旅综合体品牌及运营。

一 品牌指数

2016～2019 年集中式长租公寓品牌指数整体处于下降趋势，2019 年品牌指数年度平均值降至 27.17（见图 1）。近年来，房企系对长租公寓领域的布局频繁，新生集中式长租公寓品牌不断诞生多集中于 MBI 品牌指数尾部，导致集中式长租公寓 MBI 品牌指数年度平均值一再出现下滑，但也给该品类注入源源不断的生机。

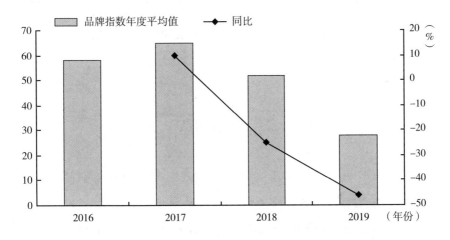

图 1　2016～2019 年集中式长租公寓 MBI 品牌指数变动趋势

资料来源：迈点研究院。

2019 年集中式长租公寓品牌 MBI 品牌指数月度平均值基本处于 5.0～10.0，上半年的 1 月和下半年的 8 月分别攀升至 31.31 和 28.74（见图 2），其中 8 月品牌指数月度平均值环比 7 月上涨幅度为 5%。相比之下，品牌指数月度峰值以头部集中式长租公寓运营商为主，且 MBI 品牌指数值呈现较为明显的优势，其中冠寓、窝趣以及 YOU＋国际青年社区多次高居月度 MBI 品牌指数榜首。2019 年集中式长租公寓品牌 MBI 品牌指数表现突出的品牌有冠寓、YOU＋国际青年社区、泊寓、窝趣、魔方公寓、自如寓、旭辉领寓、朗诗寓、城家公寓、乐乎公寓。

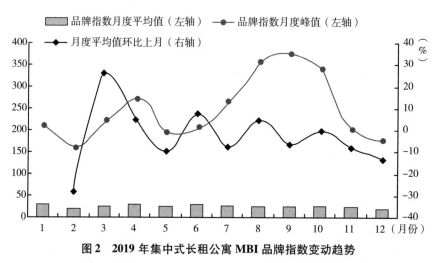

图2　2019 年集中式长租公寓 MBI 品牌指数变动趋势

资料来源：迈点研究院。

二　搜索指数

2019 年集中式长租公寓品牌搜索指数月度平均值在年初的 3 月达到峰值 5.42，之后并未出现大幅上涨，甚至出现小幅度下滑（见图 3）。迈点研究院认为，搜索指数在一定程度上显示了公寓品牌知名度和潜在客群规模，但随着集中式长租公寓品牌知名度的上升和品牌的逐渐成熟，客群开始出现下沉，集中式长租公寓品牌客源渠道正逐渐由初期的 PC 端官网转向租房平台和官方 App，趋向更为集中和直接。2019 年集中式长租公寓品牌中，YOU＋国际青年社区、阳光城家、魔方公寓、乐乎公寓、泊寓、朗诗寓、窝趣、冠寓、保利 N＋公寓、贝客青年精品公寓搜索指数均位居前列。

2019 年集中式长租公寓品牌潜在客群热点区域主要集中于人口密集且经济指标位居全国前列的广东、江苏、浙江、四川、山东、安徽等省份的省会城市以及副省级城市，此外北京、上海、天津、重庆四大直辖市也是集中式长租公寓品牌潜在客群重点集中区域（见图 4）。

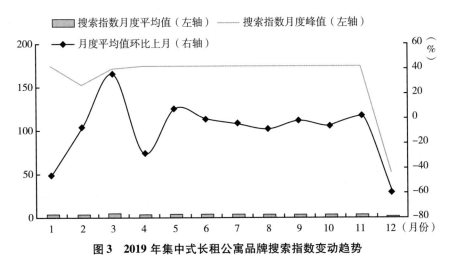

搜索指数月度平均值（左轴） —— 搜索指数月度峰值（左轴）

—◆— 月度平均值环比上月（右轴）

图3　2019 年集中式长租公寓品牌搜索指数变动趋势

资料来源：迈点研究院。

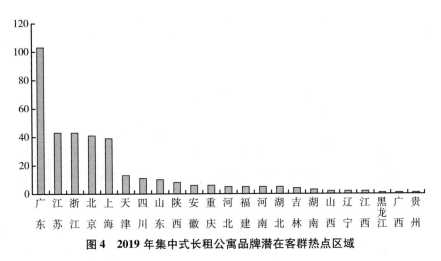

图4　2019 年集中式长租公寓品牌潜在客群热点区域

资料来源：360 趋势。

结合潜在客群热点区域分布，集中式长租公寓品牌积极进行门店布局。整体来看，集中式长租公寓品牌门店选址主要是一线城市深圳、上海、广州、北京，以及新一线城市杭州、南京、武汉、成都、苏州、天津、厦门等（见图5），其中深圳、上海、广州、北京、杭州、南京、武汉、成都门店数量分别达到 417家、366 家、204 家、187 家、172 家、103 家、58 家、51 家（不完全统计）。

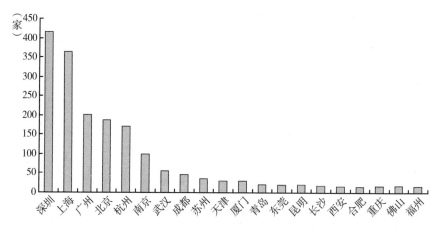

图5　2019年集中式长租公寓品牌门店布局TOP20城市

资料来源：迈点研究院。

　　以房企公寓品牌为例，关注2019年集中式长租公寓品牌落地情况。2019年3月万科集团对外宣布2019年将完成100000间公寓的开业计划，持续扩张的同时，将租赁住宅板块纳入集团核心业务；随后龙湖集团发布年报，年报显示，2018年冠寓开业规模超过50000间，而2019年公司也将继续针对长租公寓板块进行深挖。4月，阳光城旗下青年公寓Yango+开业深圳公寓门店。随后融创旗下公寓品牌"住住"首店ITC归谷中心店开业，定位国际人才公寓，选址杭州钱江新城。7月敏捷集团发布长租公寓品牌泊舍，落地广州。8月万科旗下泊寓、龙湖集团旗下冠寓相继发布中期财报，数据显示，万科已经完成82000间公寓开业，其中74%位于北京、上海、深圳、广州、杭州、天津、成都、厦门、青岛、南京、苏州、武汉、西安、济南等14个核心城市；而龙湖集团旗下冠寓也有6万间公寓开业。9月，朗诗寓再开业南京项目，选址天隆寺地铁站。10月，万科3.0社区式长租公寓北京丰台高立庄集体土地长租公寓预租启动；大悦城控股旗下长租公寓品牌和平大悦城店开业，择址天津繁华商圈。11月，新派公寓成都旗舰店开业，客群定位高端白领；金地集团旗下金地草莓社区开业上海首个精品公寓项目。年末万科与虹桥集团合作项目——虹寓泊寓·虹桥江湾店正式开业；

保利旗下公寓板块与建融住房合作拓展重庆住房租赁市场；魔方公寓入驻武汉融创智谷，为园区企业提供配套住宿服务；冠寓累计开业规模超过80000间。

房企系2019年公寓板块的扩张布局呈现以下几个特点。①住房租赁越来越受到房企关注，成为房企存量地产布局重要突破口，尽管考虑到盈利模式不清晰相比往年入局房企数量增长速度有所放缓，但截至2019年底，国内TOP 100的房企中布局长租公寓板块的企业占比仍接近25%。① ②结合房企系自身资源和资金优势，房企系入局住房租赁板块以集中式长租公寓品类为主。③各集团长租公寓板块战略布局以核心城市区域深耕为主，从数据上看，尽管房企系下集中式长租公寓板块管理规模相比2018年增幅仅为18.9%，但从累计开业规模上看，2019年TOP 100房企系长租公寓品牌累计开业规模增幅达到79.6%。② 2019年集中式长租公寓（房企系）规模排行榜见表1。

表1　2019年集中式长租公寓（房企系）规模排行榜

排名	品牌	开业规模（间）	排名	品牌	管理规模（间）
1	泊寓	100000 +	1	泊寓	230000
2	冠寓	80000	2	冠寓	110000
3	旭辉领寓	26500	3	旭辉领寓	68367
4	朗诗寓	18385	4	BIG＋碧家国际社区	60000
5	壹间公寓	16701	5	朗诗寓	45000
6	BIG＋碧家国际社区	15815	6	Youtha 有巢	42500
7	城方	14206	7	城方	25799
8	金地草莓社区	8436	8	壹间公寓	24670
9	Youtha 有巢	6053	9	FUNLIVE 方隅	19897
10	合景泰富（昕舍、陆舍、誉舍）	6008	10	保利公寓（保利 N＋公寓、保利小 n 公寓）	15000

资料来源：由克而瑞地心引力，迈点研究院整理。

---

① 《榜单发布｜2019年度中国长租公寓规模排行榜》，克而瑞租售微信公众号，https：//mp. weixin. qq. com/s/JGxhwoaC4SwxGiONEqtAgA。
② 《去年前20房企长租公寓突破32万间》，同花顺财经网，http：//news. 10jqka. com. cn/20200109/c616619772. shtml。

数据显示，2019 年集中式长租公寓品牌潜在客群以 19~24 岁以及 25~34 岁大学毕业生、青年白领群体为主，所占比例分别达到 33% 和 53%（见图6），男性群体所占比例高于女性群体，达到 61%（见图7）。根据客群需求

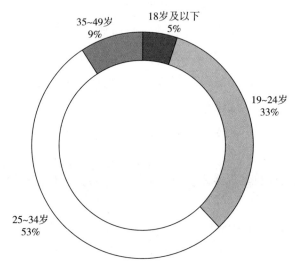

图 6　2019 年集中式长租公寓品牌潜在客群年龄结构

资料来源：360 趋势。

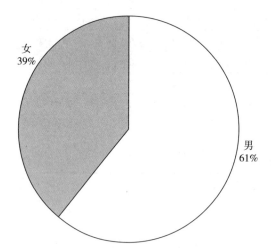

图 7　2019 年集中式长租公寓品牌潜在客群性别结构

资料来源：360 趋势。

进行公寓品牌精细化定位，进一步凸显产品差异化，是集中式长租公寓品牌应对产品同质化和激烈市场竞争的重要手段。

集中式长租公寓品牌落地项目多定位为白领公寓，面积在 20～30 平方米，并且提供独立的卫浴，装修风格切合青年白领客群审美需求，做到有温度、有品位、有个性；而为提高产品议价，部分集中式长租公寓品牌产品定位呈现由中端向高端公寓产品靠拢的趋势，将用户画像逐渐由中等收入客群转向高收入客群。同时结合资产升值需求以及客群所在区域，集中式长租公寓品牌项目选址开始向城市 CBD 进军，并针对海归、国际友人等承租价格能力较强的客群进行产品输出。产品的多元化品质升级以酒店系公寓品牌城家公寓表现最为突出，2019 年城家公寓进一步丰富产品线，7 月公寓奢华系列——凯文公寓首店落地上海，旗下产品线进一步丰富为城家奢华公寓、城家高级公寓、城家公寓、城家精选公寓、馨乐庭服务公寓、CitiGO 欢阁酒店、CitiGO House 欢阁公寓酒店。此外融创东南旗下"住住"国际人才项目落地杭州 CBD 钱江新城，悦城旗下长租公寓品牌大悦乐邑择址天津繁华商圈滨江道南京路，从项目选址来看，城市中心繁华商圈越来越受到集中式长租公寓品牌热捧。

另外，蓝领客群也成为集中式长租公寓品牌除白领公寓以外的又一重点关注客群。安歆公寓、9 号楼公寓（魔方公寓旗下）、碧咚公寓（碧桂园旗下）、旭辉领寓相继开展对蓝领客群、地方人才的客群探索，而这一转变也促使集中式长租公寓品牌将客群定位由 C 端转向企业 B 端和政府 G 端，更加关注企业和相关政府部门的需求，与白领公寓不同，蓝领公寓、人才公寓需求主体更加关注城市运行以及外来务工人员和高等人才的居住保障问题，硬件配备完善、安全健康、管理规范化是地方企业、政府部门选择公寓运营商的首要考虑。

迈点研究院认为，高端白领公寓、人才公寓、蓝领公寓作为集中式长租公寓重要细分市场，相关产品的开展不仅有助于品牌对于细分客群需求的满足，同时也有助于品牌应对同质化、投资回报周期长等一系列问题的解决，而将人才公寓、蓝领公寓作为政策重要扶持方向，也是品牌顺势之举。

三 媒体指数

集中式长租公寓品牌媒体指数月度平均值在上半年的 4 月和下半年的 8 月分别达到 20.32 和 15.49 的峰值，环比上月，上升幅度分别达到 18% 和 8%（见图 8）。整体来看，集中式长租公寓品牌媒体指数在下半年出现较为明显的下滑。然而媒体指数月度峰值则与之相反，在下半年的 7 月、8 月、9 月一路攀升，分别达到 186.17、273.99、293.1，其中冠寓、泊寓媒体指数多次荣登月度榜首。2019 年月度集中式长租公寓品牌中冠寓、泊寓、魔方公寓、窝趣、旭辉领寓、城家公寓、朗诗寓、新派公寓、世联红璞、乐乎公寓年度媒体指数均位于前列。

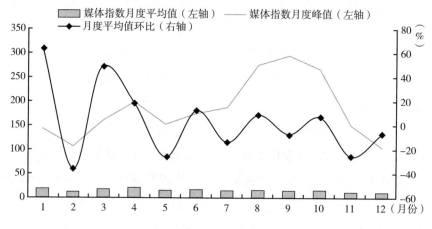

图 8　2019 年集中式长租公寓品牌媒体指数变动趋势

资料来源：迈点研究院。

从百度资讯、国搜头条、房天下、观点地产网、新浪乐居、搜狐焦点、腾讯房产、凤凰房产、中国网地产、新华网地产、和讯地产、迈点网、界面网等主流媒体和专业门户对集中式长租公寓品牌的关注来看，2019 年集中式长租公寓品牌备受关注的动态主要集中于"品牌体量"、"融资并购"、"战略合作"、"行业入局"以及"商业模式"等。

　　首先，长租公寓体量扩张一直备受媒体关注，尽管受资金限制影响，2019 年集中式长租公寓品牌扩张速度有所放缓，但万科旗下泊寓、龙湖旗下冠寓依旧分别开业 10 万间和 8.2 万间，城市布局不断深入，扩张速度明显高于同类品牌。

　　其次，政策引导、资本助推下长租公寓成为存量地产重要板块，诸如华发集团、达鑫集团、绿地集团、华润置地、格力集团、顺丰集团相继入局，其中跨行业入局凸显行业热度更是备受媒体关注。

　　在融资方面，2019 年集中式长租公寓运营商和所属集团融资渠道主要采取以下三种方式：第一，考虑到审批时间和融资成本，住房租赁专项公司债券成为各房地产集团的重要融资手段。2019 年葛洲坝集团、绿城集团、万科集团、宝龙地产、越秀地产、龙湖集团相继发行住房租赁相关公司债券，据统计，2019 年房企集团累计发行住房租赁相关公司债券规模突破 120 亿元人民币，所筹资金多用于发展集团住房租赁板块。第二，发行诸如 ABS、REITs 的资产证券化金融创新产品，以 1 月上海地产发行的全国首单 ABS，8 月佳兆业科创集团发布的首期 ABS 中山证券—佳兆业城中佳画住房租赁 1 期，3 月朗诗绿色集团和平安不动产成立的中国首单合作式长租公寓储架式 REITs 平安汇通—平安不动产朗诗租赁住房 1 期资产支持专项计划最受关注。第三，在股权融资方面，2 月窝趣完成魔方公寓领投的近 2 亿元的 B 轮融资；之后 3 月魔方集团获加拿大机构基金 CDPQ 战略投资；9 月城家公寓正式宣布完成 2 亿美元的 A 轮融资，创下集中式长租公寓单次融资金额最高纪录；12 月安歆集团完成凯雷资本领投的数亿元人民币的 C 轮融资。

　　此外，与长租公寓相关的融资机构、投资平台也频繁成立，着手对中国长租公寓市场进行布局。2 月，睿星资本设立中国长租公寓基金并完成首轮 4.5 亿元的美元募集，未来将专注于改造中国一、二线城市的长租公寓资产；5 月，华住集团与光大安石联合成立泛居住地产投资基金——安住此间投资平台，专注投资中国境内酒店和公寓等不动产物业；7 月，首创置业与首创恒全联合成立首金德创基金、首正德金基金，未来将着眼于城市更新、商办物业项目、长租公寓项目、地产相关文化创意项目以及其他地产相关股权投资项目。此外，中国建设银行作为银行机构长租公寓领域的代表，持续为国家住房制度改革贡献力量，以"平台+金融产品和服务"为金融模式对地级以上城市、线上房源进行覆盖；地方银行也在逐步与住房租赁企业进行租金托管业务以此完善对住房租赁行业的资金监管。

在收并购方面，1月湾流国际青年社区完成对星窝青年公寓的收购，成为星窝青年公寓最大的股东；5月安歆公寓完成对逗号公寓的收购，将蓝领公寓床位数扩张至10万张。两大并购事件的发生推动了行业资源配置优化。

此外集中式长租公寓品牌之间战略合作也备受媒体关注。产业链升级：3月海尔家电与乐乎公寓、鹏运集团达成战略合作，为住房租赁行业进行智慧定制化服务。模式探索：4月城家公寓与歌斐资产开始在重资产领域展开合作，华住集团与光大安石联手成立投资平台。战略布局：5月YOU+联手天津中海海运打造首个存量盘活项目，11月旭辉领寓与毅达汇景达成战略合作，落地首个合作项目，12月保利公寓与建融住房正式开展战略合作，布局重庆市场。

在频繁的入局、资金筹备和战略布局的同时，集中式长租公寓也在积极针对盈利模式进行探索。"轻资产"运营模式以新派公寓主张的"资管力"和乐乎公寓提出的"乐乎有朋"公寓品牌加盟为代表，通过品牌管理的输出实现前期盈利；"重资产"则以城家公寓主张的重资产布局为代表，寻求通过资产盘活实现后期盈利；旭辉领寓则主张轻重并举，将轻资产品牌输出与重资产项目落地相结合，实现品牌输出和资产盘活的双盈利。

四　运营指数

2019年集中式长租公寓运营指数月度平均值的峰值出现于上半年的5月和下半年的11月，分别达到8.02和9.68，环比上升幅度分别达到36%和19%（见图9）。整体来看，下半年品牌运营指数优于上半年，其中6月、

7月、8月、11月运营指数上涨幅度环比上升5%、5%、6%和19%。运营指数月度峰值主要集中于头部品牌自如寓、冠寓、格林公寓，其中自如寓运营指数在10月一度达到112.29。2019年集中式长租公寓品牌中自如寓、窝趣、冠寓、泊寓、贝客青年精品公寓、朗诗寓、LIPPO公社、旭辉领寓、达人嘉公寓、湾流国际共享社区均居于前列。

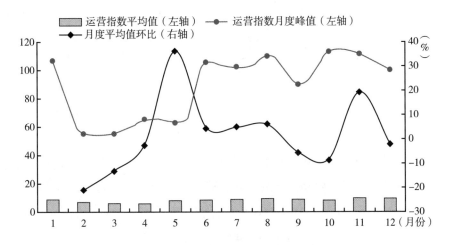

图9　2019年集中式长租公寓品牌运营指数变动趋势

资料来源：迈点研究院。

数据显示，当前集中式长租公寓MBI TOP 100的品牌中拥有官方相关App的品牌占比为39%，App下载数量累计达到44314872次（不完全统计），其中窝趣、自如寓、相寓PARK、湾流国际共享社区、泊寓、冠寓、安歆公寓、V领地青年社区、魔方公寓、城家公寓、世联红璞、BIG+碧家国际社区、YOU+国际青年社区、朗诗寓、乐乎公寓凭借较高的市场占有率和推广能力在App下载数量上占有一定的优势。当前集中式长租公寓App集合地图找房、VR看房、社群活动、保洁维修、合同账户管理几大功能，对于提高公寓运营效率、降低人工成本、提升用户体验起着重要作用。

据统计，集中式长租公寓品牌截至2019年底微博粉丝数量累计达到1576438人，微博、微信等线上平台作为集中式长租公寓品牌当前品牌建设、营销推广的重要手段，当前运营以新品发布、营销推广、活动宣传、战略事件为主，在一定程度上提高品牌知名度、增强品牌方与用户之间的互动，对于品牌进行客群沉淀、提高用户忠诚度起着一定作用。

从 2019 年集中式长租公寓品牌运营战略方向看，发挥集中社区管理优势，进行蓝领公寓、人才公寓产品运营是集中式长租公寓品牌的重要战略导向。人才公寓、蓝领公寓作为集中式长租公寓细分品类，推动着集中式长租公寓将运营模式从 B2C 向 B2B 转型，也推动着集中式长租公寓产品服务走向标准化、规范化。2019 年品牌协同地方政府、科技园、集团企业进行人才公寓、蓝领公寓运营的合作项目屡见不鲜。一方面，地方政府"抢人大战"日渐激烈，人才公寓需求上升，而提供定制化服务和运营托管的集中式长租公寓品牌的出现很大程度上提高了人才公寓的运作品质和效率。国家队长租公寓品牌诸如城方、宁巢公寓运作模式逐渐走向成熟的同时，地产系、创业系长租公寓品牌也相继开展有关业务。6 月旭辉领寓携手国家级平湖经济技术开发区，启动人才公寓项目建设，预计建成后将提供近千套人才公寓；9 月新盛·贝客淮海科技城店与徐州当地政府部门合作的人才公寓项目开始营业，为当地产业园提供专属配套租赁社区配套人才引进工作。另一方面，我国蓝领群体占全国流动人口的 20% 左右，租住需求大，品类覆盖当前存在较为明显的供给缺失，相比白领公寓，蓝领公寓更容易通过空间分割产生租金差，从而在坪效方面形成较为明显的盈利模式优势。当前蓝领公寓品牌以安歆公寓、魔方公寓旗下 9 号楼公寓和筑梦居公寓为代表。2019 年安歆公寓完成对逗号公寓的收购，将床位由 6 万张增加至 10 万张；完成了数亿元的 C 轮融资，商业模式由此得到资本界认可。同时安歆集团旗下品牌不断丰富，已经布局乐寓、智寓、逗号之家、逗号、青巢、美域、阅庭、品御八个公寓子品牌，未来 3 年安歆集团计划新开业 500 家门店，预计每年为千家企业提供超过 50 万人次的住宿服务。同时 2019 年碧桂园推出蓝领公寓品牌"碧咚公寓"，定位企业员工城市宿舍，首店落地天津；顺丰、格力集团、华为也纷纷将蓝领公寓、员工公寓、人才公寓作为入局长租公寓首要突破口。

在业绩方面，集中式长租公寓品牌盈利能力以头部品牌冠寓、泊寓表现最亮眼。2019 年万科集团发布的半年报数据显示，泊寓已经完成 35 个城市的业务覆盖，其中 74% 位于北京、上海、深圳、广州、杭州、天津、成都、厦门、青岛、南京、苏州、武汉、西安、济南等 14 个核心城市，成熟项目（开业半年及以上）的平均出租率为 91%。龙湖集团也在 2019 年年报中披露，集团旗下冠寓完成 6 万间公寓的开业，毛利率为 12%，年末两个品牌体量分别完成 10 万间和 5 万间大关。但不可忽视的是，长租公寓盈利效率相对较低，在一定程度上影响房企系集团业绩表现，甚至出现部分房企系集团剥离长租公寓业务的现象。迈点研究院认为，无论是房企系集中式长租公寓品牌还是创业系、酒店系集中式长租公寓品牌，运营过程中提高品牌线上运营效率、利用营销活动切实提高公寓出租率，进行标准化产品输出、员工专业培训提高产品和服务质量，不断进行模式探索，从而在根本上提高物业资产盘活能力，是集中式长租公寓品牌提高综合运营能力的核心。

参考文献

《榜单发布丨2019 年度中国长租公寓规模排行榜》，克而瑞租售微信公众号，https：//mp. weixin. qq. com/s/JGxhwoaC4SwxGiONEqtAgA。

《去年前 20 房企长租公寓突破 32 万间》，同花顺财经网，http：//news. 10jqka. com. cn/20200109/c616619772. shtml。

B.15
分散式长租公寓品牌发展报告

任开荟　郭德荣*

摘　要：　2016～2019年分散式长租公寓品牌指数年度平均值整体处于
　　　　　下滑趋势，2019年分散式长租公寓品牌指数年度平均值同比
　　　　　下降幅度高达12%，品牌指数年度平均值仅为35.70。受全
　　　　　球经济下滑影响，分散式长租公寓品牌遭遇"资本寒冬"；
　　　　　盈利模式不清晰，品牌资金链难以实现良性运转；"租金贷"
　　　　　"高收低租"行业乱象频发，导致长租公寓品牌状况不断。
　　　　　预计伴随行业优化更新，分散式长租公寓品牌指数表现将在
　　　　　较长一段时间内处于跌宕期。行业乱象的频发也促使相关政
　　　　　府部门在鼓励住房租赁行业快速发展的同时，进行行之有效
　　　　　的政策监管，这也为住房租赁行业的健康持续发展提供了保
　　　　　障。在品牌运营方面，分散式长租公寓品牌2019年尝试进行
　　　　　人才公寓的模式探索和品质质量提升，均有较大的突破。青
　　　　　客、蛋壳公寓相继完成上市，为行业发展注入信心。

关键词：　分散式长租公寓品牌　资本寒冬　行业洗牌　政策监管

一　品牌指数

在新生品牌层出不穷和商业模式不成熟行业洗牌不断的共同作用下，

---

* 任开荟，英国阿斯顿大学会计金融学硕士，迈点研究院高级研究员，研究方向为长租公寓、康养品牌等；郭德荣，迈点研究院研究总监，研究方向为文商旅综合体品牌及运营。

2016～2019 年分散式长租公寓品牌指数年度平均值整体处于下滑趋势，尤其在 2017 年出现较大幅度的下滑，下滑幅度达到 21%，而 2019 年分散式长租公寓品牌指数变动相对平稳，环比 2018 年上升 3%，品牌指数年度平均值仅为 35.70（见图 1），伴随行业优化更新，分散式长租公寓品牌指数将在较长一段时间内处于跌宕期。

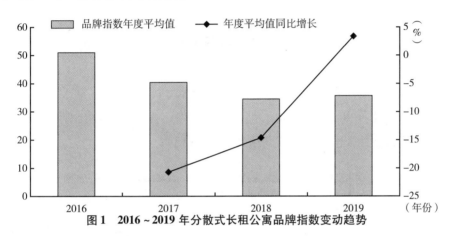

图 1　2016～2019 年分散式长租公寓品牌指数变动趋势

资料来源：迈点研究院。

　　2019 年分散式长租公寓品牌指数月度平均值分别在上半年的 3 月和下半年的 10 月达到峰值 49.94 和 38.76（见图 2），环比上月，上升幅度分别为 10%

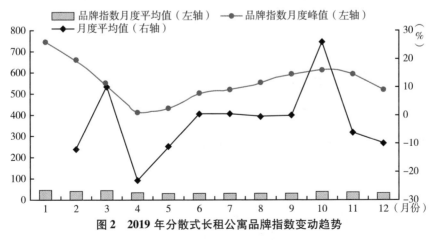

图 2　2019 年分散式长租公寓品牌指数变动趋势

资料来源：迈点研究院。

和26%。品牌指数峰值年度平均值达到557.325，大幅高于品牌指数年度平均值，2019年分散式长租公寓品牌月度峰值主要集中于头部品牌蛋壳公寓和自如租房。整体来看，2019年分散式长租公寓品牌MBI品牌指数表现突出的有蛋壳公寓、自如租房、青客、相寓、包租婆、优客逸家、美丽屋、魔飞公寓、房家加公寓、寓多多等。

二 搜索指数

伴随市场潜在客群需求波动，2019年分散式长租公寓品牌搜索指数月度平均值在上半年的3月和下半年的7月到达高峰，分别达到16.01和9.33，环比上月，增长幅度分别达到27%和13%（见图3）。

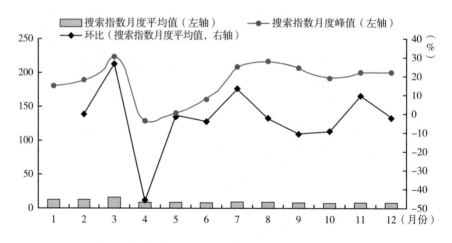

图3　2019年分散式长租公寓品牌搜索指数变动趋势

资料来源：迈点研究院。

与集中式长租公寓品牌相似，分散式长租公寓品牌以19～24岁和25～34岁的青年人为主要客群，所占比例分别达到41%和52%（见图4），不同的是相比于集中式长租公寓品牌，分散式长租公寓品牌租金水平相对较低，潜在客群年龄结构更趋于年轻化，19～24岁群体占比高于集中式长租公寓8个百分点。在性别结构上，分散式长租公寓品牌男性占比54%，女性占比

46%（见图5），对比集中式长租公寓品牌潜在客群性别结构，女性占比相对较高。

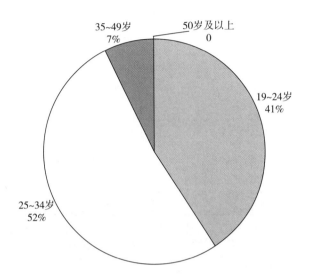

图4　2019年分散式长租公寓品牌潜在客群年龄结构

资料来源：360趋势。

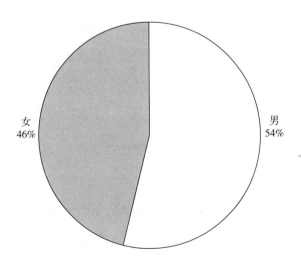

图5　2019年分散式长租公寓品牌潜在客群性别结构

资料来源：360趋势。

数据显示，分散式长租公寓品牌潜在客群热点区域主要出现在北京、湖北、上海、广东、浙江、江苏、四川等经济基础较好且流动人口密集的地区（见图6）。

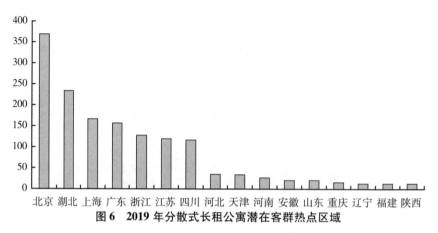

图6　2019年分散式长租公寓潜在客群热点区域

资料来源：迈点研究院。

根据客群需求，成都、上海、北京、杭州、南京、江苏、重庆、天津、合肥、广州、武汉等一线城市（见图7），直辖市、省会城市的CBD，老城区，工业园周边地区交通便利的大型社区，城中村成为分散式长租公寓品牌重点布局区域。

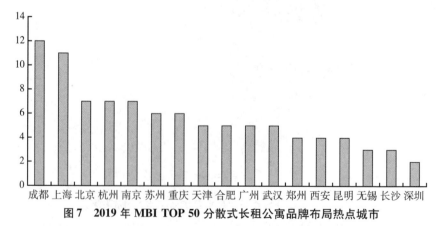

图7　2019年MBI TOP 50分散式长租公寓品牌布局热点城市

资料来源：迈点研究院。

　　然而分散式长租公寓品牌重点布局城市也成为行业"洗牌"频发城市，2019 年深圳、南京、苏州、杭州、南昌、西安、郑州屡次出现分散式长租公寓品牌"爆仓"事件（见表 1）。据统计，2019 年共有 53 家爆仓的长租公寓品牌，以分散式长租公寓品牌为主。究其原因，主要可归纳为三点：首先，在全球经济增长放缓的大形势下，长租公寓品牌经历了"资本寒冬"；其次，盈利模式不清晰，品牌资金链难以实现良性运转；最后，不规范"租金贷""高收低租"行业乱象频发，导致长租公寓品牌状况不断，其中以分散式长租公寓品牌最为凸显。为追求市场占有率和规模经济，分散式长租公寓品牌多采取"高周转"拿房模式，对核心城市进行快速房源布局。然而该种模式的采用对本身就盈利能力薄弱、资金储备不足、空置率逐年上升的分散式长租公寓品牌来说无疑是雪上加霜，资金储备无法满足高速扩张需求的部分品牌，开始尝试通过不规范"租金贷""高收低租"等高风险方式实现资金周转，一时间诸如乐伽公寓、玉恒公寓、爱上租、乐栈公寓、喔客公寓、德寓、悦如公寓等品牌相继爆仓，尽管行业"洗牌"事件的频发促使头部分散式长租公寓品牌进行收并购，如蛋壳公寓收购爱上租，一定程度上促进了资源的优化，但行业的普遍不规范却也导致本就处于资本寒冬的金融市场对长租公寓新生品牌亮起红灯。

表 1　2019 年部分城市分散式长租公寓品牌"洗牌"统计

注册地	品牌名称	破产时间
南京	乐伽公寓	2019 年 7 月
南京	玉恒公寓	2019 年 7 月
苏州	乐栈公寓	2019 年 2 月
杭州	爱上租	2019 年 1 月
杭州	安闲居	2109 年 7 月
杭州	喔客公寓	2019 年 1 月
杭州	德寓	2019 年 10 月
杭州	中择房产	2019 年 11 月

注册地	品牌名称	破产时间
南昌	诚寓公寓	2019 年 7 月
西安	万巢	2019 年 7 月
郑州	悦如公寓	2019 年 10 月

资料来源：迈点研究院公开资料整理。

因此关注近两年分散式长租公寓品牌重点布局城市的住房租赁相关政策，在支持力度不断加强的同时，行业监管也在逐渐完善，2019 年下半年，北京、杭州、郑州、合肥、重庆、成都、厦门等多地相继展开针对中介机构乱象的全面整治工作。以杭州为例，为解决"租金贷""高收低租"等行业乱象，7 月杭州连发三份租赁相关征求意见稿，提出加强市场监管、严格规范"租金贷"业务、健全住房租赁市场管理体系，并规定住房租赁企业在本市任一银行网点建立唯一的租赁资金专用存款账户，接受监管并纳入开业申报内容；10 月《杭州市租房租赁资金监管方法（试行）（征求意见稿）》发布，对租赁企业租金监管风险防范金的设立和使用做出规定；11 月杭州连续出台《杭州市促进住房租赁市场发展专项扶持资金管理办法》《杭州市住房租赁合同网签备案管理办法》，进一步规范租赁市场秩序。而北京、郑州、西安、南京等城市也相继于 2019 年先后针对优化租赁合同、规范"租金贷"业务、严打虚假房源等出台系列政策。2019 年 12 月住建部等六部委印发《关于整顿规范住房租赁市场秩序的意见》，明确指出住房租赁房源供给将进一步增加；关于房屋租赁行业"杠杆率"的控制，明确规定租金贷收入不得超过 30%；政府对租赁行业的管控将全面提升；转租 10 套（间）以上的单位或个人，要办理市场主体登记；严管房源信息发布；住房租赁合同及网签；房屋中介机构不得收取差价、不得续约收费等。该意见的出台对于进一步规范住房租赁行业秩序，尤其是减少"租金贷""高收低租"等行业乱象起到了很好的制约作用。

整体来看，住房租赁潜在客群热点区域凭借较强的经济基础和较大的流动人口基数，成为长租公寓品牌重点布局城市，众多分散式长租公寓品牌广泛布局的同时，行业不成熟、企业基础薄弱、行业乱象频发导致"洗牌"事件频发。然而不可忽视的是，乱象的频发也促使相关政府部门在鼓励住房租赁行业快速发展的同时，加强政策监管，从而为住房租赁行业的健康持续发展提供保障。

三 媒体指数

2019 年分散式长租公寓品牌媒体指数月度平均值在上半年的 3 月和下半年的 10 月出现较大幅度的上升，环比上月，上升幅度分别为 11% 和 71%，达到 18.99 和 18.64（见图 8），月度峰值主要集中于蛋壳公寓、自如租房和青客等品牌，2019 年分散式长租公寓品牌媒体指数月度峰值平均达到 238.33。从监测数据来看，2019 年，分散式长租公寓品牌中蛋壳公寓、自如租房、青客、相寓、美丽屋、优客逸家、魔飞公寓、匠寓等品牌受媒体关注度较高。

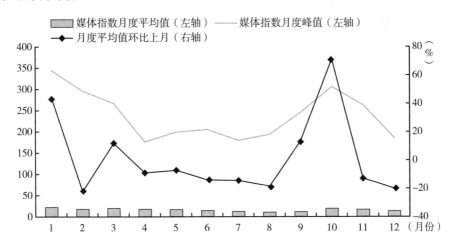

图 8 2019 年分散式长租公寓品牌媒体指数变动趋势

资料来源：迈点研究院。

2019 年分散式长租公寓品牌热点事件以青客、蛋壳公寓等头部品牌的上市动态最为受到媒体关注。2019 年 11 月青客登陆纳斯达克完成挂牌上市，代码为"QK"，此次 IPO 中，青客共发行 270 万股 ADS（美国存托股），IPO 定价为 17 美元，筹资 4590 万美元。与此同时，蛋壳公寓也于 2019 年 10 月递交赴美 IPO 招股书，25 日更新的招股书显示计划募资 1 亿美元，由花旗集团、瑞士信贷和摩根大通担任联席主承销商，2020 年 1 月蛋壳公寓成为 2020 年纽交所第一中概股，募集资金超 1.49 亿美元，市值可达 27.4 亿美元。迈点研究院认为，头部分散式长租公寓品牌相继上市，不仅在一定程度上解决了品牌融资渠道的问题，同时彰显了资本市场对长租公寓行业的肯定。

住房租赁市场规模庞大，政策助推下，长租公寓自 2014 年开始就一直受到资本的热捧，在这期间孵化出大量优秀的分散式长租公寓品牌。资本助力使得分散式长租公寓品牌在探索规模经济的道路上有的放矢，头部品牌，如自如租房、相寓、蛋壳公寓、青客、美丽屋、优客逸家房源数量于 2019 年相继突破 85 万、40 万间、70 万间、9.5 万间、7.5 万间和 5.5 万间，其中青客、蛋壳公寓体量对比 2015 年扩张分别达到 166 倍和 4 倍，头部分散式长租公寓品牌房源数量远超集中式长租公寓品牌，这也促使品牌在市场占有率上略胜一筹，是分散式长租公寓品牌长期以来被资本看好的重要因素之一。与此同时，头部品牌也在逐渐由早期的片面追求规模快速增长，逐渐转向稳健运营。因此对比"洗牌"事件频发的行业普遍现象，2019 年资本市场对长租公寓品牌的关注呈现"马太效应"凸显的特点。数据显示，2015 年长租公寓融资事件多达 23 起，而 2019 年融资事件仅 10 起，但融资规模却高达 116 亿元。而突出的"马太效应"也推动着市场加速修复和出清，预示着整个长租公寓市场逐渐转向稳健发展。①

青客、蛋壳公寓分别递交的招股说明书显示，租金和服务费均为两个品

---

① 《长租公寓冰火两重天 前五大公寓企业获得 214 亿元融资》，迈点网，https：//www.meadin.com/gy/206335.html。

牌的主要营业收入。其中，青客 2017 财年、2018 财年营业收入分别达到 5.23 亿元和 8.9 亿元，年度增幅达到 70.17%，2019 年前三季度营业收入则达到 8.98 亿元；蛋壳公寓 2017 财年、2018 财年营业收入则分别达到 6.57 亿元和 26.75 亿元，年度增幅达到 307.15%，2019 年前三季度营业收入达到 50 亿元。与之对应，财报也揭示了两个品牌的亏损状况，青客 2017 财年、2018 财年分别亏损 2.45 亿元和 5 亿元，增幅为 104.08%，前三季度亏损情况达到 3.75 亿元。而蛋壳公寓财报则显示 2017 财年、2018 财年公司亏损分别达到 2.72 亿元和 13.69 亿元，增幅达到 403.31%，2019 财年前三季度亏损达到 25.16 亿元。[①]

可见经过近几年的发展，分散式长租公寓品牌尽管在规模体量上有大幅度的上升，但从业绩状况上看，分散式长租公寓品牌仍未找到切实有效的盈利模式。房源规模、营业收入攀升的同时，企业亏损也在连年走高。因此尽管部分分散式长租公寓头部品牌实现了上市，但不可忽视的是，长租公寓仍然是一个微利行业，盈利水平仅为 2%~4%、回报周期长达 6 年的大环境下，"高周转"的商业模式在推动品牌规模快速增长的同时，也使得品牌对于资金的依赖性与日俱增，而资本催促下，规模扩张一定程度上成为品牌常态。[②]

因此从对"上市"的态度来看，部分资金充裕的分散式长租公寓品牌如自如租房，仍旧将行业定位于初期创业阶段，励志深耕，并不急于启动 IPO 计划，而是将重点放在精细化运营上，以此寻求更加良性的发展模式。

四　运营指数

2019 年分散式长租公寓品牌运营指数月度平均值为 10.99。整体来看，

---

① 《十月长租公寓报告：青客、蛋壳相继赴美 IPO 马太效应愈显》，迈点网，https://www.meadin.com/gy/207603.html。

② 《长租公寓，上市续命？》，迈点网，https://www.meadin.com/gy/207484.html.

运营指数在上半年出现小幅度下滑，进入 6 月后开始有所上升（见图 9）。2019 年分散式长租公寓品牌运营指数月度峰值平均达到 141.89，头部品牌蛋壳公寓、自如租房凭借较高的市场占有率和线上运营能力多次攀升至月度峰值。整体来看，分散式长租公寓品牌运营指数表现突出的品牌有自如租房、蛋壳公寓、美丽屋、青客、优客逸家、相寓、魔飞公寓、米兜公寓、江寓等品牌。

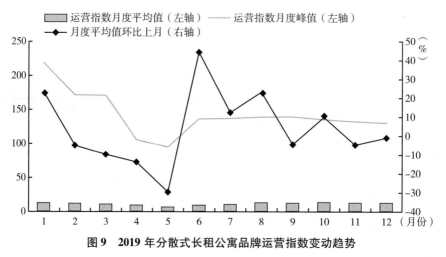

图9　2019年分散式长租公寓品牌运营指数变动趋势

资料来源：迈点研究院。

截至 2019 年 12 月底，分散式长租公寓品牌官方相关 App 下载数量累计达到 54392599 次（不完全统计），高于集中式长租公寓品牌官方 App 下载次数，可见凭借房源规模优势，分散式长租公寓品牌在用户获取上占有一定的优势。鉴于分散式长租公寓品牌多由地方租房中介演化而来，在资金充裕度和运营规范化程度上均略低于集中式长租公寓品牌，分散式长租公寓品牌TOP 100 中拥有官方 App 的比例仅为 15%，远低于集中式长租公寓品牌 TOP 100 拥有官方 App 的比例。当前多数分散式长租公寓品牌线上客群的获取主要通过 58 同城租房、安居客租房、贝壳租房、蘑菇租房等租房平台。迈点研究院认为，尽管租房平台拥有流量优势，一定程度上有助于公寓品牌获取客群，但伴随品牌成长，建立官方 App 将对分散式长租公寓品牌实现会员管理、高效运营、降低运营成本起到至关重要的作用，预计未来分散式长租公寓成熟品牌拥有官方 App 的比例将有一定程度的上升。

截至 2019 年 12 月底，分散式长租公寓品牌 MBI TOP 100 中官方微博粉丝量累计达到 1763507 人，其中自如租房、蛋壳公寓、美丽屋、优客逸家、青客、江寓、魔飞公寓等头部品牌在粉丝量上占有绝对优势。微博、微信作为分散式长租公寓品牌与用户对话、增强互动的重要渠道，目前品牌多将新品发布、营销活动、重大战略动态导向作为线上运营推广的主要内容。

运营模式上分散式长租公寓品牌 2019 年最大的突破以人才公寓的模式探索和品质质量提升为主。6 月武汉洪山区住房保障和房屋管理局与蛋壳公寓签署人才公寓战略合作协议，标志着蛋壳公寓正式被纳入当地的"人才公寓"计划，未来双方将联手推出 646 间房源，符合条件的毕业大学生可以申请入住，并可享受到政府提供的 30% 的租金补贴，而这也是蛋壳公寓与辖区政府合作的首个人才公寓项目。而 8 月自如租房与武汉汉阳区政府签订人才安居战略合作协议，合作项目汉阳区人才公寓规模达 2317 间，并为符合条件的大学生提供 30% 的租房补贴。事实上，蛋壳公寓、自如租房长期以来密切关注应届毕业生的租房需求，"椋鸟计划""海燕计划"已推出多年，为应届毕业生提供适当优惠支持的同时，也帮助蛋壳公寓、自如租房培育了一批又一批毕业生用户。长期以来，分散式长租公寓品牌追求规模增长和市场占有，而集中式长租公寓品牌则以运营能力突出著称，人才公寓运营项目也因此比较偏好与集中式长租公寓品牌合作，此次蛋壳公寓、自如租房尝试开展人才公寓合作项目，是分散式长租公寓品牌进行运营能力提升、精细化运营的重要尝试，对于品牌提升地方知名度、影响力，以及提高公寓出租率具有较为深远的意义。

此外，提升产品质量成为分散式长租公寓品牌 2019 年进行的另一重要突破。7 月蛋壳公寓正式推出自主研发的"智能新风系统"；8 月与吉林森工合作，全面采用吉林森工（露水河）"E0"级板材；9 月作为分散式长租公寓代表企业，参加《长租公寓行业服务标准》编制开题研讨会；10 月蛋壳公寓与立邦达成战略合作，首次对外发布针对长租公寓共同研发的高品质环保涂料"净味 PRO 内墙乳胶漆 – DK01"。而自如租房也在 9 月作为行业代表参与由中国标准化协会与中国建设报社联合主办,中国标准化研究院、中国建筑标准设计研究院联合协办的"长租行业标准化建设"研讨会,研讨会所制定《长租公寓评价规范》,在装修主材、辅材以及环境监测等多方面对长租公寓进行标准制定,自如租房在会上推出研究成果"深呼吸 2.0",对公寓装修中所采用的家具板材、材料选用等进行再次升级。迈点研究院认为,分散式长租公寓品牌早期因产品质量不过关问题频发,给广大租客造成了一定的安全隐患,也给行业造成了不良的舆论影响,2019 年分散式长租公寓头部品牌蛋壳公寓、自如租房相继针对品质提升采取系列措施,对行业规范制定、品质提升起到了良好的带头作用,而产品质量的进一步提升也意味着长租公寓品牌内部运营更加趋于成熟化。

参考文献

《长租公寓冰火两重天 前五大公寓企业获得 214 亿元融资》,迈点网,https://www.meadin.com/gy/206335.html。

《十月长租公寓报告:青客、蛋壳相继赴美 IPO 马太效应愈显》,迈点网,https://www.meadin.com/gy/207603.html。

《长租公寓,上市续命?》,迈点网,https://www.meadin.com/gy/207484.html。

案例篇

Case Study

B.16

房企系集中式长租公寓
案例及商业模式

徐益文　郭德荣*

摘　要：　住房租赁是房企的一项业务，更是关系到千家万户的民生工程。国家与地方每年出台相关政策支持住房租赁市场发展，自 2018 年"长租品牌元年"起，住房租赁驶入发展快车道。2019 年房企在长租公寓业务的参与度不断提高，行业自进入"快车道"以来，各大房企系长租公寓品牌也在探索细分领域与商业模式的过程中不断创新。其间也不断有品牌的收并购甚至"爆雷"等事件发生。市场、消费者对长租品牌提出了新要求，尤其是对房企系品牌有了更高

---

* 徐益文，迈点研究院研究员，研究方向为联合办公、商业地产等；郭德荣，迈点研究院研究总监，研究方向为文商旅综合体品牌及运营。

的期待。

关键词： 房住不炒　长租公寓　核心竞争力

2019 年 12 月中央经济工作会议提出，"要加大城市困难群众住房保障工作，加强城市更新和存量住房改造提升，做好城镇老旧小区改造，大力发展租赁住房。要坚持房子是用来住的、不是用来炒的定位，全面落实因城施策，稳地价、稳房价、稳预期的长效管理调控机制，促进房地产市场平稳健康发展"。① "房住不炒"的政策早在 2016 年就已提出，② 强调至今，2015 年国家就提出"开始大力支持住房租赁市场"。③ 可见，国家对于"房住不炒"相伴随的"住房租赁"高度重视。2019 年 9 月，住房和城乡建设部表示，"我国下一步将总结推广住房租赁试点经验，落实各项支持政策，大力发展和培育住房租赁市场，增加租赁住房有效供应"。④ 据不完全统计，2019 年全国总计供应租赁用地逾 180 幅，超 1000 万平方米。

作为租赁市场的"排头兵"与"压舱石"，房企系长租公寓在租赁市场中有着不可替代的地位。2019 年房企在长租公寓业务的参与度不断提高，行业自进入"快车道"以来，各大房企系长租公寓品牌也在探索细分领域与商业模式的过程中不断创新。其中，行业的代表品牌包括保利公寓、BIG + 碧家国际社区、金地草莓社区、朗诗寓等。

① 《中央经济工作会议再提"房住不炒"坚持"稳"字当头》，人民网，http：//house. people. com. cn/n1/2019/1213/c164220 – 31504851. html。
② 《中央经济工作会议在北京举行》，央视网，http：//tv. cctv. com/2016/12/16/VIDE1TJ1sAIm qmGApo8EjUaJ161216. shtml？spm = C31267. PFsKSaKh6QQC. S71105. 72。
③ 韩鑫：《人民日报：长租公寓，规范方能长久》，人民网，http：//house. people. com. cn/n1/2018/1015/c164220 – 30340212. html。
④ 《住建部：大力培育住房租赁市场》，人民网，http：//house. people. com. cn/n1/2019/0927/c164220 – 31376102. html。

一 品牌历程

我国房企系布局长租公寓市场始于 2014 年万科布局长租公寓市场，到 2016 年整合旗下租赁品牌统一为"泊寓"。2018 年，行业进入"长租品牌化高速发展期"，头部房企纷纷入局开展品牌化运营。而今，有超七成的头部房企拥有长租品牌或涉足租赁业务。

（一）保利公寓

保利公寓商标见图 1。

图 1 保利公寓商标

保利公寓是中国保利集团（国务院国资委管理的大型中央企业，世界 500 强企业）旗下的租赁住房管理运营商。保利公寓从 2017 年开始正式进军公寓行业。

保利公寓坚持专业化、规模化、集约化的运营创新，致力于打造公寓市场的核心竞争力，以长租为核心，以集中式为主要模式，长短租结合，轻重资产合理分配。截至 2019 年 12 月，保利公寓已在北京、上海、广州、武汉、杭州、重庆、长沙等全国二十多个重点城市实现布局，储备房源超过 15000 间，并将持续拓展业务版图。目前，保利公寓根据不同地区、不同消费群体实现差异化运营，旗下拥有保利 N ＋青年公寓、保利 N ＋集合社区、保利 N ＋服务公寓等多元产品线，在品质安心长租、灵活短租出行、高端设计居住等不同需求进行运营打造。

秉承"居者有其寓"的品牌理念与"美好生活同行者"的品牌愿景。保利公寓充分整合其在全国文化、艺术、教育、商业服务各项资源，创建城市和美生活，为热衷各种生活方式的人群提供温暖舒适的居所，不仅是让居者有其寓，更是让寓者有其享。保利公寓发展历程见表1。

表1 保利公寓发展历程

时间	发展历程
2017 年	保利集团正式布局公寓行业
2017 年 10 月	保利获批通过国内首单以房地产企业自持租赁住房作为基础资产的类 REITs
2018 年 6 月	广州、沈阳首家保利公寓同时开业
2018 年 8 月	保利公寓管理有限公司在广州正式揭牌
2019 年 8 月	保利公寓上海、广州、武汉三城 7 店开业

资料来源：迈点研究院整理。

（二）BIG + 碧家国际社区

BIG + 碧家国际社区商标见图2。

图 2 BIG + 碧家国际社区商标

BIG + 碧家国际社区隶属于碧桂园文商旅集团，为碧桂园核心联盟企业旗下青年白领公寓品牌，致力于向为梦想而拼搏，都市进击青年打造"城市梦想充电站"（品牌定位），满足居住需求、差旅需求，提供长短租服务。BIG + 碧家国际社区自 2017 年成立至今，截至 2019 年底，开业门店已突破60 家，在营房源超过 15000 间，整体房源布局超过 60000 间，签约管理面积超过 160 万平方米，已布局国内外 20 个城市：北京、上海、广州、深圳、厦门、武汉、杭州、苏州、天津、东莞、肇庆、成都、长沙、重庆、马来西亚新山等。

以"激活新我"为品牌理念，BIG＋碧家国际社区还热心公益。碧家公益小站是全国基于公寓的新型公益项目，2019 年碧家全国门店均已挂牌公益小站，根据各个区域特色开展丰富多彩的公益活动，如联手深圳市关爱办为留深一线工作者无偿提供"团聚房"、举办"地球一小时 plogging 随手公益"、垃圾分类回收助力环保、开展"B＋联萌"流浪猫狗救助计划、联动东莞图书馆进驻碧家东莞门店、助力深圳共青团青年驿站为内地在港就读大学生提供免费住宿等各类公益活动，全年惠济上万名租客民众。BIG＋碧家国际社区发展历程见表 2。

表 2　BIG＋碧家国际社区发展历程

时间	发展历程
2017 年 12 月	碧家第一家长租公寓门店上海国家会展中心店正式开业
2018 年 7 月	碧家完成北上广深一线城市的覆盖,签约房量突破 30000 间
2019 年	6 月进入长沙、天津,7 月进入成都,9 月进入重庆,持续展现出强劲的品牌发展实力。截至 2019 年底,碧家开业门店已突破 60 家,进入 20 个城市,在营房源超过 15000 间,整体房源布局超过 60000 间,签约管理面积超过 160 万平方米

资料来源：迈点研究院整理。

（三）金地草莓社区

金地草莓社区商标见图 3。

图 3　金地草莓社区商标

金地草莓社区是金地集团旗下的长租公寓品牌,为金地集团及其他业主方提供专业的产品设计、设计开发、销售及运营等一站式租赁管理服务。秉承"做最有温度的有爱社区"的品牌定位,融合"住、商、社交、服务、联动空间"的经营理念,为现代都市最具生命力的主流精英人群(80~00后)提供全生命周期租赁产品。通过充分考虑人居体验,定制化空间产品设计,打通线上线下平台,以社群运营为核心,致力于改善城市年轻人群的生活状态。

金地草莓社区公司于2016年5月成立,到现在经过4年发展,稳扎稳打,运营规模持续扩张。截至2019年12月,已在深圳、上海、杭州、广州、成都等核心城市获取房源约10000间、开业运营约8000间。金地草莓社区跟随金地集团的发展步伐,布局全国一线及强二线城市核心地段,重点分布区域为珠三角、长三角、中西部三大片区,未来即将拓展至北京、武汉、南京等城市。

金地草莓社区是金地商置业务全品类发展以及与客户联动的必要组成部分,为商置的商办、产业等物业提供专业的居住和社群服务,与这些持有业态多元共振。据悉,金地草莓社区是地产多元化时代的战略选择。金地草莓社区发展历程见表3。

表3　金地草莓社区发展历程

时间	发展历程
2016年	金地草莓社区品牌入市,合作打造金地金谷公寓及首个村委合作项目在深圳民治优城店入市
2017年	草莓社区首进上海
2018年	首进杭州市场;收购深圳本土品牌warm+公寓;深圳清湖社区店一期开业,开启大型社区型门店(2000间以上)的运营管理服务
2019年	首个精品系项目暨轻资产委托管理项目上海九亭中心店开业

资料来源:迈点研究院整理。

(四)朗诗寓

朗诗寓商标见图4。

图4　朗诗寓商标

朗诗寓是朗诗集团旗下的长租公寓品牌。朗诗寓致力于打造自然、舒适、人文、富有生活气息的品位居所，让广大"诗友"（朗诗寓对住户的昵称是"诗友"，取"室友"谐音，意为"生活在同一屋檐下志同道合的朋友"；另一层字面意义为"以诗会友"，意指朗诗寓健康、人文的社区文化氛围）住进好时光。为满足处于人生不同阶段"诗友"的需求，朗诗寓着力打造以白领公寓为主，精品公寓、青年公寓为辅，服务式公寓（朗诗阁）、品质集宿、学生公寓、联合办公（朗诗空间）、酒店、民宿等为补充的产品线。

朗诗寓2016年进入长租公寓市场，已经快速布局上海、北京、深圳、广州、杭州、南京、苏州、成都、西安、重庆、合肥、宁波、佛山、无锡等14个一线及强二线城市，打造多条产品线，已拓房源45000余间，在营房量超过18000间。朗诗寓发展历程见表4。

表4　朗诗寓发展历程

时间	发展历程
2016 年 12 月	上海朗诗寓商业管理有限公司成立,朗诗集团正式进军长租公寓市场
2018 年 1 月	朗诗集团与平安不动产达成长租公寓战略合作。未来三年内,双方将在一线及强二线城市投资长租公寓项目,目标资产管理规模 100 亿元,上海张杨北路店为首个种子项目

时间	发展历程
2018 年 10 月	朗诗寓成为杭州瓜山未来社区项目运营方,该项目是浙江省"未来社区"工程的首批试点,也是杭州最大的租赁社区
2018 年 12 月	朗诗集团和平安不动产有限公司合作的中国首单合作型长租公寓储架式REITs 在上海交易所成功获批,规模为 50 亿元,上海张杨北路店拟成为其首个发行项目
2019 年 3 月	朗诗寓 1 期资产支持专项计划成功设立,首期 REITs 产品发行规模为 10.68亿元,其中优先档规模 9.5 亿元,获得了 AAA 最高信用评级

资料来源:迈点研究院整理。

二 产品与核心竞争力

(一)保利公寓

1. 产品及服务

保利公寓产品与服务见表5。

表 5 保利公寓产品与服务

品牌名称	产品线	特色服务	社群
保利公寓	保利 N + 公寓保利 N + 集合社区保利 N + 服务公寓	智能 N 系统,全面实现预定、签约、缴费、账单查询、报修维护线上完成。休闲区、24 小时智能健身房	租客会员卡:携手电影院、健身房、瑜伽馆、花艺店等几十家商户打造了社区生态,租客可享多项服务

资料来源:迈点研究院整理。

2. 核心竞争力

(1)品牌优势

依托保利品牌,保利公寓拥有极强的品牌影响力,肩负引进人才、服务居民、贯彻中央租房政策的央企社会责任。

(2)全链条解决方案

依托保利商业、保利酒店、公寓综合开发运营经验,拥有"一座城"

模式前策、设计、开发建设、运营的全链条能力。

（3）成本优势

拥有星级酒店（耗品）采购系统，利用标准化流程，使得成本得到有效控制，具备集采优势。

（4）自有系统

自建业内首个长短租结合管理系统，具备 OTA 直连、财务稽核、营收预警、运营管控等多种功能，为公寓智慧化、精细化运营提供支持。

（5）多业态支持

保利公寓充分整合其在全国文化、艺术、教育、商业服务各项资源，提供资产开发、运营服务、物业服务、社区配套多业态解决方案。

（二）BIG + 碧家国际社区

1. 产品及服务

BIG + 碧家国际社区产品与服务见表6。

表6　碧家国际社区产品与服务

品牌名称	定位	社群	公益
BIG + 碧家国际社区	青年白领公寓	全年共开展 600 多场品牌社群及公益活动,如碧家森活馆、城市交换实验、向阳花毕业季活动、星空音乐会、瑜伽健身夜	碧家公益小站是全国首个基于公寓的新型公益项目,全国项目均已挂牌。深圳门店举办过为内地在港就读大学生提供免费住宿等各类公益活动

资料来源：迈点研究院整理。

2. 核心竞争力

BIG + 碧家国际社区以集中式公寓为主，主要采取重资产的运营模式，同时辅以部分轻资产运营。为保证项目快速落地、产品高质输出、运营服务水平高效输出，采用"总部管理支持中心 + 区域业务运营中心"的管理模式，同时辅以线上 + 线下全流程、高标准化的运营管理体系作为运营保障，助力业务快速、健康发展。

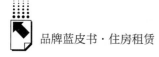

（1）线下精细化流程/制度

实现了项目获取、工程筹建、爬坡期、运营期上百个关键流程节点的控制（包括4大岗位手册、18项标准工作流、37种针对不同场景的使用工具、8万字标准化文件等）。

（2）线上便捷管理工具

2C：五位一体租客线上服务系统——官网/App/微信公众号/社群/400呼叫中心。

2B：全流程内部管控系统、大数据系统——项目管控系统/店铺运营管理系统 AMPS。

（三）金地草莓社区

1. 产品及服务

金地草莓社区产品线见表7。

表7　金地草莓社区产品线

产品线名称	青年系	精品系
产品定位	主要面向20~30岁刚毕业的城市青年白领	主要面向25~35岁讲究生活品质和格调的精英白领
物业定位	主要为一线及二线城市居住配套成熟区	主要为一线及二线城市核心商务中心
产品logo	金地草莓社区 STRONGBERRY	金地 草莓社区 STRONGBERRY
特色服务	公寓管理平台,智能客控系统	
社群	草莓音乐节/租客生日趴/珍爱交友日/草莓夜跑团/健身运动俱乐部	

资料来源：迈点研究院整理。

2. 核心竞争力

金地草莓社区是金地商置乃至金地集团业务全品类发展的必要组成部分，与金地的商办、产业等持有业态多元共振，提供专业的居住和社群服务。草莓社区自入市以来，在投资战略上，一直坚持轻中重并举的投资策略，聚焦核心城市,甄选优质项目,从源头保障企业盈利能力,同时在产品、品牌、运营、客户满意等模块持续提升,有效保障有质量的增长。在产品方面,金地草莓社区在外立面、公区、室内等都实现标准化设计及施工管理,旨在给青年群体提供更舒适、安全、方便、环保的品质生活。在品牌方面,打造独特的草莓文化,提倡"寓见莓好生活"的品牌理念,打造"莓大莓小"品牌IP,并在门店及线上推广,有效提高品牌识别性及客户黏性。在运营方面,实现门店标准化管理,在安全、消防、客户满意等方面持续为客户提供专业服务。在系统开发方面,实现电子化高效管理,独立开发与集团财务体系打通的功能模块,实现区块链电子发票、数据分析、数据预警、漏斗分析、大客户管理、营销拍卖活动、运营人员效率管控等,有效实现全线条电子化管理。

(四)朗诗寓

1. 产品及服务

朗诗寓产品与服务见表8。

表8 朗诗寓产品与服务

品牌名称	定位与产品线	特色服务	社群
朗诗寓	以白领公寓为主,精品公寓、青年公寓为辅,服务式公寓(朗诗阁)、品质集宿、学生公寓、联合办公(朗诗空间)、酒店、民宿等为补充的产品线	增值配套:专属公区,含影音区、休闲娱乐区、健身房、公共厨房 数字化工具:官网(PC+mob)、App、小程序、房态管理系统、会员商城等	诗友生日会、兴趣圈层活动、传统节日关怀、艺术文化沙龙、户外活动等

资料来源:迈点研究院整理。

2. 核心竞争力

物业租赁模式:最初采用此模式切入市场,即将存量物业整租下来,进行标准化产品改造,再长租出去获得租金差和增值服务收入。

委托管理模式:受委托负责项目的设计、改造及运营管理,在合作模式、产品打造、运营服务等多个方面实现创新。如朗诗寓上海张杨北路项

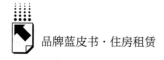

目，成为长租公寓领域重资产模式的经典案例。

创新模式：城中村租赁社区改造、租赁住宅用地运营等。如朗诗寓杭州瓜山项目，将城中村改造为以居住为主，办公、商业为辅的大型综合性宜居社区，成为浙江省"未来社区"建设的首批试点项目之一。

三 MBI 品牌指数表现

保利 N + 公寓、BIG + 碧家国际社区、金地草莓社区、朗诗寓的 2019 年 MBI 品牌指数整体呈上升趋势（见图 5），各自品牌推广节点排布各有不同。保利 N + 公寓在 3 月指数达到全年的最大值，即农历新年后（开工、返程），推出系列品宣、纳新、拓店活动；朗诗寓、BIG + 碧家国际社区在 7 月、8 月、9 月 MBI 品牌指数表现优秀，得益于两家品牌在毕业季的发力，关注初入职场的毕业生，推出系列优惠活动；金地草莓社区全年 MBI 品牌指数分布平均，1 月与 12 月指数相对较高。

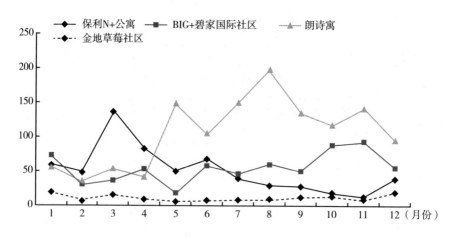

图 5　2019 年 MBI 品牌指数变动趋势

资料来源：迈点研究院。

在房企系丰富资源的加持下，房企系长租公寓表现在品牌的运营上有值得关注与借鉴的"干货"，反映在数据表现中可以看到：2019 年，保利N+公寓、BIG+碧家国际社区、金地草莓社区运营指数变动曲线相对平稳，甚至走势也很相似（见图6）。朗诗寓数据曲线明显，上半年快速拉升，在8月（毕业季）达到一年中的峰值62.83，其后略有回落，在第四季度保持稳定。虽是房企系，但从运营指数上反映了朗诗寓品牌的运营与市场联系紧密，颇具创业系品牌的灵活与"年轻态"。以上海为主要市场布局，众多的竞品与"挑剔"的用户，也对朗诗寓未来运营表现提出了更高要求，指数运营上也应避免大幅波动。保利N+公寓、BIG+碧家国际社区、金地草莓社区等房企系公寓在保持房企品牌"稳"字的前提下，也更应突出重点，以市场、消费者需求的周期变化为依据，打磨品牌运营力。

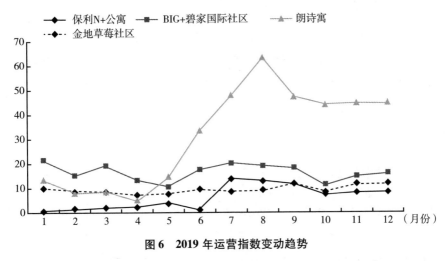

图6　2019年运营指数变动趋势

资料来源：迈点研究院。

四　创始人观点与发展规划

（一）保利公寓

保利公寓定位"集中式长租公寓头部企业"，在租售并举的行业大环境

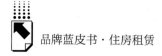

下，以资管思维做运营，聚焦北京、上海、广州、杭州、成都、武汉等国内一、二线重点城市，着力发展"一座城"模式，即单项目大体量、重新定位区位价值、对客流具有虹吸作用，打造优质大型租赁社区。

（二）碧家国际社区

碧家国际社区将敏锐把握商业发展趋势，积极打造"长租公寓＋创意商业＋产业/办公＋生活配套"的综合型产品，为美好生活提供完整闭环体验，为践行中国住房租赁未来之路探索更多可能，为人民美好生活提供完整的闭环体验，打造属于青春的"城市梦想充电站"！

（三）金地草莓社区

公寓行业浪潮逐渐褪去，市场开始回归理性，许多行业弊病相继暴露，在这样的形势下，金地草莓社区将持续保持有质量的扩张，在投资上遵循多航道发展、轻中重并举的投资策略，聚焦核心城市，甄选优质项目，持续关注市场变化及项目经营动态，未来拥抱更多开放性的投资合作模式，探索政府人才公寓开发、蓝领公寓的建设等。

（四）朗诗寓

朗诗寓总经理章林表示："2018 年下半年以来，长租公寓从风口期、无数资本涌入的情况逐渐走到了行业洗牌期，虽然现在短期看血流成河，但长租公寓行业依旧是风口，在风口期足够大时，洗牌期就会显得过于残酷，有不少公寓爆雷。""大家都趋于理性以后，这个市场会更加健康、可持续。一部分爆雷的确是因为行业风口期，部分企业过分追逐规模忽视质量与资金链安全导致的；但是另一部分，也许不是爆雷，而是在洗牌这个阶段，充分根据市场环境的变化适时调整策略，夯实发展基础，调整发展方向。""朗诗寓的目标是'成为这个洗牌期里的整合者，而不是被整合者'，而在竞争端的优势也给了朗诗寓足够的底气。"

参考文献

《中央经济工作会议再提"房住不炒"坚持"稳"字当头》，人民网，http：//house.people.com.cn/n1/2019/1213/c164220 - 31504851.html。

《中央经济工作会议在北京举行》，央视网，http：//tv.cctv.com/2016/12/16/VIDE1TJ1sAImqmGApo8EjUaJ161216.shtml？spm = C31267.PFsKSaKh6QQC.S71105.72。

韩鑫：《人民日报：长租公寓，规范方能长久》，人民网，http：//house.people.com.cn/n1/2018/1015/c164220 - 30340212.html。

《住建部：大力培育住房租赁市场》，人民网，http：//house.people.com.cn/n1/2019/0927/c164220 - 31376102.html。

B.17
创业系集中式长租公寓案例及
商业模式

徐益文　郭德荣[*]

摘　要： 　创业系长租公寓是我国住房租赁市场中品牌化程度高、运营
　　　　　好、爱创新的代表。内部多为"互联网公司"模式，效率
　　　　　高，"人房比"（财务、管家等服务人员与管理房间数量之
　　　　　比）优。外部与资本关系更加密切，扩张和媒体表现更活跃。
　　　　　在运营端，头部创业系品牌已经完成自有数字化系统的搭建，
　　　　　房源、租赁、租金、服务等环节已打通，阶段完成数字化升
　　　　　级；创业系品牌在高速发展中也暴露出产品同质化、产品品
　　　　　质参差不齐、盲目获取高价物业、"高杠杆"资金过度使用
　　　　　等问题，值得关注。

关键词： 　品效合一　轻资产运营　细分产品

　　创业系长租品牌其实也是运营商。在租赁市场这个重资产行业中，它们
不断尝试将资产变轻。[①] 依靠灵活的物业合作、科技创新、高效管理、品牌
操盘、细分产品等，敏锐地捕捉着多变的市场需求。稳健发展、回归服务初

---

　　* 　徐益文，迈点研究院研究员，研究方向为联合办公、商业地产等；郭德荣，迈点研究院研
　　　　究总监，研究方向为文商旅综合体品牌及运营。
　　① 　《长租公寓如何才能享受到科技带来的红利？》，腾讯网，https：//finance. qq. com/a/
　　　　20191210/013979. htm。

心、精细化运营是优秀的创业系长租公寓品牌所具备的特质。[①] 让我们关注这些行业代表品牌：安歆、贝客青年精品公寓、窝趣。

一　品牌历程

创业系长租公寓品牌出现得比房企系更早。从 2010 年魔方公寓起，创业系品牌逐渐出现并快速发展。作为后起之秀，近年来大有弯道超车之势的分散式长租公寓也有向创业系演进的趋势。创业系品牌高速发展并且后来居上，与其应用在各个环节上的"创新"密不可分。

（一）安歆

安歆商标见图1。

图1　安歆商标

安歆集团，首创"员工公寓酒店式服务"，是行业领先的企业住宿服务商。2014 年在上海成立，旗下有安歆校园、安歆乐寓、安歆美域、逗号公寓、阅庭等产品线，满足不同人群的需求。目前，业务布局全国 24 个主要城市及国家级产业园区、高校，在营门店超 160 家，服务超 2000 家行业头部企业，包括金融、航空服务、教育培训、酒店餐饮、物流等，入住人次近 30 万。

北上广深是安歆重点布局的城市——原因在于这几个城市的房价和租金价格本身很高，且这三个城市在打击群租的力度上也是最大的，市场需求旺盛而租赁房供给相对较少，规模化、集中化地去提供这种宿舍产品的企业并

---

① 《长租公寓面临的三大痛点》，搜狐网，https://www.sohu.com/a/221246842_209020。

不是很多，给企业的发展提供了天然的良土。

"在 2025 年给 2 万家企业 100 万游子定制城里的家"，作为安歆的品牌愿景，安歆将医院的床位管理理念引入员工住宿体系，产品符合消防、卫生、公安等部门的监管要求，拥有完善的安保、监控及 PMS 人员管理系统。安歆独特的运营模式和专业的管理标准，让企业租得放心，员工住得安心。安歆发展历程见表 1。

表 1　安歆发展历程

时间	发展历程
2014 年 1 月	"安歆"品牌成立；第一家门店在上海火车站店开业
2014 年 3 月	第一家企业定制店武汉楚雄大道店开业
2015 年 3 月	Pre-A 轮融资涌铧投资
2016 年 5 月	进驻广、深地区总门店数超过 30 家
2017 年 6 月	进入北京、南京市场全国床位数突破 3 万张
2019 年 5 月	安歆集团并购首旅旗下公寓品牌——逗号公寓；覆盖全国 24 座城市；全国门店数超 160 家
2019 年 12 月	安歆集团获得凯雷集团 C 轮投资

资料来源：迈点研究院整理。

（二）贝客青年精品公寓

贝客青年精品公寓见图 2。

图 2　贝客青年精品公寓商标

　　贝客青年精品公寓隶属于江苏贝客邦投资管理有限公司,于 2013 年在南京成立。贝客青年精品公寓旨在成为长三角和京津冀区域连锁精品长租公寓的领先运营商,定位中高端白领租房群体、聚焦青年社群文化塑造,致力于为青年租房群体提供标准化的公寓产品、感动服务和极致的社群生态场景体验,以"金贝、银贝、白贝、绿贝"四种产品体系全方位为有不同租房需求的年轻人群创建有爱有体温的社区。

　　贝客青年精品公寓秉承"用爱重塑生活"和"创造有爱有体温的社区"的品牌文化与理念,自成立之初稳健发展。目前,贝客青年精品公寓项目已覆盖北京、上海、南京、苏州、徐州等一、二线城市,全国共有近 40 家门店,包含贝客自有品牌直营、品牌加盟、合资项目品牌体系、顾问咨询项目等,总管理房间数超 6000 间,管理资产面积逾 150000 平方米,已为 20000 + 客户提供优质服务。贝客青年精品公寓发展历程见表 2。

表 2　贝客青年精品公寓发展历程

时间	发展历程
2013 年 11 月	"贝客青年精品公寓"品牌成立
2014 年 10 月	南京两店同期首发开业
2015 年	完成 Pre-A 轮融资,同年进军苏州、上海市场,并完成"金贝、银贝、白贝"三种产品体系的建立
2017 年 4 月	正式进军北京市场,同期推出"绿贝"系列产品
2018 年	与南京安居集团合作成立合资公司,成为南京市住房租赁行业第一例混合所有制企业;同年与徐州淮海科技城联手打造人才公寓——新盛贝客公寓
2019 年	正式启动"贝客"品牌市场化加盟,标志着贝客青年精品公寓已进入多渠道、多元化发展新阶段

资料来源:迈点研究院整理。

(三)窝趣

窝趣商标见图 3。

图 3　窝趣商标

窝趣作为集中式长租公寓的品牌运营商，隶属于铂涛集团，于 2015 年 4 月在广州成立。坚持"价值创新，基业长青"的品牌宗旨，布局全国发展至今，窝趣公寓开业近 30000 间，签约超过 50000 间，重点布局区域包括深圳、广州、上海、北京、杭州、南京、武汉、成都等一、二线城市，以人口净流入的大中城市为主，而这部分城市亦是国家首批开展住房租赁试点的城市。窝趣发展历程见表 3。

表 3　窝趣发展历程

时间	发展历程
2015 年 4 月	窝趣品牌正式对外发布，总部位于广州，率先在行业探索品牌公寓轻资产运营之路
2015 年 10 月	首家白领公寓"窝趣广州天平架轻社区"正式开业
2016 年 10 月	广深连开 3 店，初步完成北上广深等一、二线城市布局
2017 年 8 月	引入 58 同城战略投资，并正式发布"深耕一公里"品牌战略
2018 年 12 月	窝趣在广州、深圳、北京、上海、杭州、佛山等一、二线城市已管理房量超过 20000 间，签约超过 30000 间
2019 年 4 月	窝趣公寓 SaaS 4.0 系统上线，聚焦租客服务体验提升，在门店运营与财务效率上取得全新突破
2019 年 12 月	窝趣推出高端服务式公寓品牌"瑰悦"，引领新中产精致生活，持续深化"公寓产品生态"的打造
2020 年 1 月	窝趣旗下首家员工公寓于深圳开业，品牌名称为"华舍"

资料来源：迈点研究院整理。

二　产品与经营

（一）安歆

1. 产品及服务

安歆产品线见表 4。

表 4　安歆产品线

产品名称	定位与产品、特色服务	商标
安歆乐寓	"安心住下来"； 酒店式员工公寓，多间； 阅读区、观影区	安歆乐寓 ANXIN HAPPY APARTMENT

续表

产品名称	定位与产品、特色服务	商标
安歆美域	让您在安歆美域"住得好一点"； 酒店式员工公寓。单人间、双人间； 会客区、社交厨房	安歆美域
逗号公寓	逗号，人生最美好的停顿； 酒店式员工公寓。单人间、双人间； 健身房、阅读区、晾晒区	COMMA 逗号公寓
阅庭酒店	"一本书、一座城、一段好时光"； 定位：企业中高管与商旅人士； 以阅读、人文为主题的高端公寓式酒店； 会议室、专属管家前台、图书借阅	阅庭 READING HOTEL

资料来源：迈点研究院整理。

2. 核心竞争力

安歆将医院的床位管理理念引入员工住宿体系，产品符合消防、卫生、公安等部门的监管要求，拥有完善的安保、监控及 PMS 人员管理系统。安歆独特的运营模式和专业的管理标准，让企业租得放心，员工住得安心。

安歆四个对标如下。

①服务对标酒店：提供全套布草，24 小时热水及网络服务，且进行入户打扫。

②安全对标校园：采用人防、技防、物防的手段，入住实名登记且与公安系统联网，三查房制度严控用电和禁烟，并聘请退伍消防官兵进行定期的消防演练，保障住客人身财产安全。

③卫生对标医院：一客一消毒，15 天一更换布草，每月一消杀。

④生活服务对标智慧社区：手机上进行水电费的缴纳和物品的报修，人脸识别及 24 小时便利店，为租户提供高效便捷的服务。

3. 经营状况

安歆的运营成本比较高，坪效和出租率（蓝领公寓产品出租率基本都达到了95%）也没有带来更高的利润空间，安歆的运营优势在于获客成本比较低，客户续约率在80%以上，在成本上安歆比行业内的白领公寓的运营商以同一个维度来评估成本可以低10%～15%。

（二）贝客青年精品公寓

1. 产品及服务

贝客青年精品公寓产品与服务见表5。

表5　贝客青年精品公寓产品与服务

产品名称	定位	特色服务	社群
贝客青年精品公寓	定位特大型城市20～35岁的城市白领和自由职业人群。倡导"经营客户关系"和"社群文化"	公共空间:每家门店配备200～800平方米的贝客邻里中心,涵盖会员制私人客厅、办公、茶饮、聚会、健身、台球、阅读、游戏、影音等免费配套设施	贝客自成立以来共举办了300余场主题社交活动,共有超过10000名年轻人参与。每一家门店每年举办不少于50场主题社交活动。贝客希望通过多种年轻人喜闻乐见的方式,来经营住户与住户之间的关系

资料来源：迈点研究院整理。

2. 核心竞争力

作为服务业，公寓行业从本质上讲是以优质的产品和服务让用户获得良好的居住体验。在产品方面，贝客严选建材、家具、家电的同时，在前期的排房设计上也能够最大限度地利用空间，因地制宜，提高项目利用率，提升空间产值。

贴心的金管家服务也是贝客的一大特色，贝客倡导"从创造满意到创造感动"，贝客不仅要求管家为租客提供日常服务，还鼓励并培训管家团队"快速建立和经营客户关系"，用爱为租客创造各种惊喜与感动，让贝客成为一处有爱有体温的社区，由此形成不俗的市场口碑。目前，贝客已经在江苏市场（以南京、苏州为核心）、北京市场形成极强的品牌口碑和规模优势，定位区域中高端白领公寓市场。

合作创新。通过与南京安居集团、北京海淀区保障房公司等战略合作，形成了贝客系列品牌布阵，业已成为集中式品牌公寓与政府国企合作实践的先行者和混合所有制模式创新的探路者。

3. 经营状况

贝客已开业门店房屋出租率常年保持在 97% 以上，续租率超过 50%，运营指标远超行业平均水平。从最初的品牌直营到品牌加盟、建立合资项目品牌体系、顾问咨询项目等，坚持由重转轻的创新业态和经营思路的探索。

（三）窝趣

1. 产品及服务

窝趣产品线见表6。

表 6 窝趣产品线

产品名称	定位,特色服务	商标
窝趣轻社区	白领轻奢公寓。 趣堂:趣味互动社交大堂,健身室、开放互动区。 趣社区:黑夜眼罩音乐节	窝趣 WOWQU 轻社区
窝趣服务式公寓	中高端服务式公寓 社交大堂:阅读、电玩 WOW 服务:啡凡(咖啡)	WOWQU 窝趣服务式公寓
华舍公寓	中端企业员工公寓	H 华舍公寓 HUABHE APARTMENT
瑰悦	旅居生活中五星级的家,服务式公寓。 智悦服务,人脸识别、房间智能客控系统	ROYARD 瑰悦

资料来源：迈点研究院整理。

2. 核心竞争力

轻资产运营模式：窝趣采取"管理直营"的轻资产运营模式，通过"委托运营管理"和"品牌输出"，帮助投资人进行资产管理，实现收益的最优。窝趣独有的"全链条运营管理体系"，是窝趣融合铂涛集团和 58 集

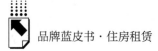

团赋能，及窝趣自身在公寓行业的领先优势而设计出的一站式公寓运营管理体系。共享了铂涛的强大连锁管理体系，供应链和会员体系，58同城的客源和房源的供给能力，包括项目定位、项目筹建、门店经营三大板块，全面提升项目收益。

3. 经营状况

客户满意度达到95.25%，门店平均出租率在98%以上，续约率高达78%。基于品牌的影响力，2019年第三季度在窝趣后台注册7天以后成交的租客占比已经超过12%，NPS（净推荐值，是一种计量某个客户将会向其他人推荐某个企业或服务可能性的指数，即口碑，也是顾客忠诚度的分析指标）平均值为89%。

三 MBI品牌指数表现

重点关注的创业系长租公寓中，安歆、贝客（贝客青年精品公寓、颐和·贝客公寓）、窝趣在2019年品牌的运营与发展均有长足的进步。具体表现在化"数"为"据"的迈点MBI长租公寓品牌指数中，4个品牌全年均呈现上升趋势（见图4）。

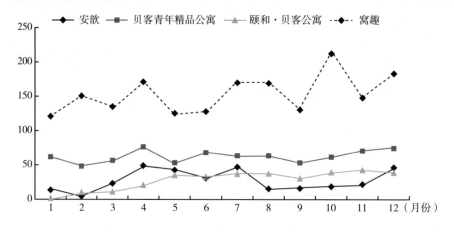

图4 2019年MBI品牌指数变动趋势

资料来源：迈点研究院。

其中窝趣表现抢眼，呈现稳步上升趋势，在 2019 年 10 月达到了自身全年品牌指数的最高值 214.77。在 12 月品牌指数值为 183.67，位列当月所有监测品牌指数第一名。依托铂涛集团实力与对租赁市场尤其是青年租客市场的关注与品牌定位，窝趣的未来表现值得期待。

贝客在图表中有两组数据：贝客青年精品公寓（主营业务）和颐和·贝客公寓（创新业务，南京与国有资产合作项目）。创业系品牌都在做"轻"资本的探索，去化存量与区域国资合作是贝客的创新与实践。颐和·贝客公寓在 2019 年的品牌指数，由年初 2 月的指数值 9，经过 10 个月的运营操盘快速上升，在 11 月达到 41.75，也是一年中品牌的最高值，增幅超过 400%。主营品牌贝客青年精品公寓也稳中有升，每月指数均超过 50，在行业品牌中位居前列。期待贝客未来创新与轻资产的多产品线之路越走越宽。

安歇公寓是行业中企业用房（员工宿舍、白领公寓）的代表品牌，客群为企业即 B 端。品牌运营也有其独特之处，2019 年品牌指数稳中有升。4 月达到全年品牌指数的最大值 48.71。5 月、12 月指数变现优秀，结合品牌事件：单项目的微利即兼具社会效益的产品属性，使安歇对规模化有更强的渴望与长线经营的战略考量。物业端，5 月安歇集团宣布战略并购如家旗下的长租公寓品牌"逗号公寓"。资本端，12 月安歇集团获凯雷数亿元投资集团 C 轮融资，规模扩张、中台搭建等。中台搭建也是精细化运营中提升效率、降低管理费用的探索。品效合一、规模化、社会责任、资本垂青、多产品线、数字化升级，未来安歇还会为员工宿舍这个行业细分市场赋予什么？让我们拭目以待。

四　创始人观点与发展规划

（一）安歇

1. 发展规划

安歇集团未来会增加托管项目比例，发展白领公寓，但企业员工宿舍依旧是安歇发展不变的核心。从布局上来看，安歇会着重发展第三产业比较发

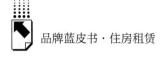

达的一线城市，例如北京、上海、广州、深圳。

第二类城市矩阵是国家级的产业园区，例如昆山、苏州、常州、长沙等。第三类城市矩阵是人才吸引政策有特别红利的城市，尤其是教育资源较多的城市，安歆希望把企业带进校园，为学生与企业牵线搭桥。

2. 创始人观点

安歆集团创始人、CEO 徐早霞：长租公寓的"长宽高"。

（1）长租公寓业务链长，利润低，项目起点是重中之重，公寓运营需要长线思维

长租公寓经验不足，业务链复杂，能够做到按时开业的项目不多，这与渠道管理、运营管理、系统研发等都密切相关。例如，当项目数量达到一定数值，必须有成熟完善的系统去支撑区域管控、流程管控、业务管控，以及审批管控等各个环节的正常运作和顺利对接。

长租公寓是一个长线生意，需要具备长线思维，长租公寓不是一个追风口的行业。商业模式要求长租公寓重服务、重运营、重人才。在服务体系上，安歆一直坚持四个对标：服务对标酒店、安全对标校园、卫生对标医院、生活服务对标智慧社区。用心将服务做到足够细致、到位，为项目的长足发展保驾护航。

（2）长租公寓领域产品丰富，行业有厚度

未来，公寓产品的区分度会越来越大，同质化会越来越少，每个运营商都有自己擅长的领域和独特的产品基因。所以，长租公寓行业很有厚度，需要大家有针对性地获取客群。

（3）一个产业的高度，要看产业终局

从国外的市场来看，抑或是从我们国家的政策来看，无论是国外的成熟企业，还是大东信托……都是长租公寓未来产业终局可想象的空间，而目前国内长租公寓的发展还远未达到那种高度。

（二）贝客青年精品公寓

1. 发展规划

贝客将坚持由重转轻的发展路线，在经营好已有直营门店的同时，大力

发展品牌加盟业务，拥抱政府国资合作赋能，积极响应政府人才公寓及大型租赁式社区的建设需求，持续建立新的合资项目品牌体系、顾问咨询项目等，走多元化特色发展路线。未来3年，贝客将在重点布局城市纵深发展，争取开业管理房间数突破30000间，成为行业最具品牌价值和影响力的专业化资产管理企业。

2. 创始人观点

贝客公寓创始人兼CEO魏子石的观点如下。

纵观2019年，资本市场正值寒冬，公寓行业也面临着严峻的考验，业内几家长租公寓的爆仓、政府介入调控房租以及加强对企业的监管等，业内开始新一轮的洗牌，让公寓人的每一步都如履薄冰。洗牌虽残酷，但真金不怕火炼，时间和市场的考验能淬炼出一批更加优质、得民心的品牌。

资本的诱惑使得一些公寓品牌在产品还没有成熟之前，就开始了跑马圈地的快速扩张之路，实行资产证券化。长租公寓一旦过度使用金融杠杆，极易背离其居住属性，进而变成敛财的工具。稍有不慎，本就脆弱的资金链就会顷刻崩塌。那些为片面追求规模、利益而忽视的产品品质、健康运营，到头来都将成为反噬企业的最大根源。

规模效应众人热追，但一定要力拨浮云认清自己，不盲目跟从。贝客要做的是回归经营本质，坚持产品为先、稳步发展，专注于公寓的运营和社群的搭建维护，努力为有租房需求的人们提供一处有爱有体温的社区。

（三）窝趣

1. 发展规划

租赁式住房的大量入市会对现有的品牌公寓及运营商造成较大的冲击，即房源的大量增加，房间溢价空间降低，研究技术性打法成为各家企业的主要任务。

未来发展规划：窝趣将继续巩固公寓及租赁住宅的品牌地位，发展出覆盖高中低不同用户的多品牌和全产品线来满足不同合作伙伴和物业的需求。

2. 创始人观点

窝趣品牌创始人和 CEO 刘辉观点如下。

（1）经营权和所有权将进一步分离，市场对托管的需求日益增加

随着企业在租客方的竞争加大，专业化的分工越来越受欢迎，大中体量的企业可能会找一个运营能力比较好的运营公司合作，经营权和所有权将进一步分离，市场对托管的需求日益增加。

（2）未来 3 年市场的不确定性

更多城市的房源增长，租客的需求却没有增长，租赁交易总量下降，房租价格提不上去，在这种情况下，企业要去思索怎么去对抗这种趋势。这种情况可能持续 3 年，甚至更长，所以企业必须提高运营能力，从现有的项目上去造血，让项目都能够为公司供血。另外，要研究怎么争取到更多的租客，比如从会员、软装、配饰上吸引租客。

（3）自持用地将陆续放到市场，需要更加专业的运营机构

可以预见，2020 年将有大面积集体土地建设的租赁住房投放到市场，而项目的主体以地产商、国企为主。国家鼓励将保障房运营交给专业的企业来完成，使保障房运营专业化、规范化、管理机制逐步完善。这是所有有运营能力的企业的机会。

参考文献

《长租公寓如何才能享受到科技带来的红利?》，腾讯网，https：//finance. qq. com/a/20191210/013979. htm。

《长租公寓面临的三大痛点》，搜狐网，https：//www. sohu. com/a/221246842_209020。

B.18
分散式长租公寓案例及商业模式

徐益文　郭德荣*

摘　要： 分散式长租公寓是我国住房租赁市场中体量最大的品类。从行业上看，物业获取更容易、物业价格相对较低；资本关注度高，融资事件不断；用户端房源选择较多，不少品牌推出"置换"服务（本地或外地的换房服务），连锁化初现；行业也面临问题，管理成本高（房源与员工分散）；产品与服务品质参差不齐；与房东资产合约争端、与租户租金纠纷等。2019年底，分散式长租公寓品牌美股成功上市，为行业与同业者带来了信心，机遇与挑战并存。

关键词： 资产证券化　深耕行业　数字化变革

从物业方获取物业、到品牌化改造、再到上市租赁（C2B2C），是行业普遍的运营模式。规模化是分散式长租公寓品牌崛起的必由之路，分散式的特点使得品牌纷纷加码数字化变革，从收房到租赁再到物业、财务，全链式的平台帮助品牌与时间和同行赛跑，从"指尖"抠出一点又一点的利润再乘以规模化，收益与发展还是可期的。[①] 赛道中的领先选手最先跑到"上市"这个"补给站"，更有做差异化的品牌凸显，着眼于行

---

* 徐益文，迈点研究院研究员，研究方向为联合办公、商业地产等；郭德荣，迈点研究院研究总监，研究方向为文商旅综合体品牌及运营。

[①] 《2018年中国长租公寓数据分析：分散式公寓占比超七成》，中商情报网，https://www.askci.com/news/chanye/20180908/1114211131456.shtml。

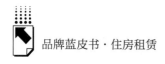

业细分服务特定客群。让我们关注这些行业代表品牌：青客租房、蛋壳公寓、美丽屋。

一 品牌历程

我国长租公寓早期基本都是分散式，信息不对称、房源、产品、服务参差不齐。品牌化的出现，为行业规模化、品牌运营的发展、溢价与收益，乃至行业标准的出现提供了基础。回归行业"初心"为的是更好地为消费者提供租住体验。

（一）青客租房

青客租房商标见图1。

图1 青客租房商标

青客租房于2012年在上海创立。发展稳健持续获得资本青睐，到2019年，青客租房在美国纳斯达克成功上市，成为中国长租公寓第一股。

以"为1000万青年人提供低于2000元的品质公寓"为品牌定位，"同样地段青客划算"为品牌理念。正如品牌名称"青客"一样，品质服务青年租客。目前，青客租房业务分布于上海、北京、杭州、南京、武汉、苏州等城市。青客租房提供的房源绝大部分月租金在2000元以下，而中国2000元以下的月租金需求占比近80%。在区域一体化发展国家战略背景下，长三角区域已成为我国经济发展最活跃、开放程度最高、创新能力最强的区域之一。青客租房作为以长江特大城市群为核心市场的公司，在该市场有着举足轻重的地位，也成为受益者。青客租房发展历程见表1。

表1 青客租房发展历程

时间	发展历程
2012 年	"青客"品牌成立；引进大学生创业基金、引进纽信创投
2013 年	青客商业模式走向 O2O 模式；引进汇嘉创投产的类 REITs
2014 年	青客顺利走向移动互联化；引进达晨创投
2015 年	顺利引进赛富亚洲领投、纽信创投等跟投的 B 轮融资
2017 年	青客引进摩根士丹利亚洲私募基金 C 轮融资
2019 年	青客在美国纳斯达克成功上市，成为中国长租公寓第一股

资料来源：迈点研究院整理。

（二）蛋壳公寓

蛋壳公寓商标见图2。

图2 蛋壳公寓商标

蛋壳公寓隶属于紫梧桐（北京）资产管理有限公司，于2015年初在北京成立。蛋壳公寓是一家以科技驱动为核心，致力于提供高品质租住生活的共享居住空间平台，产品主要涵盖白领分散式公寓和蓝领集中式公寓。蛋壳公寓秉承"让生活更美好"的使命，以创新的"新租赁"模式，为房东和租客提供解决方案，即集中化地运营由房东托管的公寓，将其出租给租客；对公寓进行标准化的设计、装修和配置，并提供高品质的一站

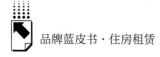

式服务；没有实体店面，业务流程在线化，使房东和租客都能获得流畅的服务体验。

截至2019年9月30日，蛋壳公寓已进入北京、深圳、上海、杭州、天津、武汉、南京、广州、成都、苏州、无锡、西安、重庆等13地市场，共运营406746间房间，与成立的第一年（截至2015年12月31日，其运营的房间数为2434间，且全部位于北京）相比，房间数增长了166倍，2015年底至2018年底三年年复合增长率达360%。2020年1月，蛋壳公寓顺利挂牌上市。蛋壳公寓发展历程见表2。

表2 蛋壳公寓发展历程

时间	发展历程
2015年	蛋壳公寓品牌成立
2019年1月	收购长租公寓品牌"爱上租"
2019年6月	在杭州提出"真房源公约"
2019年8月	开始进入无锡、西安、重庆三地市场
2019年11月	向美国SEC（美国证券交易委员会）公开递交招股书
2020年1月	纽交所挂牌上市

资料来源：迈点研究院整理。

（三）美丽屋

美丽屋商标见图3。

图3 美丽屋商标

美丽屋是联优科技旗下的全国性长租公寓品牌。邀知名设计师匠心打造多种装修风格，配置全新家具家电，手绘油画装点年轻人的梦想空间，打造理想租房生活。品牌于 2015 年 7 月在北京成立。"因为美丽屋爱上一座城"是美丽屋的核心企业文化，美丽屋致力于打造国内优质的长租品牌公寓，为业主提供诚信、优质的房屋资产管理服务。

美丽屋以抢占新一线城市为布局策略。在城市及区域布局的策略关注指数上倾向于商业资源集聚度、城市人口活跃度、人才政策红利等方面。同时，立足于已拓展城市开展业务，将美丽屋品牌进行标准化模式复制，积极扩张一线及二线城市。结合"345"发展模式，实现每个签约中心都能以 3 公里为半径，覆盖 4000 间房源，人房比达到 1∶50，实现了有效半径。保证美丽屋产品和服务的高质量化，确保已入驻城市份额稳步上升。美丽屋非常重视自身品牌的发展与锤炼，希望为客户创造更细微的服务、更完善的住房体验。美丽屋发展历程见表 3。

表 3　美丽屋发展历程

时间	发展历程
2015 年 7 月	美丽屋品牌成立
2017 年 7 月	入选中国品牌租赁式公寓规范经营的白名单企业
2019 年 5 月	美丽屋 M-Plus 产品设计平台上线
2019 年 12 月	已布局北京、天津、南京、成都、西安、青岛、昆明、合肥、济南、杭州、重庆、贵阳、长沙、福州、苏州、南昌、南宁、宁波等 18 个城市，房源 10 万间

资料来源：迈点研究院整理。

二　产品与经营

（一）青客租房

1. 产品及服务

定位：青年租客，房源绝大部分月租金在 2000 元以下。

产品与设计：长租公寓，基础家具＋品牌家电，清新简约的装修风格搭配明朗的色彩格调。

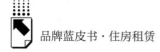
特色服务：智能密码锁。24 小时维修服务、1 个月 2 次深度保洁。

2. 核心竞争力

青客租房是一家科技驱动型的公司，凭借技术优势成为市场领导者，成立以来，青客租房始终坚持严格筛选优质的底层资产，不断提高运营效率。青客租房坚持用核心技术为运营效率赋能，提升用户体验，降低获客成本，不断强化成本管控、不断提升销售团队效率，随着规模扩大，边际效应显现。

3. 经营状况

青客租房目前房东资产端合约稳定，平均年限超过 5 年，客户服务端销售强劲，2019 财年第四季度的期末满房率达到 95.8%。第四季度通常是全年入住的旺季，该满房率对于旺季来说也是历史新高。从数据中可以看出，青客租房的租客规模仍然在不断扩大，满房房间数和间夜满房率双双增长。青客租房现已拥有一套成熟的运作模式，拥有 2 万余名房东，管辖 10 万余间房，为超过 30 万的年轻人提供了住房服务，已在国内多个一、二线城市设立分公司，大力发展当地的住房租赁业务。

（二）蛋壳公寓

1. 产品及服务

蛋壳公寓产品线见表 4。

表 4　蛋壳公寓产品线

产品线名称	蛋壳公寓	筑梦公寓
产品定位	白领分散式公寓产品形态涵盖合租公寓、整租公寓等，满足都市年轻白领多元化的居住需求	旗下集式公寓，专注于打造企业级公寓。为企业员工提供员工宿舍，满足产业职工、都市服务业者的基本住房需求，已拓展至北京、上海、杭州、深圳、广州等一线城市，拥有近 2 万张床位，服务近百家企业客户

资料来源：迈点研究院整理。

2. 核心竞争力

以创新的"新租赁"模式，为房东和租客提供解决方案，即集中化地运营由房东托管的公寓，将其出租给租客；对公寓进行标准化的设计、装修和配置，并提供高品质的一站式服务；没有实体店面，业务流程在线化，使房东和租客都能获得流畅的服务体验。概括起来，其核心优势和创新能力体现在：互联网大数据赋能、强大的供应链管理、一流的服务、强大的团队线上线下能力。[1]

3. 经营状况

房东方面，蛋壳公寓与房东的租约为4～6年，截至2019年6月30日，蛋壳公寓房东续签率为80%。租客方面，蛋壳公寓的租客年龄集中在22～30岁，高学历，有稳定收入。蛋壳公寓与租客签订的合同期限通常为1年。截至2019年6月30日，租客入住率为89%，租客续租率超过了51%。

（三）美丽屋

1. 产品及服务

定位：美丽屋致力于为年龄在20～35岁的大学生及城市青年人打造一个良好的租住环境。

产品与设计：长租公寓。拥有美式田园风、欧式简约风、优雅地中海、M-Plus等多条标准化品质居住产品线。

特色服务：定期视频报告、租客认证、装修、保洁、维修等。

社群：美丽屋将自身定位为有居住功能的美客社群，运用轰趴、主题派对、节日活动等营销活动以及话题互动等，营造美客社群交集，增强用户互动，打造良好社区氛围。

2. 核心竞争力

以服务年轻客群作为企业的发展路线，以规模化运营、差异化产品、高质

---

[1] 《毕业租房月付0押金还送免费换租 蛋壳公寓"椋鸟计划"第五季正式上线》，迈点网，https：//www.meadin.com/pp/211940.html。

量服务来获取市场。美丽屋以抢占新一线城市为主体经营战略，通过已拓展城市的业务开展，将美丽屋品牌进行标准化模式复制，同时积极扩张一线及二线城市。美丽屋的核心竞争力为通过差异化产品、高质量服务来争夺市场份额。

3. 经营状况

截至 2019 年 12 月，美丽屋房源数量平均以每年 50% 的增长速度增至 100000 间，管理资产也以平均每年 60% 的增长速度增长至 750 亿元。业主连续委托率超过 80%，租户入住率超过 93%，口碑转介绍率超过 30%，主营业务毛利率达 25%。

三　MBI 品牌指数表现

分散式长租公寓品牌近年来发展迅速，在市场中已经形成头部品牌梯队，2019 ~ 2020 年初，分散式长租公寓出现了 2 只上市（美股）品牌——青客租房、蛋壳公寓。从二者在"迈点 MBI 分散式长租公寓品牌指数"中的表现也可以看到，在品牌上市期间品牌指数值达到年度最大。10 月，青客租房品牌指数为 418.86；自第四季度启动上市（正式上市时间：2020 年 1 月），蛋壳公寓品牌指数值（2019 年 10 ~ 12 月）均超过 200，排名监测品牌第一（见图 4）。

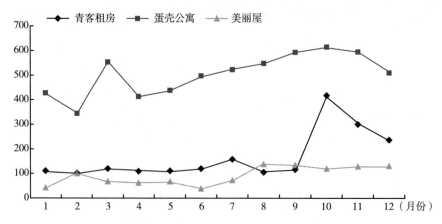

图 4　2019 年 MBI 品牌指数变动趋势

资料来源：迈点研究院。

2019 年分散式长租公寓品牌媒体指数的表现，除了上市品牌值得关注外，在 2019 年专注产品差异化、稳中求进大力拓项目拿物业的众多品牌中，美丽屋是其中的代表品牌。在行业差异化的打法中，美丽屋在"设计"和"新一线市场"上下功夫，2019 年上线自主设计平台"M-Plus"，进入昆明、合肥、济南、贵阳、长沙、福州、南昌、南宁等城市全国体量超 10 万间，其媒体指数也随着品牌发展，稳健增长（见图5）。

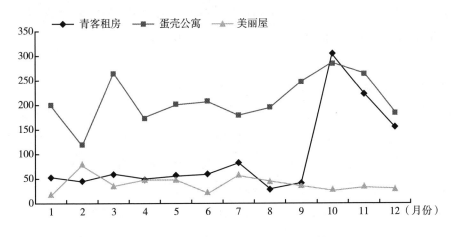

图 5 2019 年 MBI 媒体指数变动趋势

资料来源：迈点研究院。

公寓上市是品牌发展过程中的一种选择，需要理性看待。上市品牌的影响力将提升，上市品牌的队伍也会壮大，同时由于年轻客群对"消费升级"下租住产品的新要求，合作方对收益的期待，公寓的品牌之路充满机遇与挑战。

四　创始人观点与发展规划

（一）青客租房

1. 发展规划

青客租房将坚持更高性价比产品、更优质的服务质量，让在大城市里奋斗的年轻人可以降低生活成本，让满怀憧憬、努力生活的人都能在实现理想的路上，有一个温暖的小家。

2. 创始人观点

青客租房创始人兼 CEO 金光杰认为，根据灼识咨询的预测，中国长租行业的市场规模会从 2018 年到 2024 年翻翻，达到 30071 亿元人民币，约合 4470 亿美元。同时，政府对行业的规范政策逐步实施，将提高行业的壁垒，促使规模化的品牌运营商市场渗透率得到提高，品牌运营商整体的市场渗透率将从 2018 年的 2% 提高到 2024 年的 11%。我们认为，在行业的下一个阶段中，资产质量高的头部企业的市场份额将大幅提高。2019 年下半年，在中美贸易摩擦和国内宏观调控的经济背景下，作为中国长租行业经营历史最久的公司之一，与经济周期打交道的经验告诉我们，在经济下行期间不能激进地扩张，而应以整合公司内部资源，进一步提高经营效率，优化房源质量为首要任务。我们在 2019 年第四季度降低亏损的同时实现合理的增长，虽然租金差有所收窄，但是在行业横向对比中，依然在综合水平上进一步拉开业内的差距，成为行业的引领者。我们相信，在经历过经济寒冬的优胜劣汰后，行业会更成熟和理性，将以资产质量和运营效率为前提追求有质量的增长。那时将会是我们发挥优势的良机。虽然在短期内，长租行业不可避免地会受到经济下行周期的影响，但是从行业本身的成长曲线来看，行业依然处于朝阳期。体现在随着国家"房住不炒、租售同权"等政策的落地，供给端和需求端同时增加，因而长租市场有很大的增长潜力。另外，从地方的角度看，各地方政府竞相吸引年轻人口流入，因此在长租公寓的政策方面也各有强力支持。青客租房作为中国长租公寓首家上市公司，资产质量及运营效率均处于行业领先地位。我们将继续加强自身的技术实力及管理能力，在扩张资产规模的同时不断提升用户体验，树立行业标杆。

（二）蛋壳公寓

1. 发展规划

助力租赁市场的规范，提供标准化的产品和服务，推动行业健康发展，让租房变得简单和快乐，是蛋壳公寓长期以来努力实现的目标和方向。未来蛋壳公寓将深植产品和服务，并利用整个 IT 大数据系统，真正实现让居住更美好。

2. 创始人观点

蛋壳公寓联合创始人崔岩认为，互联网科技＋精细化服务是未来长租公寓的核心竞争力。长租公寓企业应当为协助主管部门规范市场主体行为，提升住房租赁服务质量，贡献一己之力。"蛋壳公寓希望通过自我的革新行动，日拱一卒，将其变成行业共识。"

蛋壳公寓创立之初，选择"蛋壳"这个名字，就是为了能够作为这些来大城市打拼的年轻人的梦想守护者，充满了生机和力量，能够陪伴这些优秀的年轻人共同孕育对事业的渴望、孵化对爱情的憧憬和对幸福的期盼，最终见证他们一切美好的梦想都能冲破阻碍，成为现实。"我们一直在努力为大家提供有品质的居住生活、倡导正能量的生活方式，让大家了解，租房也是一种生活方式，可以拥有体面的生活。"

（三）美丽屋

1. 发展规划

美丽屋始终坚持品牌发展的路径，截至 2019 年 12 月，已经在 18 个城市完成布局。在未来发展中，美丽屋仍将稳中求发展，继续根据"聚焦原则"，在重点发展样板市场的同时，逐步以点带面，向周边区域和城市辐射发展。美丽屋以合伙人平台为中心战略，以"先知"系统平衡规模和盈利，以"喜鹊计划"拓展海量房、客资源，形成"一个中心两个基本点"。2020年，美丽屋品牌定位不会发生改变，整体发展脚步会进入慢工打磨阶段，在扩张规模方面，则会通过内部自生长完成 20%～30% 的存量增长，努力成为公寓行业最大的财富合伙人平台。

2. 创始人观点

美丽屋创始人、CEO 韩光认为，2018 年下半年开始，政府对长租公寓的态度由"支持"开始转为"理性"，住房租赁企业无法再粗放式发展，甚至无法再运用一些融资渠道获取资金抢占房源。这似乎在一定程度上限制了长租公寓的融资渠道。然而，行业只有不断地迭代、优化，才能实现真正的良性发展。因此，从政策上看看似为长租公寓企业戴上了紧箍咒，却未必是一件坏事。

从宏观的经济趋势来看，近十年来，我国随着经济结构战略转型和升级，第三产业增长态势十分迅猛，为城镇化进程中涌入城市的流动人口提供了大量的就业机会。有数据显示，城镇租房群众约1.8亿人，他们大多是收入不高、目前尚没有条件买房的住房困难群众，90%以上是进城务工人员和新就业大学生，需要通过租房解决居住问题。因此，在可预期的未来，蓝领公寓的价值将节节攀升。

从行业趋势来看，从2015年直至2018年第三季度之前，属于公寓企业跑马圈地的小周期，此后一直延续到2020年的第三季度将会是行业大小周期转换的两年，行业大小周期转化的标志有三个：头部公司形成、政策法规落地以及2B服务企业的出现。2020年会出现行业大周期，头部更加凸显，政策将全面落地，企业服务更加完善成熟。

2020年，控制规模和节奏将是全行业的主题。行业从业者需要更稳健、更耐心、更长期地投入这项事业中，聚焦于为客户、为社会创造更多价值。我们呼吁长租公寓从业者回归最本真的商业逻辑，专注于自身业务，这样才能让行业驶入正轨发展"长"下去。

参考文献

《2018年中国长租公寓数据分析：分散式公寓占比超七成》，中商情报网，https：//www. askci. com/news/chanye/20180908/1114211131456. shtml。

《毕业租房月付0押金还送免费换租 蛋壳公寓"椋鸟计划"第五季正式上线》，迈点网，https：//www. meadin. com/pp/211940. html。

B.19
服务式公寓案例及商业模式

徐益文　郭德荣*

摘　要： 服务式公寓起源于20世纪70年代的法国。20世纪90年代
　　　　初，我国首批服务式公寓出现在上海、北京、广州、深圳。
　　　　服务式公寓溢价高，为租客提供了卧室、起居室、厨房、餐
　　　　厅、书房等良好的居家氛围；公共空间也多具有商务社交功
　　　　能，提供会客厅、会议室、商务中心等；"消费升级"的今
　　　　天，租客从外企高管变为国内创业者、企业高管，本土品牌
　　　　也不断出现。梳理服务式公寓的发展路径、品牌的核心竞争
　　　　力、租客的需求变化等都具有现实意义。

关键词： 服务式公寓　多产品线　高溢价率

服务式公寓品牌作为我国长租公寓行业最早出现的业态，其发展历程与改革开放40多年的历程颇为相似。一方面，我们学习国际品牌的产品与服务；另一方面，开始厚积薄发的本土化。关心国际品牌，更关注本土品牌，打磨产品、至臻服务、精细管理、品牌运营，弯道超车或许只是时间问题。①

服务式公寓的品牌运营方现在主要有两类：一类是国际品牌，大多拥有高端物业，如雅诗阁、辉盛阁等；另一类是国内品牌，集团业务多元化，为

---

* 徐益文，迈点研究院研究员，研究方向为联合办公、商业地产等；郭德荣，迈点研究院研究总监，研究方向为文商旅综合体品牌及运营。
① 毛大庆、白小红：《服务式公寓的沿革及发展预测》，《百年建筑》2003年第10期，第1~3页。

开拓细分市场，发展产品线，如协信家、阳光城·睿湾等。服务式公寓代表着整个公寓行业的好产品、好服务和高溢价，我们关注的行业代表品牌包括：奥克伍德、博乐诗服务公寓、逸兰服务式公寓。①

一　品牌历程

（一）奥克伍德

奥克伍德商标见图1。

图 1　奥克伍德商标

奥克伍德，隶属于奥卓国际集团（亚洲），是服务式公寓解决方案的供应商，提供满足全球组织、个人商务和休闲游客需求的住宿空间。集团总部位于美国洛杉矶，服务中国市场的亚洲总部位于新加坡。成立近50年，公寓体量2.5万套，分布于全球85个国家/地区，在我国已进入北京、上海、广州、香港、杭州、成都、三亚、苏州、扬州等地。奥克伍德产品线见表1。

表 1　奥克伍德产品线

产品名称	定位	商标
奥克伍德雅居服务公寓	"以全新的方式享受现代服务式公寓住宿"，商旅客群	

---

① 《中国服务式公寓大数据分析报告》，搜狐焦点网，https://sh.focus.cn/zixun/d02f9582f91a87e3.html。

续表

产品名称	定位	商标
奥克伍德豪景 酒店公寓	"满足高位人士需求的豪华居所", 高端客群	
奥克伍德华庭 酒店公寓	"在安全舒适的住宅环境中体验亲切感和 社区感",家庭客群	
奥克伍德尚轩 酒店公寓	"在充活力的空间感受目的地的跳动脉搏",游客	
奥克伍德优阁 酒店公寓	"精美私密与低调奢华",企业高管	

资料来源：迈点研究院整理。

（二）博乐诗服务公寓

博乐诗服务公寓商标见图 2。

图 2　博乐诗服务公寓商标

博乐诗服务公寓隶属于旭辉领寓，于 2017 年在上海成立。以"博雅格调，诗意栖居"为品牌主张，打造"品质套房 + 商务会客空间"，为企业精英及商旅人士提供健康舒适的居家型旅居生活。定制化优选酒店服务，从入住到退房，力求为客人带去"行所至，家所在"的旅途归属感。

旭辉领寓目前布局全国 20 座城市，拓展房源 68000 多间。基于旭辉领寓在全国的布局及品牌影响力，博乐诗服务公寓已开业 7 家门店，覆盖上海、苏州、杭州、郑州等 4 大核心城市。博乐诗深耕在服务公寓这个细分市场，选址以一、二线核心商务及旅居城市为主，以满足商旅需求。博乐诗服务公寓发展历程见表 2。

表 2　博乐诗服务公寓发展历程

时间	发展历程
2017 年 4 月	上海浦江博乐诗服务公寓首店开业，博乐诗品牌成立
2018 年 2 月	苏州姑苏博乐诗服务公寓开业
2018 年 4 月	杭州金沙湖博乐诗服务公寓、杭州国展博乐诗服务公寓开业
2018 年 6 月	旭辉领寓成功发行长租公寓民企首单储架式权益类 REITs，上海浦江博乐诗服务公寓成为专项计划第一期发行的标的物业
2019 年 9 月	无锡博乐诗·亚朵服务公寓开业

资料来源：迈点研究院整理。

（三）逸兰服务式公寓

逸兰服务式公寓见图 3。

图 3　逸兰服务式公寓

逸兰是香港永泰地产有限公司旗下全资子公司，创建于 1995 年。主营业务为服务式公寓及精品酒店，旨在为客人提供高端生活享受。逸兰服务式公寓已进驻香港、上海（2 个）、成都、吉隆坡（马来西亚）及新加坡。

"简单的一个绿色软枕，显出温柔舒适度与无微不至的关爱，犹如给予住客们一个安乐窝。"这是逸兰品牌简约而有温度的解读。"精心营造时尚安逸的居住环境，加之高度个性化的服务，让宾客尽享宁静舒适，细细品味生活之美。"逸兰品牌的愿景，也是公寓行业回归服务初心的体现。

二 产品与经营

在本报告关注的行业代表品牌中，博乐诗服务公寓的经营具有一定特色，本部分对其进行简要介绍。

（一）产品及服务

博乐诗服务公寓产品及服务见表3。

表3 博乐诗服务公寓产品及服务

产品名称	定位与从产品	特色服务
博乐诗服务公寓	企业商旅臻选服务式公寓；由专业运营管理团队打造，以"品质套房＋商务会客空间"为企业精英及商旅人群提供高品质、精准服务、健康舒适的居家型旅居生活，打造一个"家外之家"	贴心个性化服务，提供"家"的温暖。提供智能化服务，自助办理入住。暖心早餐服务，结合当地特色提供餐点。智能定制化产品，打造"家"的舒适。迷你高尔夫、日式泡池，全屋热水循环系统，独立空气净化设备

资料来源：迈点研究院整理。

（二）核心竞争力

作为旭辉领寓旗下三大产品线之一的博乐诗服务公寓，从2017年诞生至今，持续为商旅人群提供品质兼具诗意的居住体验。以用户思维为核心，通过用心打造标准化产品及服务，解决商务便捷性与温馨居家氛围的平衡问题，并兼具差异化的定制服务。"公寓式产品＋酒店式服务"、租期灵活等特点，使博乐诗品牌既能为长期外派的宾客提供家的温暖，也能满足短途出行安居所需，让客人在繁忙的城市中拥有品质生活的同时感受"行所至，家所在"的旅途归属感。

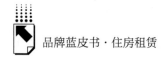

（三）经营状况

博乐诗服务公寓作为旭辉领寓旗下产品线之一，共享旭辉领寓的会员体系。通过日、周、月、年租等不同周期产品，满足商旅客户长短期差旅需求及家庭出游。其定制化优选服务包括了适用于长租的居家需求，如洗衣、自助厨房、孩童照看、宠物寄养等，以及短租的舒适需求，如智能化家具、当地特色餐饮、贴心管家服务等。通过完善的运营体系及销售体系提升服务式公寓的运营效率，博乐诗服务公寓门店全年入住率平均在85%以上，同时RevPAR与GOP率也保持行业前列。

三 MBI品牌指数表现

（一）奥克伍德

从图4中可以看出，奥克伍德两个主要产品线在"2019年服务式公寓MBI品牌指数"中表现比较平稳，且奥克伍德华庭（定位家庭客群）与奥克伍德豪景（定位高端客群）的指数值也很接近，反映出奥克伍德在我国

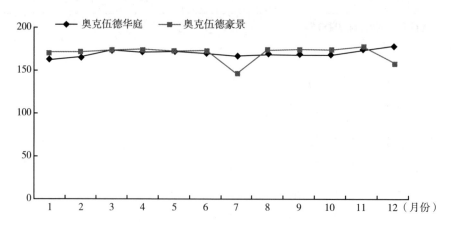

图4 2019年奥克伍德华庭、奥克伍德豪景MBI品牌指数变动趋势

资料来源：迈点研究院。

双品牌战略已趋于成熟。同时，我们也期待未来其他产品线在中国市场落地生根，为服务式公寓行业注入新的活力。

（二）博乐诗服务公寓

从图5看，博乐诗服务公寓在"2019年服务式公寓MBI品牌指数"中的表现稳中有升，其中在8月达到一年的最高值193.49。与其他公寓品类不同，"服务式公寓MBI品牌指数"中舆情指数占重要比重，即一段时间内（图5为月），用户对于该品牌公寓的点评情况。舆情指数全年走势稳定无大幅波动，说明博乐诗服务公寓品牌在产品与服务上孜孜以求，服务式公寓本土品牌之路值得期待。

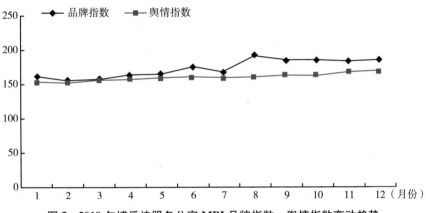

图5 2019年博乐诗服务公寓MBI品牌指数、舆情指数变动趋势

资料来源：迈点研究院。

（三）逸兰服务式公寓

逸兰服务式公寓在"2019年服务式公寓MBI品牌指数"上的表现整体呈上升趋势。11月达到全年最高值170.18，较1月指数值153.92上升10.56%（见图6）。从上涨趋势中也可以看出，当舆情指数占比过高（超过90%）时，媒体指数、运营指数的提升需要加强。同时，舆情指数全年波动较大，反映了品牌的产品与服务品质有提升空间。

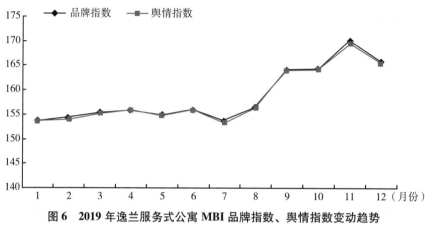

图6　2019年逸兰服务式公寓MBI品牌指数、舆情指数变动趋势

资料来源：迈点研究院。

四　创始人观点与发展规划

在本报告关注的行业代表品牌中，博乐诗服务公寓的经营具有一定特色，本部分对其进行简要介绍。

（一）发展规划

战略需要聚焦，延伸到产品也是一样。目前旭辉领寓以柚米寓这条产品线为主，约占80%，未来一线核心城市将以柚米寓产品为主，它面对的为主流的白领客群，基数相对较大。对于博乐诗服务公寓，更专注于有质量的扩张，通过不断地打磨、提升产品及服务能力，实现更高的品牌溢价能力，精细化运营逐渐实现由单项目盈利到整体盈利的目标。

（二）创始人观点

旭辉领寓总裁、CEO张爱华认为，博乐诗服务公寓的成功实践是旭辉领寓对租房细分市场需求的精准把控和匠心铸造品质的双重结果，除此之外，旭辉领寓还设立了菁社青年公寓、柚米寓及租赁社区，布局多条产品线，满足不同阶段租住需求，覆盖用户的全生命周期。

截至 2019 年 12 月，旭辉领寓已布局全国 20 座城市，拓展房源 68000 多间，位居房企系 TOP3、上海 TOP1。形成了以用户思维为核心的"大投资""大产品""大运营""大数据"的四大核心竞争力，支撑着品牌"轻重并举、租赁升级"的整体战略布局前进。

以用户体验为中心，洞察市场需求，多元化的居住需求需要多元化的居住产品。未来租赁产品形态也会呈现多元化，如分散式、集中式长租公寓，租赁型社区等，长租公寓不仅包括青年公寓、白领公寓、服务式公寓，还包括家庭整租、老年公寓等更丰富的产品，租赁住宅的范围更广，当然涵盖的人群也更广。

其中，租赁型社区会成为稳定的市场供应。未来随着更多租赁地块的出现，租赁社区的形态会慢慢出现。从一栋楼的长租公寓的打造到一座"城"的智慧租赁社区的建设，更好地结合项目本身及客群研究去打造租赁产品，甚至嵌入不同的产品线丰富社区"内核"，比如在租赁社区中拿出一定比例的房量来打造博乐诗服务公寓，满足更多高端商旅人群的租住需求。

在未来更大的增量市场，社区的配套资源更加丰富，还会融合更多业态，比如商业及办公。社群足够大，链接周边的资源，给社区的租客提供更多服务，让居住更自由。

另外，笔者发现，逸兰服务式公寓的发展规划为"逸兰现进驻亚洲 4 个城市，未来品牌将继续不断开拓，将项目发展至更多一线及二线城市，并以不同的经营模式呈现，具体包括服务式公寓、精品酒店等，满足市场不同需求"。

参考文献

毛大庆、白小红：《服务式公寓的沿革及发展预测》，《百年建筑》2003 年第 10 期，第 1~3 页。

《中国服务式公寓大数据分析报告》，搜狐焦点网，https://sh.focus.cn/zixun/d02f9582f91a87e3.html。

附　　录

Appendix

附录1：2019年中国住房租赁品牌指数榜单

表 1　2019 年服务式公寓品牌影响力榜单

排名	品牌名称	年度平均指数	排名	品牌名称	年度平均指数
1	盛捷服务公寓	254.44	15	奥克伍德豪景	171.51
2	雅诗阁服务公寓	233.15	16	泛太平洋高级服务公寓	170.69
3	万豪行政公寓	225.03	17	辉盛坊国际公寓	165.68
4	馨乐庭服务公寓	218.07	18	辉盛庭国际公寓	162.95
5	铂顿国际公寓	209.16	19	优宿酒店公寓	159.49
6	辉盛阁国际公寓	198.14	20	逸兰服务式公寓	158.84
7	名致服务公寓	194.80	21	摩兜公寓	151.90
8	瑞贝庭公寓酒店	192.88	22	辉盛凯贝丽酒店式公寓	145.96
9	艾丽华酒店式公寓	190.59	23	寓居服务公寓	145.33
10	柏雅居服务公寓	174.97	24	碧桂园凤祺公寓	140.09
11	橡树公馆	174.44	25	莎玛服务式公寓	138.46
12	博乐诗服务公寓	173.64	26	诗铂高级服务公寓	137.39
13	途家盛捷服务公寓	171.89	27	XY酒店公寓	129.36
14	奥克伍德华庭	171.58	28	馨香雅苑公寓	128.23

续表

排名	品牌名称	年度平均指数	排名	品牌名称	年度平均指数
29	乐嘉服务公寓	117.22	34	纽家服务公寓	41.85
30	雅阁公寓	108.54	35	宝地·朴乐里	10.45
31	潮域酒店式公寓	83.39	36	协信家服务式公寓	2.88
32	优帕克服务式公寓	76.58	37	尚臻服务式公寓	1.16
33	阳光城·睿湾	57.49			

资料来源：迈点研究院。

表2 2019年集中式长租公寓品牌影响力榜单

排名	品牌名称	年度平均指数	排名	品牌名称	年度平均指数
1	冠寓	245.98	26	逗号公寓	29.04
2	YOU+国际青年社区	177.49	27	颐和·贝客公寓	27.48
3	泊寓	174.75	28	安歆公寓	27.44
4	窝趣	153.57	29	湾流国际共享社区	25.66
5	魔方公寓	153.12	30	达人嘉公寓	24.67
6	自如寓	126.62	31	合富创寓	18.34
7	旭辉领寓	107.19	32	乐乎有朋	16.54
8	朗诗寓	106.04	33	好寓	14.85
9	城家公寓	88.79	34	中建幸福公寓	14.51
10	乐乎公寓	74.23	35	FUNLIVE 方隅	14.25
11	新派公寓	74.06	36	E+青年公寓	14.13
12	世联红璞	66.98	37	熊猫公寓	13.77
13	贝客青年精品公寓	62.18	38	逗号之家	12.96
14	阳光城家	59.47	39	魔尔公寓	12.71
15	BIG+碧家国际社区	56.57	40	悦樘公寓	12.56
16	保利N+公寓	50.72	41	金地草莓社区	12.40
17	V领地青年社区	49.35	42	邦舍 Boonself	11.69
18	壹间公寓	45.81	43	青巢公寓	11.16
19	未来域	39.52	44	筑梦居公寓	10.43
20	城方	36.79	45	18Plus 公寓	9.54
21	9号楼公寓	33.91	46	Youtha 有巢	9.40
22	乐璟生活社区	32.68	47	A. T. living	8.93
23	LIPPO 公社	32.42	48	V+SPACE 国际青创社区	8.65
24	麦家公寓	31.45	49	V客青年公寓	8.51
25	融创东南住住	30.95	50	漫果公寓连锁	8.00

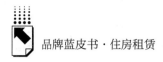
续表

排名	品牌名称	年度平均指数	排名	品牌名称	年度平均指数
51	可遇公寓	7.34	76	泊舍公寓	1.91
52	东南青年汇	7.29	77	友社国际青年社区	1.63
53	E客公寓	6.83	78	随寓青年社区	1.45
54	天住领寓	6.78	79	氧气公寓	1.32
55	相寓PARK	5.90	80	米柚公寓	1.30
56	麦家青寓	5.57	81	上坤·上寓	1.25
57	壹棠服务公寓	5.47	82	蜂巢公寓	1.17
58	合景昕舍	4.22	83	壹栈公寓	1.08
59	UONE优望	4.00	84	函数社区	1.04
60	米果青年众创社区	3.80	85	麦田公寓	0.91
61	保利小n公寓	3.50	86	驿庭公寓	0.89
62	青致礼寓	3.21	87	荣尚荟公寓	0.76
63	抱家公寓	3.17	88	昌阳居公寓	0.71
64	佳兆业佳寓	3.16	89	禾木生活青年公寓	0.69
65	宁巢公寓	2.95	90	首创Hé寓	0.63
66	上寓公寓	2.87	91	拎包客青年创业社区	0.61
67	弘寓	2.86	92	青沐公寓	0.52
68	友间公寓	2.83	93	鲤鱼公寓	0.51
69	优粒芒果	2.73	94	积木公寓	0.50
70	众寓资产	2.62	95	NeXHome轻奢公寓	0.46
71	柠盟公寓	2.60	96	ZOME己美	0.42
72	摩码公寓	2.50	97	橙堡公寓	0.29
73	庭苑公寓	2.26	98	唐城人才公寓	0.19
74	窝巢梦享社区	2.12	99	DADA公寓	0.17
75	星河盟客	2.01	100	哈租客公寓	0.14

资料来源：迈点研究院。

表3 2019年分散式长租公寓品牌影响力榜单

排名	品牌名称	年度平均指数	排名	品牌名称	年度平均指数
1	蛋壳公寓	504.35	6	优客逸家	89.51
2	自如租房	338.24	7	美丽屋	88.10
3	青客	164.37	8	魔飞公寓	29.33
4	相寓	116.43	9	房家加公寓	27.39
5	包租婆	96.49	10	寓多多	16.39

续表

排名	品牌名称	年度平均指数	排名	品牌名称	年度平均指数
11	匠寓	15.13	28	宅自由公寓	2.90
12	蜜蜂村落	14.78	29	如米公寓	2.24
13	米兜公寓	9.26	30	像素公寓	1.91
14	棉花公寓	9.25	31	柚家公寓	1.71
15	房博士公寓	8.42	32	蜗蜗之家	1.64
16	江寓	6.41	33	乐橙公寓	1.14
17	52团租	6.05	34	徽小二	0.94
18	水滴公寓	5.61	35	寓到家公寓	0.90
19	蜜柚公寓	5.56	36	记忆家青年公寓	0.81
20	银城千万间	5.51	37	唐巢公寓	0.51
21	柠檬公寓	5.40	38	青春界公寓	0.44
22	孟邻公寓	5.39	39	悦途公寓	0.23
23	全家公寓	5.10	40	月牙公寓	0.22
24	七度青年公寓	4.90	41	果果青年公寓	0.12
25	可加公寓	4.88	42	绘家青年公寓	0.11
26	悦客艾家	4.63	43	宿迩 suhome 公寓	0.10
27	蜂巢小家	2.98	44	境遇公寓	0.03

资料来源：迈点研究院。

附录2：2017~2018年中国住房租赁品牌指数榜单

表1 2018年服务式公寓品牌影响力榜单

排名	品牌名称	年度平均指数	排名	品牌名称	年度平均指数
1	盛捷服务公寓	220.29	19	优宿酒店公寓	136.16
2	雅诗阁服务公寓	208.86	20	辉盛坊国际公寓	136.08
3	优帕克服务式公寓	188.40	21	莎玛服务式公寓	126.55
4	万豪行政公寓	188.25	22	逸兰服务式公寓	118.93
5	馨乐庭服务公寓	185.66	23	寓居服务公寓	116.31
6	铂顿国际公寓	171.28	24	源涞国际服务式公寓	116.16
7	辉盛阁国际公寓	170.68	25	恺信亚洲	111.43
8	瑞贝庭公寓酒店	166.41	26	悦瑢廷服务式公寓	111.17
9	名致服务公寓	166.16	27	诗铂高级服务公寓	109.25
10	艾丽华酒店式公寓	159.86	28	XY酒店公寓	92.11
11	奥克伍德华庭	150.35	29	碧桂园凤祺公寓	92.07
12	辉盛庭国际公寓	146.97	30	乐嘉服务公寓	91.99
13	柏雅居服务公寓	146.67	31	馨香雅苑公寓	91.53
14	途家盛捷服务公寓	146.54	32	博乐诗服务公寓	83.51
15	泛太平洋高级服务公寓	145.02	33	摩兜公寓	74.49
16	御庭酒店公寓	141.04	34	荣尚荟公寓	72.21
17	奥克伍德豪景	140.90	35	潮域酒店式公寓	70.44
18	橡树公馆	137.24	36	诺阁雅服务公寓	61.20

资料来源：迈点研究院。

表2 2018年集中式长租公寓品牌影响力榜单

排名	品牌名称	年度平均指数	排名	品牌名称	年度平均指数
1	冠寓	277.74	4	魔方公寓	255.12
2	泊寓	267.05	5	自如寓	193.65
3	YOU+国际青年社区	261.67	6	新派公寓	171.72

续表

排名	品牌名称	年度平均指数	排名	品牌名称	年度平均指数
7	世联红璞	167.87	37	逗号之家	14.37
8	城家公寓	150.50	38	漫果公寓连锁	14.34
9	旭辉领寓	141.49	39	拎包客青年创业社区	13.45
10	窝趣	140.97	40	氧气公寓	11.28
11	BIG＋碧家国际社区	111.11	41	青巢公寓	10.73
12	乐乎城市青年社区	100.77	42	众寓资产	10.50
13	麦家公寓	71.11	43	ZOME 己美	9.83
14	朗诗寓	68.69	44	V＋SPACE 国际青创社区	9.45
15	V 领地青年社区	68.15	45	UONE 优望	8.68
16	9 号楼公寓	67.95	46	相寓 PARK	8.21
17	贝客青年精品公寓	67.70	47	可遇公寓	7.82
18	创寓	65.59	48	驿庭公寓	7.71
19	未来域	49.58	49	优粒芒果	6.66
20	V 客青年公寓	40.17	50	18Plus 公寓	6.04
21	安歆·YU	40.07	51	方隅 Funlive	6.03
22	湾流国际共享社区	39.38	52	摩码公寓	5.83
23	乐璟生活社区	37.68	53	不一漾国际青年社区	5.48
24	LIPPO 公社	36.80	54	筑梦居公寓	5.11
25	逗号公寓	30.36	55	函数公寓	4.90
26	融创东南住住	30.25	56	宁巢公寓	4.40
27	熊猫公寓	28.98	57	哈租客公寓	4.13
28	E 客公寓	24.88	58	友社国际青年社区	3.98
29	A. T. living	24.69	59	乐活青年公寓	2.27
30	达人嘉公寓	24.11	60	礼寓 LIVINGYU	1.84
31	金地草莓社区	24.01	61	上坤极客公寓	1.75
32	随寓青年社区	20.12	62	米柚公寓	1.29
33	招商公寓	18.61	63	舒格资管	1.10
34	邦舍 Boonself	18.58	64	NeXHome 轻奢公寓	0.86
35	麦家青寓	17.24	65	星河盟客	0.64
36	魔尔公寓	16.39	66	菜鸟青年公寓	0.23

资料来源：迈点研究院。

表 3　2018 年分散式长租公寓品牌影响力榜单

排名	品牌名称	年度平均指数	排名	品牌名称	年度平均指数
1	蛋壳公寓	395.76	28	青柠公寓	8.94
2	自如租房	298.56	29	零号公寓	8.76
3	包租婆	236.17	30	悦客艾家	8.62
4	优客逸家	169.76	31	青春界公寓	8.15
5	青客	165.74	32	蜜蜂村落	7.20
6	美丽屋	96.58	33	绘家青年公寓	6.84
7	魔飞公寓	91.21	34	WoWo 心家	6.42
8	房家加	48.22	35	乐窝公寓	6.04
9	悦如公寓	47.98	36	自由自宅	5.06
10	水滴公寓	30.59	37	像素公寓	4.94
11	相寓	29.73	38	孟邻白领公寓	4.86
12	寓多多	29.22	39	寓到家公寓	4.78
13	大象公寓	28.51	40	米果青年众创社区	4.77
14	住好点青年公寓	24.42	41	众客驿家	4.29
15	52 团租	18.95	42	厚木公寓	4.00
16	集家公寓	18.31	43	诚客快租	3.70
17	棉花公寓	16.60	44	橘果公寓	3.68
18	如米公寓	15.07	45	半橙时尚白领公寓	2.71
19	和嘉公寓	14.68	46	华夏管家	2.42
20	微舍公寓	14.18	47	蜂巢小家	2.37
21	微家生活公寓	13.62	48	怒醒公寓	2.03
22	银城千万间	13.16	49	记忆 + 青年公寓	1.51
23	米兜公寓	11.55	50	富悦青年公寓	1.35
24	蜜柚公寓	10.61	51	橡果公寓	1.02
25	匠寓	10.10	52	蜗蜗之家	0.99
26	可加公寓	9.95	53	悦途公寓	0.24
27	七度青年公寓	9.69	54	果果青年公寓	0.02

资料来源：迈点研究院。

表 4　2017 年服务式公寓品牌影响力榜单

排名	品牌名称	年度平均指数	排名	品牌名称	年度平均指数
1	优帕克服务式公寓	187.28	6	名致服务公寓	119.27
2	雅诗阁服务公寓	154.89	7	奥克伍德华庭	118.33
3	盛捷服务公寓	153.49	8	馨乐庭服务公寓	115.87
4	万豪行政公寓	130.55	9	优宿酒店公寓	115.24
5	辉盛阁国际公寓	123.11	10	源宿	114.37

续表

排名	品牌名称	年度平均指数	排名	品牌名称	年度平均指数
11	铂顿国际公寓	110.45	24	莎玛服务式公寓	88.11
12	柏雅居服务公寓	110.34	25	诗铂高级服务公寓	87.38
13	辉盛庭国际公寓	103.55	26	辉盛坊国际公寓	83.86
14	艾丽华酒店式公寓	102.39	27	途家盛捷服务公寓	83.83
15	乐璟生活社区	101.83	28	潮域酒店式公寓	74.71
16	凯悦嘉寓	100.76	29	诺阁雅酒店	68.08
17	瑞贝庭公寓酒店	100.43	30	逸兰服务式公寓	63.10
18	泛太平洋高级服务公寓	99.66	31	乐嘉服务公寓	58.32
19	奥克伍德豪景	95.56	32	寓居服务公寓	55.56
20	温庭酒店公寓	94.93	33	XY酒店公寓	55.38
21	碧桂园凤祺公寓	92.00	34	馨香雅苑公寓	51.36
22	源涞国际服务式公寓	91.99	35	荣尚荟公寓	50.30
23	橡树公馆	89.22			

资料来源：迈点研究院。

表5　2017年集中式长租公寓品牌影响力榜单

排名	品牌名称	年度平均指数	排名	品牌名称	年度平均指数
1	YOU+国际青年社区	409.35	21	LIPPO公社	33.01
2	魔方公寓	364.96	22	麦家青寓	31.49
3	泊寓	318.20	23	合富创寓	30.18
4	冠寓	306.36	24	UONE优望	28.73
5	窝趣	188.61	25	青巢公寓	28.13
6	世联红璞	188.48	26	随寓青年社区	27.56
7	新派公寓	165.74	27	相寓PARK	25.51
8	自如寓	140.22	28	A. T. living	24.44
9	旭辉领寓	136.14	29	友社国际青年社区	15.76
10	城家公寓	112.18	30	18Plus公寓	15.04
11	未来域	104.59	31	壹间公寓	12.78
12	9号楼公寓	94.92	32	拎包客青年创业社区	10.51
13	麦家公寓	87.60	33	NeXHome轻奢公寓	9.06
14	乐乎公寓	64.21	34	漫果公寓连锁	8.63
15	贝客青年精品公寓	57.23	35	果果青年公寓	5.25
16	逗号公寓	56.60	36	达人嘉公寓	3.42
17	魔尔公寓	50.24	37	函数社区	3.12
18	V领地青年社区	48.71	38	摩码公寓	1.45
19	湾流国际共享社区	45.50	39	唐巢公寓	0.87
20	安歆公寓	36.96			

资料来源：迈点研究院。

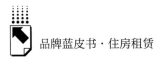

表6　2017年分散式长租公寓品牌影响力榜单

排名	品牌名称	年度平均指数	排名	品牌名称	年度平均指数
1	蛋壳公寓	200.53	13	蜜柚公寓	11.53
2	自如租房	212.92	14	相寓	20.56
3	包租婆	230.49	15	微家生活公寓	17.89
4	优客逸家	244.82	16	52团租	36.18
5	青客	174.99	17	小螺趣租	17.61
6	美丽屋	82.61	18	如米公寓	14.08
7	魔飞公寓	72.12	19	对邻	5.78
8	巴乐兔	38.23	20	米兜公寓	18.60
9	嗨住	62.97	21	可遇公寓	8.23
10	水滴公寓	55.65	22	米果青年众创社区	6.60
11	候鸟长租	18.03	23	绘家青年公寓	0.53
12	可加公寓	23.52	24	寓到家公寓	5.50

资料来源：迈点研究院。

数据说明

一 中国住房租赁品牌指数介绍及模型阐述

住房租赁品牌指数是迈点品牌指数 MBI 专注于住房租赁品牌的延伸和应用，从搜索指数、舆情指数、媒体指数、运营指数四个维度来评价品牌价值，并根据住房租赁行业的行业特点和品牌特点，对数据采集来源进行针对性选择；根据层次分析法进行评价因素权重设置，将品牌在各个维度的表现所能转化的超能价值进行量化评价。各个维度监测值选取占全网市场份额 80% 以上、渠道具有较高稳定性，百人团队进行全时监测、超千种维度的数据抓取、5 轮精校与自我审核（由于集中式长租公寓和分散式长租公寓产品房源主要来自官方网站和 App，以及消费者使用习惯，暂不涉及 OTA 网站监测进行舆情指数的计算）。

模型：$MBI = A \times SI + B \times PI + C \times OI + D \times MI$

MBI，指某品牌迈点品牌指数 MBI 数据；A、B、C、D，指系统中的加权系数；SI（Search Index），指搜索指数；PI（Public Sentiment Index），指舆情指数；OI（Operation Index），指运营指数；MI（Media Index），指媒体指数。

①搜索指数是指在一段时间内，品牌关键词在各大搜索引擎中的正面搜索频次的加权和，如百度搜索引擎、搜狗搜索引擎、360 搜索引擎等主流搜索引擎。

$$计算公式：SI = A \times \sum_{i=1}^{s} \times \frac{\log S_i}{\log K_i} \times SL$$

②舆情指数是一段时间内用户对某品牌（服务式公寓）下公寓的用户点评情况，涉及的 OTA 网站包括携程网、艺龙网、去哪儿网、大众点评网、

美团网、同程网、猫途鹰等。

$$计算公式：PI = B \times \sum_{j=1}^{P} \times \frac{\log P_j}{\log K_j} \times PL$$

③运营指数是指一段时间内，品牌在互联网和移动互联网的运营情况，如官网、App、微博、微信等。

$$计算公式：OI = C \times \sum_{r=1}^{O} \times \frac{\log O_r}{\log K_r} \times OL$$

④媒体指数是指一段时间内，大众媒体和行业媒体报道中与品牌关键词相关的新闻数量，涉及的媒体包括百度、新浪、腾讯等社会主流媒体和房天下、观点地产网、迈点网等行业媒体。

$$计算公式：MI = D \times \sum_{t=1}^{M} \times \frac{\log M_t}{\log K_t} \times ML$$

住房租赁指数当前所监测的品牌数量在 2000 家以上，主要监测品类可以分为：集中式长租公寓、分散式长租公寓、服务式公寓。

迈点研究院将住房租赁品牌指数结果进行实时计算，并按照品类将各品牌指数表现进行排名，生成月度中国长租公寓品牌发展报告在迈点网进行发布，供品牌运营商、投资人、业主、消费者、产业链相关人员等使用者参考。

住房租赁品牌指数体系依据科学模型所汇集的大数据基础，探索品牌与消费者之间的关系，对品牌发展进行持续性评价。同时该指数体系也可动态量化产业、品牌发展，对住房租赁品牌近年来的经营现状进行全面剖析。

参照该评价体系并结合发展实际，行业品牌可以获得相对科学的品牌建设方法，依据消费者需求进行产品和服务的完善和升级，完善品牌与消费者之间的关系，为人们追求美好生活提供更好的服务；消费者、物业主、投资人以及相关监管部门也可获取对行业品牌发展状况相对客观的评价。

二 其他数据说明及阐述

品牌指数年度平均值：各品类品牌指数合计/12。

品牌指数月度平均值：每月各品类品牌指数合计/当月监测品牌数量。

搜索指数年度平均值：各品类搜索指数合计/12。

搜索指数月度平均值：每月各品类搜索指数合计/当月监测品牌数量。

媒体指数年度平均值：各品类媒体指数合计/12。

媒体指数月度平均值：每月各品类搜索指数合计/当月监测品牌数量。

舆情指数年度平均值：各品类舆情指数合计/12。

舆情指数月度平均值：每月各品类舆情指数合计/当月监测品牌数量。

运营指数年度平均值：各品类运营指数合计/12。

运营指数月度平均值：每月各品类运营指数合计/当月监测品牌数量。

潜在客群性别结构：各品牌潜在客群年龄结构加权平均。

潜在客群热点区域：各品牌潜在客群区域热点加权平均。

Abstract

China Housing Rental Brand Development Report 2019 – 2020 is composed by China Brand Strategic Planing Institute and Meadin Academic, published by Social Siences Academic Press; it is the second report on China housing rental brand development.

The housing rental in China will be kept in great demand, since the floating population in China is booming with the rapid development of economy and the acceleration of urbanization, and the house-purchase age keeps delayed. For solving the living problem of floating population, and change the financial feature of real-easte industry in China, the government has turned political-oriented into 'renting and purchasing', developing housing rental market, especially policy-rental house, is one of the most important duties for thegoverment. The gorverment strengthened supporting and supervision at the same time in 2019, since the irregularities happened frequently. The housing rental industry made a lot pogress on brand building, service upgrading, business model exporing and regular establishing. Housing rental industry is going to be an important part of urban renewal and community building, with the product quality improving and market purifying. The global economic environment of 2020 have the risk of potential downturn, the housing rental industry may need to face greater challenging in that case; however the industry environment, anti-risk capability and the efficiency of operation will also be enchanced as well.

There are siven parts in this report, the first part is General Report, and it summarizes the development of housing rental 2019, analyzes the housing rental index list and predicts the development tendency of housing rental industry. The second part is Maro-analysis of Housing Rental Industry, it focuses on the mature house rentral market in developed countries such as Germany, America, Japan, sums up the experience and features of those successful market; then analyzes the environment of China housing rental market, focuses on market demand and supporting, then analyzes the soppurting policy; after that compares Chian housing rental market to foreign mature rental market, and makes suggestion for China rental maket. The third part is Industry Development, using industrial environmental analysis to analyze the current competitors, potential competitors, substitutes, suppliers and customers of housing rental industy of China, makes sum up of experience and challenges industry. The fourth part is Overview of Reginal Markets, chooses the most important economic regions such as Yangtze River City Cluster, Guangdong-Hong Kong-Macao Greater Bay Area, Beijing-tianjin-hebei City Cluster, Chengyu Urban Agglomeration and Central China Economic Zone, and represents the reginal housing rental industry of those areas especially the hotspot cities. The fifth part is Competition Environment Analysis, based on the housing rental index, it evaluates the brand index performance and general situation of housing rental product categories, which includes service residance brands, centralized long-stay residance brands and distributed long-stay residence brands. The final part is Case Study, this part chooses outstanding brand as examples for three product categories which inculds service residance brands, centralized long-stay residance brands and distributed long-stay residence brands, provides benchmarks for the industry.

Keywords: Hounsing Rental Industry; The Development of Rental Brand; Evaluation System

Contents

I General Report

Abstract: The housing rental will be kept in great demand, since the floating population in China is booming with the rapid development of economy and the acceleration of urbanization, occupied about 17% of population in China, and the house-purchase age keeps delayed. For solving the living problem of floating population, and changing the financial feature of real-easte industry in China, the political-oriented has turned into " renting and purchasing ", developing housing rental market, is one of the most important tasks for the gorverment. The gorverment strengthened the supporting policies at the same time the supervision also been enchanced in 2019, the housing rental industry made a lot pogress on brand building, service updating, business model exporing and regular establishing, the housing rental industry has entered growth period from embryonic period. Housing rental industry is going to be an important part of urban renewal and community building, as the product quality improving and market purifying.

Keywords: Housing Rental; System Construction; Growth Period

II   Macro-environment Analysis

B. 2   The Analysis on Global Housing Rental Markets

Ren Kaihui, Guo Derong / 012

Abstract: The floating population in China is booming in recent years, as the rapid development of economy and the acceleration of urbanization. The Chinese government made a lot of efforts to improve housing system for solving the living problem of floating population, which include standardizing and developing rental housing market. The developed countries such as America, Germany and Japan have already established mature rental housing market during the last decades, and they have also accumulated rich experience which including institutional system, supply system, finance supporting and market administration and business model. The housing retal market in our country is still in the early stage, it would be very meaningful to study the global developed and mature housing rental markets.

Keywords: Global Housing Rental Markets; Developed Countries; Policy Support; Business Model

B. 3   The Overview on Housing Rental Markets in China

Ren Kaihui, Guo Derong / 027

Abstract: House property transaction is the main trading pattern in Chinese real estate market in recent 40 years, since reform and opening-up policy carrying out. People are encouraged to buy houses, after the gorverment did house reform in 1998; the everage house-ownership rate of the 40 provincial capitals and major cities was above 70% in1998. The contradiction of residential demand intensified in last decades, since the house-price shooting up with the urbanization process

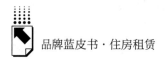
accelerating, more and more middle-low income communities could not afford house purchasing in major cities. It is necessary to develop housing rental markets in China, for securing the middle-low income communities residence demand and resolving the contradiction of real estate market.

Keywords: Market demand; Policy Orientation; Property Market; Structural Reform

B. 4   The Analysis on Housing Rental Policy in China

Guo Derong , Ren Kaihui / 038

Abstract: Chinese gorverment has changed the long-term mechanism of housing system into encourages people to do both rent and purchase in the real estate market, that is very helpful to change the financial feature of real estate, promote the steady and healthy delelopment of the market, and improve people's lingving standards. The government has introduced a number of policies to guide the delelopment of housing rental market in China since 2015. Chinese housing rental market still in the initial stage, meanwile, with the accelerate development of housing rental market more problems emerged, so the gorverment strengthens the policy support and enhances the supervision at the same time. The local government of housing rental hot spots area had introduced a lot of policies according to the local conditions, under the central government guidance in 2019.

Keywords: Renting and Purchasing; Policy Supporting; Industry Supervision

Ⅲ   Overview of Industry Development

B. 5   The Development of Housing Rental Market in China

Ren Kaihui , Guo Derong / 048

Abstract: Nowadays Chinese housing rental market has entered growthstage. Firstly, with the industry scale expanded and marketing promotion in the introduction stage, customers'housing rental acceptance and demand have been increased; secondly, the quality of different brands apartment is still uneven, for example, the gaps of decoration, facilities, technology and performance have been created between different brands; thirdly, the competition is becoming fiercer while more new competitors entering and more frequent merger happening. The leading brands start to put more strength on marketing and try to establish excellent enterprise image for expanding the market. Comparing to introductory stage the operational risk has been reduced, but sitll at high risk.

Keywords: Growth Period; Diversification; Market Competition; Matthew Effect

B. 6　The Analysis on Chinese Housing Rental Industry Chain

Ren Kaihui, *Guo Derong* / 055

Abstract: The supply of leased land in 2019 has became more diversifired compare to the past, although the supply quantity decreased slightly, there were 148 leased land transactions happened and the proportion was about 417 million square meters; the housing resources of the leading brands also increased over time. Compare to the past, the investors of financial market became moer rational, and preferred to leading brands, especially the distributed long-term brands and the brands with real-easte background. Qingke joined stockmarket on the NASDAQ stockmarket attracted a lot of attention from general public, after that DANKE apartment also gone public on NYSE. More industry standards started established by the government and association, meanwhile information systems were started to be completed by leasing websites, for the industry sustainable development.

Keywords: Market Supply; Financial Support; Supply Chain; Consumption Experience

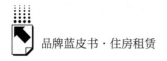

B. 7　The Opportunities and Challenges of Housing Rental Market
in China　　　　　　　　　　　*Ren Kaihui*, *Guo Derong* / 079

Abstract: The housing rental market of China has huge market potential and opportunities. Firstly, the proportion of floating population in China remains at 17%, and the floating population was 231 million in 2019, it is estimated that the floating population of China will exceed 330 million in 2030. In addition, the housing rental market lifecycle will be extending as the age of house purchasing keeping putting off. Secondly, in order to promote the development of housing rental industry, Chinese government has introduced a range of policies which including housing resource, financing support, tax benefits and legal constrction since 2015. With all the efforts the housing rental market has obtained a well developing, however, there are still challenges, for example the shortage fo public rental housing, the low institution penetration rate, the imperfect business model and the mess market order.

Keywords: Financing Support; Market Size; Business Modle; Market order

Ⅳ　Overview of Reginal Markets

B. 8　Summary of Housing Rental Industry Developmental in
Yangtze River City Cluster　　　　*Ren Kaihui*, *Guo Derong* / 089

Abstract: The Yangtze River City Cluster is biggest economic zone of China, the GDP of Yangtze River City Cluster reached 23. 7 trillion in 2019. The permanent resident population was 1. 54 trillion, the net inflow of population was 22. 41 million, and the urbanization rate was 67. 39% in 2018. The excellent industrial structure, large floating population, expensive house price and the policy dirction of renting and purchasing cause the large housing rental demand of Shanghai, Nanjing, Suzhou, Hangzhou, which are main cities in Yangtze

River City Cluster. In the next coming years, the number of rental housing will increase steadily with the growing market demand. The housing rental system will be continuously improved with policy supporting and supervision. Those cities are all core cities with advanced economy in Yangtze River City Cluster, the high resident income support the renters could higher rent price. It also provides much opportunity for the rental apartment brands to do product diversification and explore business model.

Keywords: The Yangtze River City Cluster; Housing Rential Hot Spots; Policy Support; Product Diversification

B. 9 Summary of Housing Rental Industry Developmental in Guangdong-Hong Kong-Macao Greater Bay Area

Ren Kaihui, Guo Derong / 116

Abstract: The Guangdong-Hong Kong-Macao Greater Bay Area (GBA) is one of the most opening and developed areas in China. The GDP of GBA reached 11. 60 trillion in 2019, contributed about 11.71% of the total GDP in China. The large population density and surging house price lead low homeownership of GBA, Guangdong, Shenzhen and Foshan are all the cities with large rental demand, for developing housing rental market, they did lots of local institutional improvement and practice. With the policy guidance, more local real estate developers entered GBA housing rental market, and took expansion stagegy at the beginning; however the unclear profit-model burdened the corporations. The local governments of high housing rental demand cities improved with policy supporting and supervision, urban village renovation is one of the most remarkable movements. Taking the idle houses in urban villages as housing rental resources could improve the efficiency of housing rental in Shenzhen; it becomes an characteristic of GBA housing rental market.

Keywords: The Guangdong-Hong Kong-Macao Greater Bay Area; Urban Village Renovation; Local Real Estate Developers

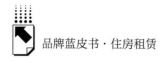

品牌蓝皮书·住房租赁

B. 10　Summary of Beijing-Tianjin-Hebei City Cluster Housing
　　　　Rental Industry Developmental Experience

Ren Kaihui, *Guo Derong* / 137

Abstract：Beijing – Tianjin – Hebei city cluster is the word-class city cluster which centers on the capital city-Beijing. The GDP of Beijing – Tianjin – Hebei city cluster reached 8458 billion in 2019, occupied about 10% of GDP of China in 2018. The percentage of floating population in Beijing keeps in 30%, the contradiction of housing supply is intensified by the expensive housing price and the house purchase quota policy. The policy supporting provides a sound environment for the development of housing rental market of Beijing. However with the indaustiral and population transferring and strength policy supporting competiton of housing rental market also becomes intensified as well. The constraction of housing rental system will be released as the urban renewal accelerating in the coming years. Broading product lines and innovating operation model are all effective ways for longterm rental apartment operations layouting Beijing market, which includes updating service for the high-income groups, providing customized products for large corporation and local government. Comparing to Beijing, the leasing cycle of Tianjing tenants is shorter, since the pressure of house purchasing is much lower and the hoursing rental demand is transitional. Focusing on the core rengion updating housing rental service could enhance brands'regional competitiveness.

Keywords：Beijing-Tianjin-Hebei City Cluster；Policy Rental Housing；Policy-related Housing；Apartment Operation

B. 11　Summary of Chengdu and Chongqing Urban Agglomeration
　　　　Housing Rental Industry Developmental Experience

Ren Kaihui, *Guo Derong* / 153

Abstract：Chengdu and Chongqing Urban Agglomeration is economic region which centers on Chongqing and Chengdu, and Chongqing is the unique municipality directly under the central government in the west area. The housing rental market in Chengdu is very active with the policy supporting. However with the rapid expansion of housing rental market more problems exposed, that force industry reshuffle happenes frequently and the legal interest of renters and landlords could not get guarantee. In order to solve the problems, the goeverment has introduced lot of policies to strengthen industry supervision. The market expands slowldown with the investment declining of financial market. The market standardization and policy supporting provide guarantee for the sound development of housing rental market in Chengdu and Chongqing Urban Agglomeration. The housing rental market in Chongqing still in the very early stage compare to Chengdu, and the intensified competition have not formed, since the leasing apartment undersupply. It is estimated that with the economic development and talent policy strenthing, the housing rental market in Chongqing will tart booming and Chongqing will become one of the most important market for housing rental brands.

Keywords: Chengdu and Chongqing Urban Agglomeration; Industry Reshuffle; Supervision on Policies

B. 12　Summary of Central China Economic Zone Housing Rental Industry Developmental Experience

Ren Kaihui, Guo Derong / 167

Abstract: Central China Economic Zone includes six provinces-Shanxi, Henan, Anhui, Hubei, Jiangxi, Hubei. The GDP of China Economic Zone is 218738 billion in 2019, occupies 22% of Chinese GDP in that year. As the provincial capitals in Hubei and Henan, Wuhan and Zhengzhou are the central cities in cential China economic zone, with developed economy and large floating population, those two cities are also the reginal housing rental hotsopts. The main housing rental demands of Wuhan and Zhengzhou owing to excessing demands

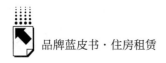

before house purchasing and periodical demands resultant unban renewal, expecially Zhenzhou. Taking serious consideriation on resident income and layouting apartment precisely in convenient transportation are the efficient measures to enhance the regional competitiveness, in addition, taking seize the opportunities of city renewal is also very significant.

Keywords: Central China Economic Zone; City Renewal; System Construction

V   Competition Environment Analysis

B. 13   Report on Service Residance Brand Development

Ren Kaihui, Guo Derong / 182

Abstract: With the development of service residance, the brand index of service residance in a rising trend, the average brand index in 2019 risen by 2% compare to 2018 to 145. 63. Service residance is a method of production up-gradation, there was lot of enterprise groups attempt to do service residance in 2019, such as Sunac China, Huazhu Hotels Group, Plateno Hotels Group and Sun Hung Kai Properties. The group of service residence brand is getting larger with more realtors groups and hotel groups involved this market segment, it is also a sign that real estate industry, housing rental industry and life service industry are become more converging.

Keywords: Service Residance; Production Up-gradation; Brands come into Competitive Market

B. 14   Report on Centralized Long-stay Residance Brand
Development   *Ren Kaihui, Guo Derong* / 194

Abstract: The brand index of average of Centralized Long-stay Residance in

2019 is declined by 21. 93% to 27. 17 compare to 2018. The main reason of the decline was the real estate enterprises frequent distribution and most of the new brands are concentrated on bottom of MBI list, however the new brands also bring energy to the market segment. The strategy of Centralized long-stay residance brands was turn to delicacy operation, with the better brand awareness and mature operation model, the market channel getting sink. Taking the avantage of operation, developing employee's apartment and talent apartment operation business are important strategic orientation for centralized long-stay residance brands.

Keywords: Centralized Long-stay Residance; Customer Loyalty; Dedicated Financing; Association Operation

B. 15 Report on Distributed Long-stay Residence Brand

Development   *Ren Kaihui*, *Guo Derong* / 208

Abstract: The brand index of distributed long-stay residence brand is in decline trend, the average brand index dropped by 12% to 35. 70 compare to 2018. With the influence of global economic downturn, financing is the biggest difficulty distributed long-stay residence branda meet, in addition, the unclear profit model and disorderly conduct also troubles operations. It is estimated that, the brand index of distributed long-stay residence brands will fluctuate in a long time. Meanwhle disorderly conducts also get the attention of regulators, the the efficient policy supervision provides guarantee for the healthy development of distributed long-stay residence brands. Distributed long-stay residence brands made progress on talent apartment operation and product quality. The industry also inspired by the IPOs, for example, Qingke (Nasdaq: QK) and DANKE apartment (DNK) both gone public successfully.

Keywords: Distributed Long-stay Residence; Capital Winter; Industry Reshuffle; Policy Supervise

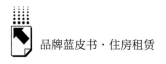
Ⅵ　Case Study

B. 16　Case Study of Service Residence

Xu Yiwen, Guo Derong / 221

Abstract: Housing leasing is a business of real estate enterprises, but also a carrier related to the livelihood into homes across China and a better life. The state and local governments issue relevant policies every year to "support the housing rental market". Since the first year of the "long lease brand" in 2018, the rental market and the long lease brand have entered a fast track of development. In 2019, the participation of real estate enterprises in the business of long-rented apartments has been constantly increasing. Since the industry entered the "fast lane", the brands of long-rented apartments of major real estate enterprises have been constantly innovating in the track of exploring subdivision and business model. During the period of brand acquisition and merger and even "close down" and other events occurred. The market and consumers have put forward new requirements for long-term rental brands, especially higher expectations for real estate enterprise brands······

Keywords: Houses are for Living in and not for Speculative Investment; Long Rental Apartment; Core Competence

B. 17　Case Study of Centralized Long-stay Residence Brands with Real-easte Enterprises Backgrond

Xu Yiwen, Guo Derong / 236

Abstract: The entrepreneur rented apartment is a representative of high brand degree, good operation and innovation in China's housing rental market. Inside, it is "Internet company" mode mostly, high efficiency, "Person − to − room ratio" (the ratio of the number of financial, butlers, etc. , to the number of rooms under management) is good. External, more closely related to capital, expansion and media presence are more active. On the operation side, the top entrepreneurial brand has completed the establishment of its own digital system, and the links of house supply, leasing, rent and service have been completed, and the digital upgrade has been completed in this stage. In the rapid development of the brand of entrepreneurship also exposed: product homogeneity, product quality is uneven, blind access to high-priced property, "high leverage" capital overuse and other problems, worthy of attention.

Keywords: Combination of Brand and Effect; Light Assets; Niche Products

B. 18　Case Study of Centralized Long-stay Residence Brands with Entrepreneurship

Xu Yiwen, Guo Derong / 249

Abstract: Distributed long-rented apartment is the largest category in the housing rental market in China. From the perspective of industry, property is easier to obtain and the property price is relatively low; High attention by the capital, financing events; On the client side, there are many room selection options, and many brands also launch "replacement" service (local or foreign room replacement service), which initially forms a chain; The industry also faces problems, high management costs (housing and staff scattered); Product and service quality is uneven; Property contract dispute with landlord, rent dispute with tenant, etc. At the end of 2019, the US stock market of distributed long-rented apartment brands successfully went public, bringing confidence to the industry and peers, and opportunities and challenges coexist.

Keywords: Asset Securitization; Delve into Industry; Digital Upgrade

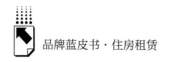

B. 19   Case Study of Distributed Long-stay Residence Brands

Xu Yiwen, *Guo Derong* / 261

Abstract: Serviced apartments originated in France in the 1970s. In the early 1990s, China's first serviced apartments appeared in Shanghai, Beijing, Guangzhou and Shenzhen. Serviced apartments are at a high premium, providing tenants with a good home atmosphere such as bedroom, living room, kitchen, dining room and study. The public space also has the business social function, provides the meeting room, the meeting room, the business center and so on; "Consumption upgrade" today, tenants from foreign executives into domestic entrepreneurs, business executives, local brands are also emerging. It is of practical significance to sort out the development path of serviced apartment, the core competitiveness of the brand, and the change of tenant demand.

Keywords: Multiple Product Lines; High Premium Rate; Service Upgrade

VII   Appendix

社会科学文献出版社

皮 书

智库报告的主要形式
同一主题智库报告的聚合

❖ 皮书定义 ❖

皮书是对中国与世界发展状况和热点问题进行年度监测，以专业的角度、专家的视野和实证研究方法，针对某一领域或区域现状与发展态势展开分析和预测，具备前沿性、原创性、实证性、连续性、时效性等特点的公开出版物，由一系列权威研究报告组成。

❖ 皮书作者 ❖

皮书系列报告作者以国内外一流研究机构、知名高校等重点智库的研究人员为主，多为相关领域一流专家学者，他们的观点代表了当下学界对中国与世界的现实和未来最高水平的解读与分析。截至 2020 年，皮书研创机构有近千家，报告作者累计超过 7 万人。

❖ 皮书荣誉 ❖

皮书系列已成为社会科学文献出版社的著名图书品牌和中国社会科学院的知名学术品牌。2016 年皮书系列正式列入"十三五"国家重点出版规划项目；2013~2020 年，重点皮书列入中国社会科学院承担的国家哲学社会科学创新工程项目。

权威报告·一手数据·特色资源

皮书数据库
ANNUAL REPORT(YEARBOOK)
DATABASE

分析解读当下中国发展变迁的高端智库平台

所获荣誉

- 2019年，入围国家新闻出版署数字出版精品遴选推荐计划项目
- 2016年，入选"'十三五'国家重点电子出版物出版规划骨干工程"
- 2015年，荣获"搜索中国正能量 点赞2015""创新中国科技创新奖"
- 2013年，荣获"中国出版政府奖·网络出版物奖"提名奖
- 连续多年荣获中国数字出版博览会"数字出版·优秀品牌"奖

成为会员

通过网址www.pishu.com.cn访问皮书数据库网站或下载皮书数据库APP，进行手机号码验证或邮箱验证即可成为皮书数据库会员。

会员福利

- 已注册用户购书后可免费获赠100元皮书数据库充值卡。刮开充值卡涂层获取充值密码，登录并进入"会员中心"—"在线充值"—"充值卡充值"，充值成功即可购买和查看数据库内容。
- 会员福利最终解释权归社会科学文献出版社所有。

社会科学文献出版社 皮书系列
SOCIAL SCIENCES ACADEMIC PRESS (CHINA)

卡号：552727558788
密码：

数据库服务热线：400-008-6695
数据库服务QQ：2475522410
数据库服务邮箱：database@ssap.cn
图书销售热线：010-59367070/7028
图书服务QQ：1265056568
图书服务邮箱：duzhe@ssap.cn

S 基本子库
SUB DATABASE

中国社会发展数据库（下设 12 个子库）

整合国内外中国社会发展研究成果，汇聚独家统计数据、深度分析报告，涉及社会、人口、政治、教育、法律等 12 个领域，为了解中国社会发展动态、跟踪社会核心热点、分析社会发展趋势提供一站式资源搜索和数据服务。

中国经济发展数据库（下设 12 个子库）

围绕国内外中国经济发展主题研究报告、学术资讯、基础数据等资料构建，内容涵盖宏观经济、农业经济、工业经济、产业经济等 12 个重点经济领域，为实时掌控经济运行态势、把握经济发展规律、洞察经济形势、进行经济决策提供参考和依据。

中国行业发展数据库（下设 17 个子库）

以中国国民经济行业分类为依据，覆盖金融业、旅游、医疗卫生、交通运输、能源矿产等 100 多个行业，跟踪分析国民经济相关行业市场运行状况和政策导向，汇集行业发展前沿资讯，为投资、从业及各种经济决策提供理论基础和实践指导。

中国区域发展数据库（下设 6 个子库）

对中国特定区域内的经济、社会、文化等领域现状与发展情况进行深度分析和预测，研究层级至县及县以下行政区，涉及地区、区域经济体、城市、农村等不同维度，为地方经济社会宏观态势研究、发展经验研究、案例分析提供数据服务。

中国文化传媒数据库（下设 18 个子库）

汇聚文化传媒领域专家观点、热点资讯，梳理国内外中国文化发展相关学术研究成果、一手统计数据，涵盖文化产业、新闻传播、电影娱乐、文学艺术、群众文化等 18 个重点研究领域。为文化传媒研究提供相关数据、研究报告和综合分析服务。

世界经济与国际关系数据库（下设 6 个子库）

立足"皮书系列"世界经济、国际关系相关学术资源，整合世界经济、国际政治、世界文化与科技、全球性问题、国际组织与国际法、区域研究 6 大领域研究成果，为世界经济与国际关系研究提供全方位数据分析，为决策和形势研判提供参考。

法律声明